KB207262

30대, 당신의
로드맵을 그려라

30대, 당신의
로드맵을 그려라

저자 * 윤영돈 커리어코치

매일경제신문사

머 • 리 • 말

자신의 경력지도를 잘 그리는 사람이 성공한다

성공하는 사람들에게 성공스토리가 있다. 하지만 많은 성공스토리가 중간 생략된 반쪽 성공스토리였다. 우리 주변에 있는 사람이 성공하는 것이 아니라 나와는 거리 먼 사람들이 성공하는 꼴이었다.

이세상에는 점프가 없다. 성공이란 절대로 한 순간에 이루어지지 않는다. 성공한 사람에게는 성공적인 인생의 로드맵이 있었던 뿐이다. 그 로드맵을 어떻게 그려나갈 것인가? 이 책은 이 문제의식부터 출발한다.

우리나라에도 시속 300km로 달리는 고속철도가 개통되었다. 오전에 서울, 오후에 부산이 되는 반일생활권으로 접어든다. 세상은 이렇게 빠른 속도를 자랑한다. 우리의 인생도 그 속도 만큼이 빨리 지나간다. 속도에 취하다 보면 잘못된 길에 들어설 때가 있다.

어떤 이는 길을 잘못 들어섰다가 인생역전에 성공했다며, 어렵게 되돌아가지 말고, 그냥 새로운 길을 찾으면 된다고 충고한다. 하지만 자칫 더욱더 위험에 빠질 수 있다. 차라리 잘못 온 길을 되돌아가서 다시 시작해야 할지도 모른다. 무작정 열심히 살아가는 사람들일수록 자신이 가는 방향이 잘못되었을 때 망설이게 된다.

그리곤 사실 자신이 '길치' 면서 그것을 숨긴다. 옆에 있는 사람들에게 물어봐야 하는데 그럴 용기도 없다. 이럴 때에는 길동무를 찾는 편이 좋다. 힘든 길일수록 길동무와 함께 이겨낼 수 있다. 드넓은 인생 길에서 당신은 길동무를 찾아야 한다. 내친 김에 그 역할을 이 자기계발노트가 했으면 하는 바람이 있다.

내 발바닥은 굳은살이 박혀있다. 딱딱해진 굳은살을 볼 때마다 흐뭇해 한다. 책을 쓰는 동안 줄곧 책상머리에 있지 않았다. 늘 여러 사람과 만나려고 했다. 1,600여명 가까이 만나고 그들의 이야기를 들으면서 그들의 이야기에 공감했다.

사실 이 책을 작년에 나왔어야 했다. 하지만 망설여졌다. 내가 과연 이런 책을 쓸 자격이 있는가 하는 두려움과 함께 그 동안 쓴 글들을 고치고 또 고쳤다. 여기저기서 자기계발 관련된 비슷한 책이 쏟아져 나왔다. 나는 나를 자책했다. 하지만 이런 시간 소모가 헛되지 않았기를 바랄 뿐이다. 나는 12년간 커리어맵을 어떻게 쌓아야 나의 미래를 위해 좋을 것인가 고민했다.

많은 사람들이 눈 앞에 있는 일만 처리하는데 급급하다 보니, 정작 자신의 미래에 대해서 소홀하게 된다는 것을 깨달았다. 현재 자신이 무엇을 해야 하는지는 대부분의 사람들은 잘 알고 있다. 하지만 우리는 막상 자신의 자기계발을 어떻게 해야 할지 난감해 하는 것 또한 사실이다. 성공이란 꼭 부자가 되는 것만이 아니다. 성공이란 그 기준이 물질적인 것도 중요하겠지만 자신이 하고 싶은 것을 할 수 있을 때 비로소 행복이 찾아온다.

이 책의 요지는 '자신의 경력지도를 잘 그리는 사람이 성공한다'라는 것이다. 마치 자신이 가려는 곳의 약도를 그리듯 자신의 경력을 쌓기 위한 로드맵을 잘 그리는 것이 성공하는 길이라는 메시지이다.

이 약도는 자신만 알아볼 수 있도록 그리면 된다. 이런 경력지도가 있으면 인생을 빙 돌아가지 않아도 될 것이다. 손으로 잡힐듯하면서 잡히지 않는 허황된 미래가 아니라 실제로 적용 가능한 것을 심어주는 것이 필요하다. 이 책에서 다루는 커리어맵은 무엇부터 해야 할지 모르는 사람에게 안내서가 될 것이다.

종종 자그마한 변화가 큰 결과를 이루어낸다. 일상 속에서 나는 보잘 것없는 사람이었다. 하지만 세상을 바라보는 눈을 바꾸고, 길을 잃어버리거나 잊어버리지 않기 위해 깨어 있고자 눈을 비비고 여기까지 왔다. 여러 고비를 넘길 수 있었던 것도 나의 미래에 대한 확신이 있었기 때문이었다.

사실 이 책을 공개하기 꺼려했던 이유는 바로 '내 자신의 자기계발노트'이기 때문이다. 성공한 사람들과 평범한 사람들의 큰 차이점은 바로 자기 자신에 대한 투자에서부터 달라진다. 나는 이 책을 읽고 있는 당신의 동반자이며 당신의 코치이다. 이 자기계발노트를 갖고 성공에 도전해보기 바란다.

2004년 6월

윤영돈

Contents

Part 2 성공을 위해서는 경력지도를 그려라! Career Map

제 2단계 커리어맵 키포인트

"전체적인 윤곽을 잡고 커리어맵을 그려라!"

Part 3 성공한 사람들의 커리어패스를 따라 하라!
Career Path

제 3단계 커리어패스 키포인트

"성공한 사람의 경력 경로를 유심히 보라!"

Part 4 10년 후 당신은 무엇을 할 것인가?
Career Goal

제 4단계 경력목표 키포인트
"지금 자기계발노트를 작성하라!"

"자기자신은 무엇인가?
삶에서 자기 자신의 포지션은 무엇인가?
당신은 자신의 포지션을 단일 컨셉으로 요약할 수 있는가?
그리고 그 포지션을 확립하고 이용하기 위해
스스로의 경력을 이끌어나갈 수 있는가?"

잭 트라우트 · 알리스의 'POSITIONING'

Part 1

당신은 지금 어느 위치에 있는가?

Career Positioning

01 당신의 포지션은 어디입니까?

"얼마만큼 깊이 고뇌할 수 있는가가 인간의 위치를 결정짓는다"

• 니체

당신은 당신의 포지션을 찾았는가. 회사에서 나의 포지션이 무엇일까에 대해 고민하지 않는 사람은 거의 없을 것이다. 많은 사람이 남들이 만들어놓은 포지셔닝에 자신을 가두는 것을 많이 본다. 포지셔닝(positioning)이란 마케팅 용어로 제품을 팔려 할 때, 경쟁 능력과 관련하여 가장 유리한 포지션을 갖도록 노력하는 과정을 말한다.

이것은 단순히 제품을 넘어서, 이제는 개인에게까지 적용 가능하다. 어느덧 우리 사회도 개인 브랜드(Personal Brand)시대이다. 최고경영자(CEO)들 중에는 퍼스널 아이덴티티(Personal Identity)를 관리하기 위해 별도로 개인 홈페이지를 운영하고 있는 분들이 늘고 있다. 그렇다고 뭐가 뛰면 뭐도 뛴다고 덩달아 뛰면 망하기 십상이

다. 처음 브랜드를 알리는 데 성공하기까지 피나는 노력이 뒷받침되어야 한다. 사람들의 가슴 속에 깊이 포지셔닝 할 때 비로소 가능한 것이다.

즉 사람들의 기억 속에는 그 이름을 떠올렸을 때 명확하게 각인된 이미지는 대단한 힘이다. 자신의 특기와 능력을 적극적으로 활용할 수 있는 기회가 찾아오기 때문이다.

우리는 핵심 포지션(core position)을 찾아야 한다. 여러 사람을 인터뷰할 때마다 느끼는 것이지만, 뭐든지 다 잘 할 수 있다고 말하는 이들이 있다. 어떤 포지션도 소화할 수 있다는 사람 치고 하나라도 잘 하는 사람을 보기 힘들다. 모든 포지션을 소화할 수 있다는 말을 과연 누가 믿겠는가. 그래서 자신의 포지션부터 확고히 하는 과정이 중요하다.

예를 들면, 라이언 킹 이승엽은 경북고 시절 특급 좌완 투수로 이름을 날렸다. 그는 프로 첫 시즌을 맞기도 전에 미국 전지 훈련에서 왼 팔꿈치 부상을 맞아 투수를 할 수 없게 된 상황이었다. 결국 투수에서 타자로 전업이 불가피한 상황에 처한 것이다. 그는 특급 좌완투수에서 타자로 포지션을 바꿨다. 천부적으로 타고난 재질과 유연성에 어려움에 굴하지 않는 노력에 의해 홈런타자 '라이언킹 이승엽' 이라는 브랜드가 서서히 그라운드에 각인되기 시작했다.

만약 이승엽이 최고의 홈런타자로 거듭나도록 코칭(Coaching)을 해주었던 백인천 감독과 박흥식 코치를 만나지 않았더라면 오늘날의 이승엽이 시즌 최다홈런 아시아 신기록이 세웠을까.

이승엽 타격자세는 백인천 감독으로부터 전수 받은 '외다리 타법' 으로 97년 시즌 홈런 32개를 터뜨리며 홈런왕으로 등극했고, 자신의 이름을 널리 알리는 계기가 되었다. 그 뒤에서 알게 모르게 도와준 코치가 없었더라면 56개 홈런을 때려 아시아 홈런신기록의 기록을 세우고, 일본야구에 진출하며 세계적인 메이저리거를 꿈꿀 수 있을까. 심지어 야구에서도 포지션이 중요한데 우리가 직업을 구할 때는 어떨까.

직업을 구하기 전에 앞서 나의 위치를 어떻게 잡을 것인가 고민해야 한다. 포지셔닝을 통해 자기계발에 성공한 사람으로 예를 들면 '고도원의 아침편지' 로 유명한 고도원 씨, '익숙한 것과의 결별' 변화경영전문가 구본형 씨 '자기경영노트' 의 자기경영전문가 공병호 씨 등이 있다. 이외 많은 사람들이 자신의 이름을 개인 브랜드로 성공적으로 포지셔닝 하고 있다.

개인이 인생에서 성공할 수 있도록 도와주는 역할을 하는 것이 라이프 코치(Life coach)이다. 골프 박세리 선수에게는 아버지 박준철 씨가 인생의 코치였고, 박선수가 이 세상에서 가장 존경하는 사람이다. 일찌감치 자신의 딸의 천재적 재능을 발견하고 어려움 속에도 세계적인 선수로 키워냈다.

아리스토텔레스에게는 플라톤이 코치였고, 플라톤에게는 소크라

테스가 코치였다. 좀더 시야를 좁혀서 경력관리 부분을 도와주는 사람이 커리어코치(career coach)이다. 지금 미국에서는 개인 경력 관리를 지도해주는 커리어코치가 인기 있는 직업이고, 최근 우리나라에서도 유망 직종으로 꼽혔다.

처음부터 자신의 직업에 대한 정체성을 알고 있는 사람은 없을 것이다. 이직이나 취업을 하려고 할 때, 자신의 옆에서 차근차근 도와주는 사람이 필요하다. 이제 코치가 필요한 곳이 꼭 야구장만이 아니라, 취업전선까지 진출한 것이다. 우리나라의 경우에도 취업난이 심화되고 이직문화가 활성화되면서 경력관리를 상담해주는 커리어코치에 대한 수요가 더욱더 늘어날 것으로 보인다.

커리어코치는 위기가 있을 때마다 어떻게 대처해야 할지 꼼꼼히 알려준다. 새 직업 구하는 방법도 상세히 조언한다. 편의점 아르바이트에서 대기업 임원까지 아무리 작은 경력일지라도 코치의 판단에 따라 얼마든지 성장 가능성이 있는 경력이 될 수 있다.

그동안 쌓은 모든 경력을 나열해 코치에게 보여주는 것이다. 그러면 코치들은 다듬어지지 않았던 경력을 값진 보석으로 변화시키는 방법을 알려준다. 지속적인 상담과 훈련을 시켜 훌륭한 선수로 재탄생시키고 있는 것이다.

이런 전문적인 커리어코치도 중요하지만, 멀리 찾지 말고 주위에서 가장 가까운 사람에게 고민을 털어놓고 자신의 자기계발 과정에 문제가 없는지 경력관리방법 등 다양한 사람과 이야기를 나누는 편이 좋다.

01 핵_심_포_인_트

핵심 포지션 (core position)을 찾는 7가지 단계

1. 철저한 자기분석을 하라

올라운드 플레이어라 하더라도 자신의 핵심 포지션이 없는 경우는 없다. 철저한 자기분석을 통해, 자신의 장단점을 파악하라.

2. 파악된 장점을 강점으로 만들어라

자신의 파악된 장점(長點)을 더욱더 단련시켜 강점(强點)으로 만들어야 한다. 철근이라고 다 단단한 것은 아니다. 철근도 담금질을 해야 강철이 되는 것이다.

3. 약점을 알고 포기하는 것부터 배워라

진정한 강점을 갖고 있는 사람일수록 자신의 단점(短點)을 약점(弱點)으로 인정하는데 익숙하다. 전부 잘 하겠다는 욕심 보다는 자신을 되돌아보고 포기할 것은 포기할 줄 아는 여유를 갖도록 노력하라.

4. 해야 할 가치가 있다면 두려워하지 말고 도전하라

성공한 아이디어를 보면서 "저 아이디어는 옛날 나도 생각했는데…"라는 말을 잘 한다. 우선 해야 할 가치가 있는 것이라면 허접하더라도 직접 해봐라. 처음부터 높은 수준에 도달하기는 쉽지 않다.

5. 자신에 걸맞는 핵심키워드를 선택하라

어느 정도 자신의 위치를 어떻게 잡아야 겠다는 마음이 섰다면 그것에 걸맞는 핵심키워드를 찾아야 한다. 최고로 적합한 키워드를 선택하는 것은 매우 힘들다. 포지셔닝을 성공하는데 중요한 것은 너무 흔한 키워드가 아닌 새로운 키워드일 것이다.

6. 남의 룰에서 벗어나 자신이 룰을 만들어라

남이 만들어놓은 룰을 따르는 것은 이미 앞서갈 기회를 놓치는 것이다. 새로운 키워드를 먼저 선택, 새로운 룰을 만들지 않으면 당신은 결코 남들보다 앞서기 힘들 것이다. 물론 자신이 택한 핵심역량에 올라타고서도 다른 곳을 쳐다보는 것은 결코 바람직하지 않다. 한눈 팔다가는 언제 떨어질지 아무도 모른다.

7. 자신의 위치에서 넓은 시야를 확보하라

자신의 위치를 잡는 것은 만원버스에서 빈자리를 찾는 것과 같다. 언제 어디서 자리가 날 지는 아무도 모른다. 이럴 때 제일 중요한 것은 넓은 시야를 확보하는 것이다. 자리가 나는 순간을 제일 먼저 포착해야만 포지션을 얻을 수 있다.

02 힘들겠지만 좁은길로 가라

"먼 훗날에 나는 어디선가 한숨을 쉬며 이야기할 것입니다. 숲 속으로 난 두 갈래 길 중 나는 사람들이 가지 않았던 길을 택하였고 그것 때문에 내 모든 운명이 달라졌노라고"

• 프루스투의 '가지 않는 길' 중에서

힘든 만큼 크나큰 성공이 기다리고 있다. 멋진 의상과 인상 좋은 웃음, 더부룩한 턱수염 최병광(최카피연구실 대표 및 목원대학교 광고홍보학과) 교수는 첫인상부터 카피라이터 냄새가 묻어난다. 최 교수가 공군장교였다는 사실을 아는 이는 드물다.

첫발을 내디딘 지 20여년 만에 옥시크린에 '빨래끝', 박상원이 나오는 '침대는 과학입니다'(에이스침대), '힘좋고 오래갑니다'(로케트밧데리) 등 주옥 같은 카피를 썼으며, 지금은 광고 업계에서 '최카피' 하면 모르는 이가 없을 정도로 유명인사가 된 그는 원래 공군장교였다. 사실 그 당시 공군장교는 꽤 보수도 좋고 안정된 직장이었다. 그것을 그만두고 카피라이터가 되겠다고 선언하는 순간 어느 한 사람 안 말리는 사람이 없을 정도였다.

공군장교에서 카피라이터로

그는 공군장교로 있으면서 장기복무를 할까 하는 생각도 많이 했다. 군에서도 장기복무를 하면 원하는 곳에서 복무할 수 있도록 배려해준다고 했다. 장교시절에 그는 책을 두 권 썼고 그가 모시던 장군으로부터 인정도 받고 있던 터였다.

또 장교생활이 괜찮은 편이었다. 사회처럼 치열한 경쟁도 없어 보였고 일도 수월했다. 대도시에서 근무하니 생활하기도 좋았고 장교시절 결혼한 그는 아내와 오붓한 생활이 좋았기 때문에 장기복무에 대한 유혹을 쉽게 떨쳐버릴 수 없었다.

그러나 그는 제대하기로 결심했다. 무엇보다 큰 변화 없이 반복되는 생활이 싫었다. 뭔가 창의적인 일을 해보고 싶은데 사실 군대에서의 창의성은 크게 요구되지 않았다. 명령과 복종, 빈틈없이 반듯한 일상, 제복 속의 고정관념, 잘만 지내면 아무 탈없는 편안한 생활, 이런 것들이 두려웠다. 새로운 것에 도전을 하고 싶었다. 그가 알고 있는 지식과 자신의 능력을 더 시험해보고 싶었다. 저 험한 세상 속에서 우뚝 살아남는 짜릿한 느낌을 즐기고 싶었다.

우선 그는 노트를 열 권 샀다. 그리고 그 속에 자신의 창의력과 문장력을 담았다. 생각나는 대로 글을 썼고 광고아이디어를 생각하고 쓰고 또 썼다. 광고와 카피라이팅에 관한 책이 거의 없던 시절 그는 이리저리 수소문하여 조각정보를 얻어 호기심을 겨우 채우곤 했다.

소설과 사회학 등 책을 닥치는 대로 읽었다. 고참 공군장교시절 일년간은 시간도 많았다. 탐독과 글쓰기로 일년을 보냈다. 결국 기업체 광고부로 입사한 그는 탐독과 글쓰기를 계속했다. 그가 가장 책을 많이 읽고 글을 많이 쓴 것은 대학원시절과 이때였다. 그에게는 무엇이 될 지를 몰랐으나 자신이 좋아하는 일을 했던 것 하나는 분명했다.

카피라이터… 이런 것도 있었나?

최 교수는 원래 대학과 대학원에서 국문학을 전공했다. 스승인 시인 김춘수선생님의 영향으로 작가가 되려는 생각도 갖고 있었다. 공군장교 시절 그는 우연히 광고를 알게 되었다. 70년대 당시만 해도 광고에 대해 전혀 모르고 있었다. 특히 '카피라이터' 라는 직업이 있는 지도 몰랐다. 자신뿐 아니라 다른 사람들도 그랬다.

"카피라이터? 아니 이건 뭐 하는 직업일까? 카피라면 복사? 복사를 해서 그걸 쓰는 사람? 별 직업이 다 있네…" 그런 반응들이었다. 그러나 어느 순간 '카피라이터' 라는 말이 주는 묘한 매력에 끌린 그는 광고의 여러 가지 정보를 수집했고 '카피라이터' 라는 것이 광고의 핵심적인 아이디어를 만들어내는 직업이라는 걸 알고는 더 큰 매력을 느꼈다. 작가나 카피라이터나 일단 글을 쓴다는 것에 공통점을 가지고 있었다. 물론 나중에는 그것이 많이 다르다는 걸 느꼈지만….

그 때부터 그는 우리나라 광고와 외국 광고를 부지런히 찾아서 보았다. 그리고 오기가 생겼다. "아니 이 정도밖에 아이디어를 내지 못하는 거야?" 나라면 훨씬 더 좋은 아이디어를 내고 더 멋진 카피를 쓸텐데! 그는 이런 건방진 생각을 가졌다. 제대를 앞두고 그는 언론계통에 있는 선배 몇 명에게 물어보았다. 그랬더니 한결같이 하필 왜 카피라이터를 하느냐는 것이었다. 아직은 남들이 알아주지도 않고 장래가 불안한 분야라고 하면서 모두들 말렸다.

방송국에 입사시험을 치면서 그는 어느 대기업의 광고부에도 지원을 했다. 둘 다 합격. 그는 고민했다. "방송국으로 가느냐? 광고를 하느냐? 방송국 PD가 훨씬 봉급도 많고 유망한 직업인데 왜 그런 걸 하겠냐"고 모두들 말렸다. 결국 선택은 자기자신의 몫! 그는 좁은 길로 가기로 했다. 남이 가지 않는 길로 가기로 했다.

도전하라, 정말 하고 싶은 일이라면!

지금까지 살면서 최 교수는 자신이 하고 싶은 일은 거의 다 하고 산 편이다. 그는 하고 싶은 일에 몰두하는 편이다. 그런 성격은 가족들에게는 힘든 일이었다. 기업체 광고부에서 광고회사로 옮긴 그는 오로지 일에만 몰두했다. 프리젠테이션 준비로 집에 들어가지 못한 날들이 점점 많아졌다. 아이들이 어떻게 학교를 다니는지 밥은 뭘 먹는지 잘 알지 못했다. 아내와 아이들은 야속하게 생각하면서도 내색을 하지 않았다.

대신 그는 가족들과 어울릴 때는 다 잊어버리고 가족에만 몰두했다. 과일을 사도 과자를 사도 아예 박스 째 들고 가 안겨버렸다. 창경

궁(당시는 창경원이라고 했고 동물원과 놀이동산이 같이 있었다)에 주로 잘 갔다. 그의 회사와 집의 중간 지점이었다. 거기서 아이들과 뒹굴면서 놀았다. 창경궁에 관한 추억이 많다. 지금도 그는 그 옆을 지나가면 미소가 저절로 나온다고 한다.

"카피라이터가 안 되었다면 나의 지금 모습은 어떤 것일까?" 지금도 그는 가끔 생각한다고 했다. 그러나 그게 단지 궁금할 뿐이지 결코 후회 같은 것은 없다고 단정짓는다. 이 일에서 그는 사는 보람을 느꼈고 당연히 지금도 그렇다. 그리고 이제부터 그는 또 새로운 일을 시작하려 한다.

그는 남들보다 욕심도 많고 성격도 급하다. 여러 가지를 다 하고 싶어서 안달하는 성격이다. 카페 같은 곳에서도 한 곳에서 오래 붙어 있지 못하는 자신의 성격! 그는 그것을 단점이라고 생각하지 않는다.

그에게는 또 나이 같은 것은 문제되지 않는다. 그는 박영석 산악인이 새로운 그랜드슬럼에 도전했듯이 새로운 것에 도전할 것이다. 사진, 여행, 영화, 이벤트, 스키에 관련된 일들 그리고 출판… 이런 것들이 요즘 그의 관심사이다.

이런 일에 도전하기 위해서 뭘 준비해야 하는지 잘 알고 있다. 책을 읽어야 하고 인터넷에서 자료를 찾아야 하고 기능을 갖추어야 한다. 그리고 무엇보다 중요한 것은 새로운 것에 도전할 수 있는 용기다. 젊지 않은 나이에 그는 젊은 용기를 갖고 있었다.

03 아직도 자신의 자리를 찾지 못했는가

"삶은 우리가 무엇을 하며 살아왔는가의 합계가 아니라, 우리가 무엇을 절실하게 희망해 왔는가의 합계이다"

• 호세

많은 사람이 앉아 가고 있는 지하철 안에서 당신 혼자 서서 간다고 생각해보라. 어떤 사람은 지하철을 타자 마자 앉지만 어떤 사람은 종착역까지 서서 가는 불공평 속에 우리는 살아간다. 하지만 그 이면에는 앉고자 하는 절실함이 없기 때문은 아닌지 자문해봐야 한다.

필자는 지하철을 타면서 자리를 잡고 앉는 것과 직업을 구하는 것과 유사한 점이 많다고 생각해보곤 한다. 필자 역시 그 많은 자리 중에 왜 내 자리가 없을까 생각해본 적이 있다. 또한 바로 옆 좌석이 났을 때 다른 사람이 얼른 앉았으면 얄미워 했었다. 어느 순간 아차 하면서 혹시 내가 서 있는 자체에 신경을 곤두세우다 보니 바로 앞 좌석이 나기만을 기다리고 있지 않았는가. 오히려 자리가 어디에 날 것은 예측하고 그 곳으로 옮겨야 하겠다는 생각을 해본 적이 없었다.

강남에서 지하철을 타면서 왜 많은 사람과 부딪치면서도 그 부딪치는 이유에 대해 생각해본 적이 없었다. 출퇴근시간을 달리 조정한다거나 타는 칸을 다르게 한다거나 어떤 행동을 하지 못하고 있었다. 사실 붐 비는 지하철에서 자리잡고 앉기란 쉽지 않다. 꼭 앉아야 겠다는 절실함을 갖고 사람 행동 하나하나 유심히 관찰하지 않으면 말이다.

예를 들면, 책을 읽는 사람보다 두리번거리는 사람이 빨리 내릴 가능성이 많다.

강서구청 도서관에서 빌린 책을 읽는 사람은 적어도 2호선이나 5호선에 갈아타는 신도림이나 영등포역에서 내릴 가능성이 많다. 문자메세지를 보내고 있는 남자보다 거울을 보고 있는 여자가 더 일찍 내릴 가능성이 많다. 왜냐하면 남자의 행동을 보면 허둥대는 것으로 보아 약속시간에 늦었기 때문에 문자메세지를 보내고 있다고 가정할 수 있고, 여자의 경우에는 내릴 정거장이 가까이 와서 거울보고 있는 것이라고 추측해볼 수 있다.

지하철에서 한 자리를 찾기 위해 서로 밀치는 광경을 목격하는 경우가 있을 것이다.

사람은 누구나 서 있으면 앉고 싶고 앉아 있으면 눕고 싶고 누워 있으면 자고 싶다. 사람의 심리는 이렇게 간사하기 짝이 없으며 편안함을 추구하는 것은 인지상정(人之常情)이다. 한 조사에서도 나타났듯이 직장인 10명 중 7명은 이직할 경우 공무원을 희망하는 이유도 여기에 있을 것이다. 솔직히 종착역까지 서서 가기를 바라는 사람은 없을 것이다.

우리들은 자기 자신에게 주어진 '앞자리' 만 보고 살아가기에 급급하지 않았나 자문할 필요가 있다. 더군다나 이직의 실수를 할 때마다 그에 대한 대가를 치러야 하는 경우가 많았을 것이다. 그렇다고 '앉아서' 가도 힘든 세상에서 '서 있는' 부담은 클 수 밖에 없다. 그것도 여기저기서 밀고 당기는 복잡한 상황이라면 말이다.

당신은 기다리던 '앞자리' 를 옮겼을 때 만족도를 생각해보아야 한다. 직장인이 한 회사에 오래 머물지 못하고 자주 옮기게 되면, 기존 재산 상에도 손실이 있다고 생각해볼 수 있다. 사람이 재산이라는 말이 맞다면 말이다. 평생직업 시대라 하더라도 5년 이내에 3번 이상 회사를 옮기는 사람은 성격적 결함이 있다는 편견이 있어 다른 사람과 원만한 인간 관계를 갖지 못하는 사람으로 낙인 찍히게 될 소지가 있다.

따라서 직원을 채용하는 데 있어 남들과 잘 융화하지 못하는 사람은 채용하지 않고 있다. 채용되더라도 많은 문제점을 안게 된다. 한 채용사이트에서 조사한 결과에 따르면, 이직자 67%가 이직 후 불만족하고 있다는 결과를 내놓고 있다.

성공한 사람의 이력을 살펴보면, 달라도 무엇인가 다르다는 것을 인식하고 성공한 사람들이 자기진단에서부터 시작하여 자신의 핵심역량이 무엇인지, 또 이를 어떻게 발휘하는지를 유심히 봐야 한다.

우연한 계기에 잠깐 아르바이트를 했던 것이 인연이 되어 직업이 된 경우도 있다. 베테랑으로 성장한 사람들은 오랫동안 한 자리를 지킬 수 있는 나름대로의 철저한 자기관리 덕분에 살아 남았던 것이다. 건강을 지키기 위해 운동을 하거나 영어공부를 하기 위해 하루 일과 중에 자기관리 시간을 빼놓지 않았던 것이다.

지하철 좌석 자리를 얻는 것처럼 성공한 사람들은 어떤 것에 절실함이 있었기에 자기관리에 성공할 수 있었던 것이다. 성공은 결코 운이 아니다.

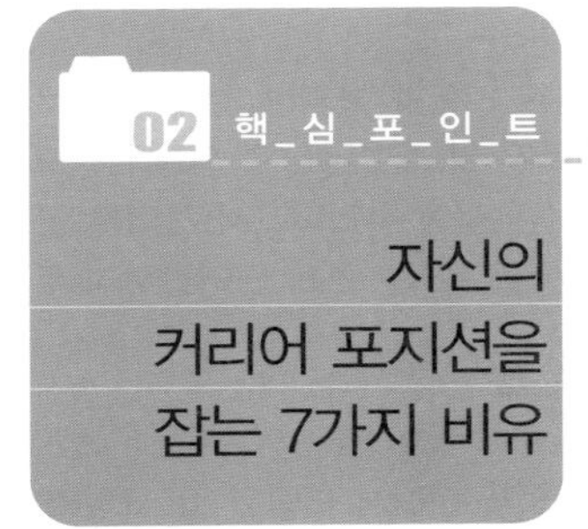

1. 무엇을 탈지 생각하라

구체적인 직업에 대한 생각을 하지 않았다면, 우선 어느 교통을 이용할지 생각하라. 자가용을 탈지 택시를 탈지, 대중교통을 이용한다면 버스를 탈지 지하철을 탈지 보다 구체적으로 생각하라. 자신이 갖고 있는 실력에 맞게 대기업, 중소기업, 벤처 등 규모라도 정하도록 한다.

2. 우선 올라 타고 보라

자신이 성공에 이르는 길은 오직 자신이 경험하는 것 하나뿐이다. 고민해서 선택한 말을 탓하기 보다는 우선 올라타고 보는 것이 중요하다. 자신이 목표로 하는 목적지까지 얼마나 효과적으로 도착할 수 있느냐가 중요한 것이다.

3. 주위를 잘 살펴보라

올라 탔으면 주위를 살펴보라. 주윗사람들을 유심히 보면 증후를 발견할 수 있다.

자신의 위치를 잡는 것은 만원버스에서 빈자리를 찾는 것과 같다. 언제 어디서 자리가 날 지는 아무도 모른다. 이럴 때 제일 중요한 것은 넓은 시야를 확보하는 것이다. 자리가 나는 순간을 제일 먼저 포착해야만 포지션을 얻을 수 있다.

4. 넘보지 못하도록 자리를 잡아라

농구선수가 철저한 박스아웃으로 리바운드를 하듯 서 있더라도 자리 잡은 위치를 빼앗겨서는 안된다. 그렇다고 가만 있는 사람을 밀치지 마라. 우리 자신의 성공은 스스로 얼마나 잘하느냐가 아닌 다른 사람들이 자기자신을 위해 얼마나 해주느냐에 달려 있다는 사실을 잊지 마라.

5. 기회를 포착하라

어느 정도 자신의 위치를 어떻게 잡아야 겠다는 마음이 섰다면 그것에 걸맞는 핵심키워드를 찾아야 한다. 최고로 적합한 키워드를 선택하는 것은 매우 힘들다. 포지셔닝을 성공하는데 중요한 것은 너무 흔한 키워드가 아닌 새로운 키워드일 것이다.

6. 자리에 앉고 보라

남이 만들어놓은 룰을 따르는 것은 이미 앞서갈 기회를 놓치는 것이다. 새로운 키워드를 먼저 선택했다면 새로운 룰을 만들지 않으면 당신은 결코 남들보다 앞서기 힘들 것이다. 물론 자신이 택한 핵심역량에 올라타고서도 다른 곳을 쳐다보는 것은 결코 바람직하지 않다. 한눈 팔다가는 언제 떨어질지 아무도 모른다.

7. 내릴 곳을 생각하라

자신이 내릴 때 가장 중요한 것은 타이밍이다. 언제 어디서 터닝을 할 지 고민해야 한다. 만일 내릴 곳에서 내리지 못할 때에는 다시 되돌아와야 한다는 것을 잊지 마라. 자신이 언제 갈아탈 지 꼭 기억하라.

04 당신은 지금부터 경력 설계해야 한다

"지금부터 20년 뒤 여러분들은 잘못하고 후회할 일보다 하지 않아서 후회하는 일이 더 많을 겁니다.
그러니 밧줄을 던져 버리십시오. 안전한 항구에서 벗어나 멀리 항해하십시오. 무역풍을 타고 나가십시오. 탐험합시다. 꿈을 꿉시다. 발견합시다"

• **마크 트웨인**

당신의 이력서에 정말 날개가 달렸으면 하는 바람에서 이 글을 시작한다. 이력서를 들고 이곳 저곳을 기웃거리다가 취업문턱에서 거절 당해본 사람만이 그 아픔을 기억할 것이다. '그래 내 이력서에 날개가 달려서 저 문턱을 훨훨 넘나들었으면…' 당신은 이렇게 생각했을 것이다. 아니면, '나도 이제껏 노력한다고 했는데 나에게는 왜 기회가 오지 않을까?' 체념한 당신은 며칠을 멍하니 방바닥을 긁고 있었을 지도 모른다.

이쯤에서 당신은 "이건 현실이 아니야"라고 외치고 싶어질 것이다. 미처 준비되지 않았던 상황에 당황할 것이고, 주위사람에게 오히려 짜증을 낼 지도 모른다. 문득 깨어나 세수를 하다가 출근할 회사가 없어졌다는 엄연한 사실에 몸서리칠 것이다.

어떤 사람이 나에게 이런 말을 한 적이 있다. 그 사람의 뒷모습을 보면, 그 사람에 대한 견적(見積)이 나온다고. 견적이라는 단어는 일반적으로 사람에게 안 쓰는 말이지만, 곰곰이 생각해보니 섬뜩한 말이다. 사람의 경력을 수치화 하는 것이다. 그 사람이 어떻게 살아왔는지 그 사람의 뒷모습에서 나타나는 무언가를 두고 한 말인 것 같다. 나는 이렇게 되뇌어 본다. '자기소개서는 그 사람이 어떻게 살아왔는지 보여주는 견적서는 아닐까.'

어느새 기업 채용문화가 연공서열 위주에서 능력위주로 바뀌고 있어 경력자를 선호하고 있다. 경력이 표면적으로 드러나는 부분은 이력서와 자기소개서 분야이다. 인터넷 취업 사이트를 분석해보면, 경력 관리의 현주소를 알 수 있다. 이들은 일자리 중개 서비스가 주종이지 경력관리라고 하기에는 부족한 정보를 갖고 있는 경우가 많다.

당신도 인터넷 사이트에 당신의 이력서를 작성해 띄워 놓은 적이 있을 것이다. 하지만 당신의 소망처럼 채용기업에서 당신에게 직접 연락한 적이 거의 없을 것이다. 왜냐하면, 그 많은 취업정보 사이트를 일일이 찾아 다닐 만큼 한가한 인사담당자는 없기 때문이다. 역으로 이 말은 당신이 원하는 기업을 찾아 다녀야 한다는 것이다.

단 한 줄의 이력을 만들기 위해서 무수한 땀이 필요하다. 경력이란 한 순간에 이루어지지 않는다. 경력은 땀방울으로 이루어진 것이다.

이력서란 자신의 발자취를 한눈에 볼 수 있도록 기록한 실용문이다. 사람이 어떻게 살아왔는가를 담는 것으로, 특히 경력자의 이력서란 경력 중심으로 작성되어야 한다. 어떤 사람들은 이력서를 하찮은 것으로 여기지만, 그리 간단한 것이 아니다. 이력서는 자신의 능력과 기술을 판단할 수 있는 근거가 된다. 전문가는 단 한 줄의 이력을 쓰기 위해 자신을 과대포장하지도, 겸손해 하지도 않는다. 진짜로 경력이 풍부한 사람은 유치하지도 않는, 그렇다고 튀지도 않는 평범한 이력서를 쓸 것이다.

어떤 사람은 뭔가 튀는 이력서만을 고집하는 경우가 있다. IT개발자라면 자신의 홈페이지를 이력서로 삼아도 좋다. 주의해야 할 사항은 이력서가 너무 튀었을 경우, 오히려 자신의 좋은 경력을 흐리게 하는 역할을 할 수도 있다. 다시 말하면 중용의 미가 필요하다는 말이다.

인사담당자에게는 이력서가 얼마나 객관적으로 서술했는지, 아니면 어떤 부분을 빠뜨리고, 어떤 부분을 강조했는 지가 중요하지 않다. 보다 중요한 것은 그 업무에 적합한 인재의 이력서인가 라는 점이다.

이력서를 쓰기 앞서 무엇보다 중요한 것은 먼저 자신의 이력을 정리한 파일을 갖는 것이다. 대형 프로젝트일수록, 구체적으로 경력 위주의 이력서를 원하는 경우가 많다. 일기를 쓰듯 자신의 프로젝트나, 자격증, 그리고 상장 등을 기록해 놓았다면. 이력서를 쓸 때 자신이 무엇을 언제 어떻게 담당했는지 자세히 적을 수 있을 것이다.

하지만 우리는 이력을 정리하는 습관이 없는 경우가 더욱 많다. 당신은 이력을 정리한 파일을 갖고, 충분한 시간적 여유를 있어야 한다. 그래야 차분하게 작성해야만 내용도 충실하고 군더더기가 없는 이력서를 만들 수 있을 것이다.

자신이 지원할 분야별로 여러 통의 이력서를 작성해 놓고 필요할 때마다 사용하는 것이 지혜로운 방법이다. 예를 들면, 웹 기획 분야와 PM(Project Management) 분야 같이 비슷한 분야라도 세분화하는 게 중요하다.

성공한 사람이 되기 위해서는 꾸준한 자기개발과 새로운 분야에 대해 도전하는 자세가 필요하다. 당장 일자리가 없다고 초조한 마음을 갖지 말고 아르바이트라도 하자. 아르바이트라고 우습게 생각하지 말고 한번 거래를 맺은 업체와 신뢰를 쌓아 계속 일거리를 받는 것이 경력을 쌓는 데도 유리하다.

05 행복한 인생, 성공하는 라이프플랜

"오늘 나는 무엇을 할 것인가? 매일 아침 눈을 뜨자마자 가장 먼저 하루의 일과를 설계하라. 이것은 '하루를 어떻게 보낼 것인가' 하는 삶의 설계도를 그리는 일이며, 동시에 우리의 인생을 '어떻게 살아갈 것인가' 하는 미래와 연결되는 일이다. 계획된 생활은 혼돈과 변덕을 막아주며 우리로 하여금 망설임 없이 일하게 한다"

• 애니 딜러드

웃은 모습이 매력적인 '스마일홍' 홍성민(여주대 디지털정보전자과) 교수는 공대 교수이면서 경력 설계 전문가로 1인 2역을 맡고 있다. 그는 처음 학생들에게 경력 설계를 시작한 이유에 대해서 학생을 지도하면서 느낀 부족함 때문이라고 한다.

"학생들에게 전공을 가르치고, 졸업시키고, 취업시키고,… 그게 대학에서, 또 교수가 해야만 하는 역할의 끝은 아니다고 생각했습니다"

어느날 학생들은 서류 제출 며칠 전에 이력서와 자기소개서를 한 번 봐달라고 가져오는 것이었다. 대부분의 학생들이 자신 있게 준비한 것이 없었고, 기업체가 원하는 초점을 맞출 수가 없었다. 내세울

만한 경쟁력이 없었던 것이다. 학생들이 갖고 온 이력서는 초등학교를 포함해도 몇 줄 되지 않고, 자기소개서는 판에 박힌, 어디서나 볼 수 있는 그런 자기소개서였다. 문장을 다듬거나 배치를 바꾸는 정도 외에는 어떻게 해줄 일도 없었다.

미처 진로를 파악하지 못하는 학생들에게 도움을 줘야겠다고 결심을 했다. 가르치는 학생들에게 1학년 초에 자기소개서를 작성하게 하였고, 충분하지는 않았지만 조금씩 준비할 시간을 벌게 되었고 경쟁력도 차츰 생기기 시작했다. 홍 교수는 뒤늦게나마 가르치면서 무엇인가 부족하다는 생각이 들었다고 한다.

"학생들의 꿈은 다 다를 텐데, 준비하는 것은 또 비슷해져 가는 거였어요. 전공이 같은 학생들이기 때문이지요. 또 꿈이 없는 경우도 있고, 벌써 '꿈은 꿈일 뿐이다' 라는 생각을 하기도 하는 학생들이 많았지요. 좀 더 꿈을 키워주고, 먼 미래를 생각하도록 해야겠다는 생각에 20년 뒤의 이력서를 작성하게 했지요. 그랬더니 자신이 정말 하고싶은 일이 명확해지고, 그에 대한 준비와 그 실현 단계를 20년 정도의 계획으로 세울 수 있게 되면서, 그것을 하고자 노력하고, 준비하며, 자세가 달라지는 것이었습니다. 자신의 미래에 대해서 자신 있게 준비하는 '눈이 반짝 반짝 빛나는' 그런 학생들이 나타나기 시작했지요."

홍 교수는 경력 설계 전문가가 된 가장 큰 이유는 '학생들에게 전공을 가르치고 졸업시키고 취업시키고 그게 대학에서, 또 교수가 해야만 하는 역할의 끝은 아니다' 라는 생각 때문이라고 했다. 전공을 가르치는 교수인 동시에, 경력을 설계하도록 돕는 컨설턴트, 인생의 코치, 상담가, 그리고 멘토가 되어야 한다는 생각이다.

먼저 같은 생각을 갖고 있는 몇 분의 교수들과 함께 상담기법과 상담심리를 공부하고, 외부의 전문가를 초청하여 세미나도 하고 연구와 워크샵을 하며, 전문기관에서 시행하는 교육도 받고, 여기저기 찾아다니며 전문가들을 만나기도 하였다.

그러다 보니 홍 교수는 심리검사, 직업흥미검사 등을 시행하고 해석할 수 있는 자격도 취득하고, 나름대로 학생들에게 적용할 수 있는 프로그램을 자체적으로 만들고 시행하고 있다.

"어려서부터 기본적인 성격은 내성적이지만, 적극적인 태도를 갖으려고 노력했습니다"

홍 교수는 자신에 대해 대체로 엄격한 기준을 가지고 있으며, 다른 사람도 그러하기를 바라다 보니 인상이 엄숙한 이미지가 굳어지는 것 같았다. 나이가 들면서 다른 사람이 나와 다름을 이해하고, 미소가 부족하다는 생각을 하면서 항상 미소를 띠기 위해 노력했다고 한다.

현재는 아이디만이 아니라 많은 사람들이 '홍교수' 보다 '스마일홍' 으로 기억한다. 스마일홍 교수가 살짝 털어놓는 웃음의 비법은, 사람을 편안하게 하는 웃음 마저도 꾸준한 노력에 의해서 만들어지는 것이다. 세상에 거저 얻어지는 것은 없는 모양이다.

먼저 설계 되지 않는 인생은 저절로 성공이 찾아오는 것이 아니다.

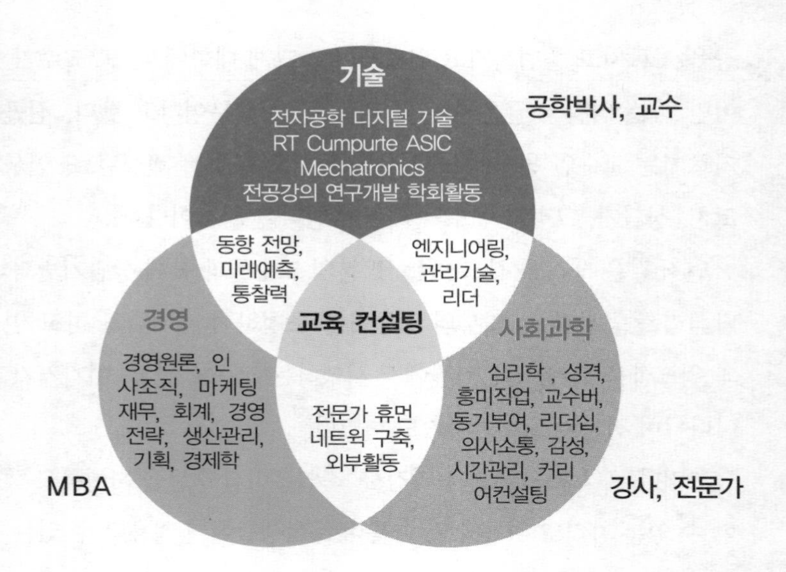

인생 계획이 필요한 것이기는 하나 극심한 변화의 시대에 계획대로 되지 않을 수도 있다. 80%이상이 우연한 기회로 경력이 형성된다는 통계치는 스스로 정한 자신의 계획에 전적으로 의존하지 말 것을 요구한다.

경력개발은 자신의 강점을 더욱 강화시켜나가는 게 핵심이다

경력관리의 핵심은 사람들에게 자신감을 심어주는 것이다. 제일 필요한 것이 자기 진단이며,효율적으로 일자리를 찾기 이전에 자기 능력을 충분히 드러내, 제대로 평가 받는 것이 성공적인 경력관리에 빼놓을 수 없는 요소이다.

'성공하는 사람들의 7가지 습관' 의 저자 스티븐 코비(Stenphen

R. Covey) 박사는 "당신이 가진 태도가 당신이 높은 지위에 도달하는 여부를 결정한다"고 말한다. 많은 선진 기업들은 인재의 태도를 보고 뽑고, 기술은 나중에 가르친다는 채용방침을 채택하고 있다. 뽑을 인재가 어떤 역량을 갖고 있는가 보다는 회사에 적합한 인재인지를 꼼꼼히 따져야 보아야 한다. 하버드대의 연구결과를 보더라도 이직 사유의 80%가 잘못된 채용인 경우이다.

자신의 삶에 대한 태도가 자신에게 많은 변화를 가져온다. 만일 당신이 삶에서 가장 중요한 것에 몰두할 수 있다면, 자신의 소망을 이루기 위한 가장 적합한 길을 들어선 것이다.

당신의 자신에 대해서 좀더 생각해보자. 그것이 바로 자기계발의 첫걸음이다. 자신의 장단점을 파악하고, 적성에 맞은 일을 찾는 것이다. 어떤 직업이든 자신의 의지가 제일 중요하다. 변화를 두려워하지 말고, 자그마한 일부터 실천하는 게 중요하다. 자신의 아랫배가 나오거나, 스트레스로 불규칙한 생활이 계속되고 있는 것은 아닌지 되돌아보자.

특히 IT업계에서 중요한 점은 항상 변화하는 업계의 특성에 맞게 자기계발을 위해 노력하는 것이다. 당신은 자신의 경력개발을 위해 조그마한 일부터 실천할 때 비로소 성공할 수 있다.

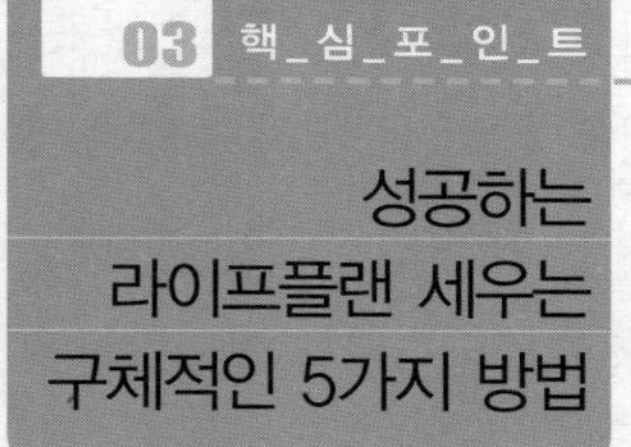

1. 개인의 역사(personal history)를 아는 것이 지름길이다

현재까지 어떻게 살아왔는지 자기자신을 되돌아 보고 정리해야 한다. 자신이 특별히 열심히 했던 일들, 그때 그때마다 달성했던 것들, 즐거웠던 일 등의 경험을 개인의 역사(personal history)을 적는 것이 매우 중요하다. 자신을 파악해서 자신의 역사를 그 줄기로 기록한다면 자신에 대한 정체성을 찾기 쉽다. 냉철하게 자신의 역사를 되돌아봐야 한다.

2. 자기분석을 통해서 자신의 스타일을 찾는다

나는 누구인가, 나는 어디에 있는가. 나의 강점은 무엇인가, 생애가치, 철학, 성격적 특성, 적성, 흥미, 커리어유형 등 개인이 자신의 분석 작업을 통해서 자신의 스타일 깨닫는 것이 매우 중요하다. 이것은 다른 상대방을 이해하는데도 매우 효과적이다. 시간이 가능하면 여러 가지 검사 도구 활용하는 것이 좋다.

3. 자신의 나침반을 갖고 인생 방향을 명확하게 설정하라

방향이 잘못되면 올바른 길을 갈 수 없다. 내 인생의 지침이 될 나침반을 갖고 살아야 한다. 누구나 좋은 쪽을 보면 인생 나침반을 어디로 돌릴까 생각한다. 인생에서 지도나 나침반 하나쯤이 있었어 길을 잃지 않으면 좋겠다고 한번쯤 생각해 보았을 것이다.

원하는 길을 가는데 훤히 앞이 내다보여서 실패하지 않는다면 얼마나 좋을까. 비전(Vision)이란 한마디로 방향이다. 자신의 비전을 세우는 것은 어떤 면에서 가슴 벅찬 순간이다. 아무리 힘든 일을 해도 즐거운 마음으로 기꺼이 할 수 있는 것이다.

방향만 안다고 차가 굴러가는 것은 아니다. 엔진이 있어야 한다. 미션(Mission)이란 엔진처럼 방향대로 움직일 수 있도록 하는 원동력이다. 흔히 목숨을 걸어도 아깝지 않다는 말을 자주 쓰는 사명이다. 주변에 잘 살펴보면 사명서를 쓰고 그것을 지키며 열심히 살아가는 사람을 만난다. 삶에 대한 철학과 자신에게 의미가 깊은 것을 지배가치라고 할 수 있다.

4. 분명한 목표를 수립하고 실천계획서를 만들어라

여러 가지 탐색과정을 통해 경력목표(Career Goal)를 설정했으면 연도별 자신

의 모습을 그리는 연습부터 시작하는 것이 좋다. 해당연도를 쓰고 미래의 모습을 구체적으로 경력 위치까지 자세하게 기술해본다. 이러한 계획수립이 처음에는 막연하지만, 차츰 다른 사람을 모델로 삼아 벤치마킹을 한다면 더욱더 구체화할 수 있다. 그 사람에 대한 약력을 아는 데까지 재구성해보고 그가 어떻게 성공할 수 있었는지를 알아보는 것이다. 물론 직접 그 사람에게 물어볼 수도 있다. 자신에 대해서 몇 개의 항목으로 나누고 표를 만들어 정리하면 더욱더 좋다.

5. 커리어 플랜을 세우고 생애이력서를 작성해본다

생애 지도(life map) 작성을 위한 주요 포인트에 대한 목표 설정을 구체적으로 해야 한다. 특히 숫자를 적어서 수치화하는 것이 매우 현명한 방법이다. 전문성, 커리어 플랜, 경제활동 플랜, 행복한 가정, 창조성, 건강, 자기실현 등 인생의 각 영역은 주요 포인트를 통해 인생의 균형 잡힌 목표를 설정하도록 유도해야 한다. 구체적인 목표달성을 위해서 먼저 인생의 중장기적 전략을 세우는 것이 무엇보다 시급하다. 단기적 계획보다 중장기 계획을 수립해야 한다. 자칫 방향을 잘못 잡으면 시간 낭비가 심하기 때문이다. 무엇을 할 것인가를 생각하여 중요한 사건 중심으로 일정을 다시 짜는 것이 바람직하다.

1. 생애 지도(life map)-비전 전개도

구 분		20대	30대	40대	50대	60대	70대	내 용
포트폴리오	기술	학사 석사	박사 전문 연구	개발 PM	PM 컨설 팅	컨설 팅	컨설 팅	· 디지털 기술 · Microcontroller · 인터페이스 · Robot · ASIC · Mechatronics · 유비쿼터스
	경영 경제		독서	MBA 경제학	독서 동향	독서 동향	독서 동향	· 경영서적 독서로 기초지식 습득 · 실무 MBA (전문지식 습득) · 경제학
	사회 과학		독서	자격 취득 상담 심리	발전 컨설 팅	발전 컨설 팅	발전 컨설 팅	· 사회과학 분야 독서로 기초지식 습득 · 각종 검사 전문자격 취득, 컨설턴트 자격
자기실현			자기 분석	내면 성장	자기 실현	자기 실현	자기 실현	· 심리학-칼 융의 자기실현 과정과 MBTI 활용

직 업	강사	교수 연구	교수 컨설팅	교수 컨설팅	강연 컨설팅	컨설팅	· 전자공학 강사 – 전임강사 – 조교수 – 부교수 – 교수 · 기술 컨설턴트 – 기술 포함 커리어컨설턴트
결혼/가족		결혼/자녀 2	초/중/고	대학 진학	자녀 결혼		· 30 결혼, 아들 2 · 자녀 특성대로 양육(가장 잘 하는/좋아하는)
주택		APT 취득	확장 이사	택지 마련	전원 주택	실버 타운	· 전세 – 주택취득 – 확장 – 전원택지마련 – 전원주택 · 은퇴 10년 후 실버타운 입주(부부 10억)
사회활동 Human N.	기술 학회	전문 학회	협의회 협회	사회 단체	사회 단체		· 기술분야 기본활동 – 전문활동 – 협의회–사단법인 · 사회과학분야 – 전문활동 – 협회 – 사단법인 · 봉사 단체 활동 – 설립 – 전문활동
문화/여가	기초 체력 여행	테니스, 스키, 국내 여행	골프, 해외 여행	골프 여행	골프 여행	골프 여행	· 기초체력 단련 – 테니스 – 볼링 – 스키 – 골프 · 패러글라이딩 · 스킨스쿠버 · 배낭여행 – 자동차여행 – 국내 – 해외–크루즈
저술/업적		전문 기술 저술	기술 사회 과학	가족 관련	사회 과학	자서전	· 전문 기술분야 저술 (10권+공저 10권) · 실적 3000% 예정(현재 2300%), 기고 · 사회과학 – 성장서 – 자녀교육 – 부부
재테크/노후대책		연금 공제회	보험 기업 투자	증권 부동산	연금 생활	실버 타운	· 사학연금 + 교원공제회 + 보험 · 기업 투자 + 증권 + 부동산 투자

2. 생애 나침반(Life compass)-비전의 달성을 위한 전략도

구 분		20대	30대	40대	50대	60대	70대	내용 (●달성, ◎진행중, ○향후)
포트폴리오	기술	박사 연구	동향 전망	미래학연구	동향 전망	동향 전망	동향 전망	● 디지털 및 IT 기술 전문연구는 2003년 마감 ◎ 디지털/IT 동향 및 전망 연구 ○ 기술 기반 미래학 연구
	경영 경제	MBA 시작	MBA 수료	경제학전문독서	동향 독서	동향 독서	동향 독서	◎ 실무 MBA 과정 수료 (전문지식 습득) ○ 경제학 전문서적 독서로 경제학 지식 습득
	사회 과학	전문가강사	상담 심리 CPA	상담 심리 CPA	발전 컨설팅	발전 컨설팅	발전 컨설팅	● MBTI 전문가/강사, · STRONG 전문가 ◎ 컨설턴트 자격 · CPA / DISC 전문가
자기실현		융독파	융의 자기 실현	융 MBTI	통합	자기 실현	자기 실현	◎ 심리학-칼 융의 자기실현 과정과 MBTI 활용
직 업		교수	교수 컨설턴트	교수 컨설턴트	교수 컨설팅	교수 컨설팅	퇴직 컨설팅	● 정년퇴직 전 60에 퇴직 ○ 명예교수 및 컨설턴트, 강연활동
가족 성장		강성숙/현기/정기	성장 중3 초5	생애 설계	진로	고3 중2	대학 유학	◎ 아내의 특성에 따른 성장 조력 ● 자녀의 특성 파악(MBTI, STRONG) ◎ 자녀 특성에 맞게 양육, 생애설계 지도
주택			확장 이사		택지		전원 주택	◎ 정기 학군 고려 이사(공립 중학교) ○ 여주-양평 지역 택지 마련-전원 주택 건축
사회활동 Human N.		협의회협회	협의회협회	협의회협회	사회 단체	사회 단체	사회 봉사	● 기술분야기본활동-전문활동-협의회-사단법인 ◎ 사회과학분야-전문활동-협회-사단법인

							○ 봉사 단체 활동－설립－전문 활동
문화/여가	골프 스키	골프 스키	골프 해외 여행	골프 여행	골프 여행	골프 여행	● 현 골프회장을 2004까지 수행 후 이임 ◎ 스키캠프, 여행(분기), 레저/스포츠
저술/업적	커리어	학생 지도 논문	자녀	부부	사회 과학	사회 과학	◎ 전문 기술분야 저술은 동향, 전망, 미래 ◎ 논문, 기고 ○ 사회과학－성장서－자녀교육－부부
재테크와 노후대책	연금 공제회	기업 투자		부동산투자		연금	● 연금/공제회, 보험 ◎ 기업 투자, 부동산 투자

참 고

경력개발과 자기계발의 의미

참고로 '경력개발'과 '자기계발'에서 '개발'과 '계발'은 왜 다르게 쓰는 것일까. 국어사전을 찾아보면, '개발(開發)'은 '개척하여 발전시킨다'는 뜻이고, '계발(啓發)'은 '지능, 정신 따위를 일깨워 준다'는 뜻이다. '경력개발'은 경력에 대한 물질적인 '개척'의 뜻을 담고 있다면, '자기계발'은 자신에 대한 정신적인 '계몽'의 뜻을 담고 있다. 즉, 자신에게 잠재되어 있는 능력을 찾아내는 것이 '자기계발'이고, 자신이 현재 가지고 있는 경력을 더 나은 쪽으로 학습을 통해 열어주는 의미로는 '경력개발'이라는 말을 많이 쓴다.

06 지원하는 회사보다 직업을 선택하라

"당신은 어떤 사람이 되어 주시겠습니까? 매일 스치는 사람 중에… 첫만남에서 호감이 느껴지나 날이 갈수록 실망감을 안겨주는 사람이 있다. 첫만남에서 아무런 감흥이 없었으나 날이 갈수록 괜찮아지는 사람이 있다.
삼십년 후에 한번만 만나 주름진 모습에서 살아온 발자취를 유추해 보고픈 사람이 있다. 저는 당신에게 어떤 사람입니까? 당신은 어떤 사람이 되어주시겠습니까?"

• **출처 : 좋은 글(http://www.joungul.co.kr)**

구직자는 절대로 어떤 회사를 목표로 삼지 마라. 먼저 생각해야 할 것은 오히려 회사가 아닌 직업이다. 구직자들은 직무에 대한 이해 없이 무조건식 회사만 보고 취업하려는 경우가 잦다. 자신이 어떤 일을 할 것인지 먼저 생각하고 그 다음에 회사를 고르라는 말이다.

자신이 가려는 회사에서 어떤 일을 맡아서 하는 지도 모르고 지원하는 사람이 실제로 늘고 있다. 직무에 대한 이해가 없이는 얼마 안가서 이직을 선택해야 하는 경우가 발생한다. 치열한 사회에서 살아 남기 위해서 '평생직장' 이 아니라 '평생직종' 으로 전환해야 한다.

예를 들면, 웹큐레이터를 지망하는 사람이 있다고 치자. 그 사람에게 웹큐레이터가 무슨 일을 하는 것인지, 보수는 어떻고, 근무 환경은 어떠한지 아냐고 물어보면, 자신 있게 답변을 하는 사람이 드물 것이다. 전혀 다른 일을 했던 사람이 처음부터 웹큐레이터가 되기 힘들 것이다.

웹큐레이터를 만만하게 보아서는 안된다. 왜냐하면 화가들과 대중 사이에서 '미술'이라는 문화 상품을 효과적으로 연출해야 하며, '가상 갤러리'라는 웹매체의 특성상 실질적인 인터넷 전문가 수준의 능력을 필요로 하기 때문이다.

현재 전국 미술관과 화랑에서 일하는 큐레이터는 줄잡아 300여명 선이라고 한다. 대부분 계약직이어서 신분이 불안정하고 초봉도 연간 1,000만원도 안 되는 경우가 많다. 공무원 수준 급여를 보장 받는 전국 국공립 미술관의 큐레이터 모집 경쟁률은 100대1이 넘는다. 이런 상황에서 웹큐레이터는 방송 드라마에서 보여지듯이 화려한 직업이 아니라, 어렵고 힘든 직업이라는 생각에서 시작해야 한다.

첫직장은 누구에게나 매우 중요하다. 첫직장에서 담당하는 직무는 자신의 경력관리 측면에서 고리표처럼 따라 다닐 것이다. 그렇기 때문에 회사의 규모나 인지도에 의지하여 직장을 선택하지 마라. 요즘에는 취업준비를 대학교 1, 2학년서부터 하는 사람들이 늘어나면서 첫 직장에 취업하는 시기가 빨라졌지만 오히려 이직률이 증가하는 추세이다.

얼마전 발표된 통계청의 고용동향 조사결과에 따르면 첫 직장을 얻기까지 구직자는 평균 11개월을 소요하고 첫 직장 근속기간은 평균 23개월인 것으로 나타났다. 따라서 첫 직장을 선택할 때 신중 하는 자세가 필요하다.

예를 들면, 고학력자 일수록 첫 직장에 취업한 이후 이직이 많이 발생이 된다. 이유를 알아보면, 학력이나 외국어 실력을 믿고 인지도 있는 회사와 급여에 타협했던 결과이다.

직업을 선택할 때는 그 직업의 발전 가능성을 먼저 보아야 한다. 자신이 하고 있는 영역이 자신만의 노하우를 갖고 있는가 다시 되돌아볼 필요가 있다. 자신이 취업을 원하는 직업에 대한 철저한 연구해야 한다. 직업에 대한 탐구는 개인 경쟁력과 맞물려서 매우 중요한 작업이다.

그러면 어떻게 준비해야 하는 것인지 알아보자. 궁극적인 자신의 목표를 설정하라. 같은 분야라고 하더라도 하는 직무에 따라 세분화된다. 회계라고 하더라도 재무, 경리 등 다양한 직무가 혼재되어 있는 경우가 많다. 자신의 적성과 자질을 점검해야 한다. 대개 중소업체는 여러 가지 업무를 겸하길 원하는 경우가 많다.

향후에는 어떤 분야든지 계속 직업은 세분화될 것으로 예상된다. 웹기획자에서 컨텐츠 기획자, 모바일 컨텐츠 기획자 등으로 점차 세분화되고 있다. 이런 사항에서는 자신만의 전문화된 영역을 갖는 것이 중요하다. 포괄적인 웹디자이너가 아닌, 플래쉬 디자이너, 아바타 디자이너, 이모티콘 디자이너, 도트 디자이너 등 얼마든지 세분화될 수 있으며, 실제로 각광 받는 직업이 되고 있다.

이런 새로운 직업을 갖기 위해서는 자신의 경력을 만들어가는 준비가 필요하다. 자신의 강점을 최대한 살릴 수 있는 분야를 정하고, 전문성을 키우는데 많은 노력을 기울여야 한다. 일을 하는데 있어 적성을 무시해서 안된다. 적성에 맞은 업무를 맡았을 때, 비로소 능력을 발휘할 수 있다. 일이 체질에 맞는 사람만이 성공할 가능성이 크다. 활동성이 많아 적극적인 사람을 필요로 하는 자리가 있다면, 꼼꼼한 일처리가 필요한 직업이 있다.

다시 말하면 회사의 규모에 연연하지 않고 적성을 고려한 직업을 선택하는 것이 가장 현명한 방법이다.

참 고

직종과 업종의 차이, 직무와 업무의 차이

직업(職業)이란 말은 사회적 지위를 맡아 수행하는 개인의 사회적 역할을 의미하는 '직(職)'과 생계의 유지를 의미하는 '업(業)'으로 이루어진 합성어이다. 직종(職種)은 직업이나 직무의 종류를 말한다면, 업종(業種)은 영업이나 사업의 종류를 말하고 있다. 예를 들면, 직종은 사무직, 경리직 등이 있고, 업종은 제조업, 무역업 등이 있다. 직무(職務)는 직업으로서 맡아서 하는 일을 말하고, 업무(業務)는 날마다 계속해서 하는 공무나 사업 따위에 관한 일을 말한다.

04 핵_심_포_인_트

자신이 맞는 직업을 선택하는 방법 5가지

1. 회사 타이틀 보다 업무를 선택하라

회사 타이틀에 민감하다 보니 정작 어떤 업무를 해야 하는지도 모르고 지원하는 경우도 태반이다. 절대로 삼성, LG 등 회사에 목매지 말고, 업무에서 어떤 일을 할 것인지 선택해야 한다.

2. 자신의 재능을 불러줄 키워드를 찾아라

어릴 때부터 현재까지 자신의 재능을 시간적 여유를 갖고 차근차근 살펴보다 보면 리스트가 만들어질 것이다. 그 리스트 중에 유독 눈에 띄는 것들을 찾아보라. 그리고 자신의 재능에 이름을 붙여라. 여러 사람들에게 확인해 보라.

3. 자신이 선택한 키워드의 한가운데로 뛰어들어라

키워드 중심으로 이력서를 작성해보자. 남과 같은 방법으로 효과가 없다. 취업의 난관을 어떻게 헤쳐나갈 것인가를 고민해보라. 그것은 남들과 다른 차별화밖에 없다. 체면을 버리고 가장 먼저 자신이 선택한 키워드의 한가운데로 뛰어들어라. 정 안되면 임시직이라도 할 각오로 도전하라.

4. 빈도와 중요도에 따라 그룹화하라

일단 자신이 가지고 있는 재능을 목록화하고 그것을 다시 빈도와 중요도에 따라 그룹화하여라. 그룹이 3가지로 압축될 때까지 줄여나간다. 예를 들면 프라모델을 조립하는 것을 취미로 했던 사람에게는 매우 중요한 재능을 갖고 있는 것이다. 흔히 취미생활로만 인식돼 있는 프라모델 제작이 직업으로 연결된 것은 '쉬리' '공동경비구역 JSA' '태극기 휘날리며' 등 영화에서 군사부문 사실고증작업이 시작된 이후다. 요즘은 프라모델러가 인기 있는 직업으로 급상승 중이다.

5. 단계적으로 자신의 성과에 대해 수치화하라

자신이 얼마나 성과를 냈는지 적어보아라. 성과에 대해서 단순히 이렇게 했다가 아니라 2년간 2억원을 벌었다는 것이 설득력이 있다. 논리에 얽매여 불필요하고 난해한 이론으로 설득하려 하지 말고, 금전적 가치로 환원해 구체적으로 수치화하고 채용시장에 나가 측정 받는 것이 매우 중요하다.

07 당신의 이력서는 어떤 색깔입니까?

"평범한 자기소개서가 첨부된 이력서는 정크 메일(Junk Mail, 대량 선전이나 광고용 우편물) 그 이상도 이하도 아니다"

• **제프리 J. 폭스**

당신의 이력서는 어떤 색깔입니까? 이렇게 많은 사람에게 질문을 해보았다. 어떤 사람은 파란색, 노란색, 녹색, 회색 등 갖가지 색깔 이름을 대는 사람이 많았다. 물론 이력서 색깔까지도 다른 지원자와 다르게 작성해야 한다. 인사담당자의 뇌리에 오랫동안 기억을 남기기 위해서는 이력서 색깔을 달리 작성하는 것도 하나의 방법이다.

오히려 빈약한 내용을 보안하려는 생각으로 화려한 색깔을 사용하는 것은 사용하지 않은 것보다 못하다. 잠깐 눈길을 끌지는 모르지만, 신뢰감을 더욱 잃을 수 있다는 것을 명심해야 한다. 일반적으로 이력서의 색깔은 하얀색 바탕에 검정색 글자를 사용한다. 간혹 파란색, 빨간색 등 글자로 중간중간 중요한 핵심어를 강조하는 사람도 있다.

우선 회사 색깔에 이력서 색깔을 맞춰야 한다. 회사마다 고유의 색깔이 있기 마련이다. 최대한 지원하는 회사에 대해 알아봐서 그 업무에 맞는 이력서를 쓰도록 노력해야 한다. 이것은 이력서에 국한되는 이야기는 아니다.

당신이 어떤 사람을 처음 만났을 때 그 사람이 당신의 첫인상을 파악하는 데는 많은 시간이 소요되지 않는다. 찰나의 시간에 당신의 인상이 결정된다. 당신의 이미지를 결정되는 요소는 당신의 표정이나 태도, 얼굴, 옷 색깔에 좌우된다. 화사한 색깔의 옷을 입으면, 마음이 밝아지고, 어두운 색깔의 옷을 입으면, 마음이 침울해진다. 그래서 자신과 맞는 색깔의 옷을 입으면 자신도 모르게 자신감을 얻는다.

이미지 메이킹 전문가의 말에 의하면, 외국사람에 비해 우리나라 사람의 얼굴표정이나 옷 색깔이 어둡다는 느낌이 많이 들고 이는 자기 감정 표현에 익숙하지 않아서라고 한다.

예를 들면, 면접 시험에도 감색 계열의 양복만을 고집할 것이 아니라 자신의 개성에 맞는 옷을 입어야 하고, 면접을 볼 때도 적극적으로 외적인 것과 내적인 것으로 동시에 표현하는 사람만이 면접관에게 좋은 인상을 심어줄 것이라고 역설한다.

우리나라처럼 이력서마저 획일화 시키는 곳은 거의 없다. 문구점에서 파는 '인사서식 제1호' 라는 이름의 표준양식은 이미 유명무실되어 있다. 시대에 그만큼 뒤떨어진 양식이기 때문이다. 일명 '문방구 이력서' 라고 칭하며 인사담당자로부터 철저하게 무시당하고 있다. 표준화된 양식은 유럽연합에서도 얼마전 표준 이력서를 만들자는 의견이 있었나 보다.

유럽연합은 여러 국가간의 필요 인력 수급에 대한 요구에 맞추어 유럽연합의 표준 이력서 포맷을 선정, IT 산업에 종사하는 인력들의 범 유럽적인 수급에 도움을 줄 수 있게 한다고 발표를 했다. 이러한 유럽 차원의 표준 이력서를 만드는 것 자체가 현실적이지 않는다는 지적도 대두되고 있다. 그 이유 중의 하나는 이번에 만들어진 표준 자체가 온라인 상의 구직에 적용되기 쉬운 상태이지 실제 개인적일 수밖에 없는 이력서 형태에서 얻어지는 '퍼스널' 한 맛이 없어질 수 있다는 점이다.

오히려 이런 표준 이력서가 구직자들의 독창적이고 창의성을 판별하기 어렵게 만들 수 있다는 의견이 지배적이다. 대표적인 예가 문방구에서 파는 인사서식 제 1호이다.

인사담당자는 하루에도 셀 수 없는 이력서를 받고 있다. 당신의 이력서도 다른 지원자들의 이력서에 묻어 잊혀지게 될 것이다. 어떤 인사담당자는 이렇게 말한다. "이력서를 요즘 누가 자세히 읽나?" 반대로 구직자들은 간혹 이런 착각에 사로잡혀 있다. "하나의 형식적으로 제출하는 요식행위 아닌가요?"

인사담당자는 결코 내용만으로 평가하지 않는다. 비슷한 조건이라면 조금이라도 색다른 이력서를 찾는다. 심지어 어떤 커리어 전문가는 이력서의 색깔이나 재질에 의해서 합격여부를 판단한다고 한다. 이 전문가의 말을 곱씹어보면, 이력서를 보낼 때, 온라인 보다 오프라인으로 보내야 취업에 성공할 확률이 높아진다는 것을 뜻한다.

물론, 인사담당자 시선을 묶어두는 방법으로 이력서의 색깔에서 차별화하는 것이 하나의 방법이다. 그렇다고 단순히 당신의 이력서에 진짜 색깔에 국한되는 이야기는 아니다. 이력서를 정성껏 작성하여 다른 지원자들과 차별화 하는 것이 중요하다. 이런 단순한 전략은 당신의 이력서를 인사담당자에게 먼저 눈에 띄게 만들고, 다시 쉽게 찾을 수 있는 데 효과가 있을 것이다.

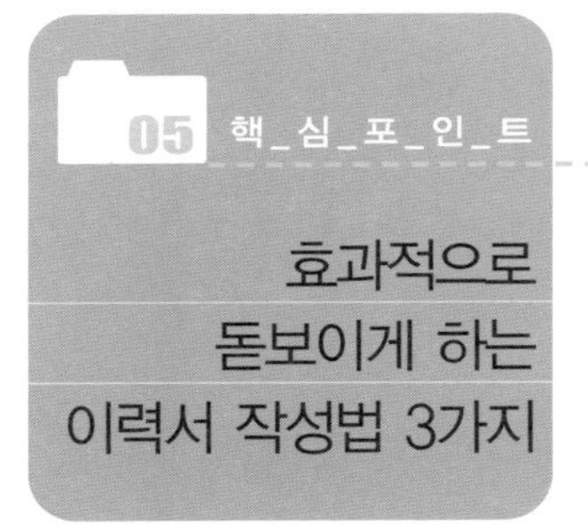

필자가 조사한 바로는 이력서의 심사기준은 레이아웃, 내용의 독창성, 타이틀, 맞춤법 등이었다.

1. 레이아웃에 신경쓰라

인사담당자는 많은 이력서를 받기에 한 순간에 마음에 사로잡는 이력서를 써야 한다. 너무 많은 정보는 혼란을 줄 수 있다. 가독성에 맞게 적당한 분량을 고수하라. 훑어 읽기에 편리하도록 일반 이력서는 A4 한 장 정도면 충분하다. 또한 전체적인 일관성을 유지하도록 하라.

2. 내용의 독창성에 만들어라

이력서 자체를 하나의 요식행위라고 생각하지 마라. 자신에게 끌어낸 내용은 다른 사람과 다를 수밖에 없다. 또한 이력서 서식 그냥 쓰다 보니 자신의 내용이 아닌 다른 사람의 내용이 들어간 경우도 있다. 상식적인 이야기지만, 자신이 신입이라 경력이 없다면 경험이라도 쓰라.

3. 세부 스킬을 배워라

이력서는 간결하게 작성하고 긴급 연락처를 찾기 쉽도록 맨 위나 아래에 꼭 적어라. 경력, 학력, 자격증, 상장 등 효과적으로 배분하라. 자신이 빈칸으로 남길 수 밖에 없는 칸은 아예 삭제하라. 이력서에 자신을 맞추려 하지 말고, 자신에게 이력서를 맞추려고 노력하라.

08 자신만의 색깔을 가져라

"사람은 제각기 자신만이 가지고 있는 기질이 있고, 자기가 살아 나가는 방법이 있다. 한 마디로 그 사람마다 자신이 가진 습관과 개성이 있다"

• 몽테뉴

사람은 누구나 자신의 색깔이 있기 마련이다. 자신의 취향과 성격, 그 밖에 여러 가지의 요인들이 자신의 색깔을 만들어 간다. 하지만 대다수의 사람들은 미처 자신의 색깔을 발견하지 못하고 살아가게 된다.

예를 들면, 실제 면접에 프로그래머가 이렇게 말한다. "프로그래밍에 대한 모든 것은 다 잘합니다. 맡기기만 하세요" 하지만, 이것저것 다 잘하는 사람은 드물다. 그 말은 오히려 역으로 아무것도 못한다는 소리로 들릴 수도 있음을 기억해야 한다. 그래서 자신만의 색깔을 가져야 한다. 남과 다른 자신만의 '그 무엇' 을 표출하는 순간, '색깔 있는 사람', '감각이 있는 사람' 등으로 대우 받을 것이다. 나만의

"그 무엇"을 표출하여 나만의 끼와 색깔이 흠뻑 배어 있는 자신의 일을 선택하는 것은 무엇보다 중요하다.

언제나 성공한 사람들은 자신의 색깔을 찾는데 시간을 아낌없이 투자한다. 유명인사일수록 개성 있는 모습만큼 자신만의 색채가 짙다. 그들의 성공 요인은 바로 자신의 색깔을 찾아 유감없이 표출하고 있다. 그래서 다른 경쟁자들과의 비교에서 철저히 우위를 차지할 수 있었던 것이다.

자신의 색깔을 갖는 것은 말처럼 쉽지 않다. 자신만의 독특한 색깔로 다른 사람들 앞에 당당하게 자신의 개성을 보여줘야 한다. 우선 자신의 장단점을 잘 파악하고 글을 쓴 것이 자신의 색깔을 들어내는데 좋다.

글을 쓰는 행위는 어떻게 보면 자신을 가꾸는 일이다. 자신을 사랑하고 가꾸지 않은 사람은 글을 쓸 수 없다. 많은 사람들이 글을 쓰라면 기교에 치중한다. 하지만 글쓴이의 목소리가 들어가야 설득력을 지닌다. 너무 어렵게 생각하지 말고, 자신이 하려는 말의 핵심을 찾아라. 어떤 말이든지 솔직히 해야 호감을 얻을 수 있다. 설득력을 가지려면 어느 정도 자신의 치부를 드러내는 것도 공감을 얻는데 효과적이다. 너무 멀리서 찾지 말고 일상적인 것을 자신에 맞게 조금만 다른 곳에 옮겨 놓으면, 색다른 세계관을 드러낼 수 있다. 글을 쓰는 행위는 자신의 색깔을 강화하는데 매우 유용하다.

언어에 얽매이지 말라. 재료에 질질 끌려 다닐 필요는 없다. 다른 사람이 어떻게 받아들일 지 생각하는 것이 중요하다. 색깔이라고 하면 편향되게 인식될지 몰라도 자신의 색깔을 띠는 편이 좋다. 어영부

영 하다가는 글쓴이의 세계관이 잘 드러나지 않는다. 자신의 색깔을 뚜렷이 보여야 한다. 내가 만드는 것이지, 다른 사람이 만드는 것이 아니다. 남의 것이 커보는 법. 눈에 보는 세계에 너무 빨려 들어가지 말라. 사실을 나열하는 것만으로 자신의 글이 되는 것이 아니다. 정확한 이미지, 즉 명확한 이미지로 다가오는 방법은 오히려 사진보다는 몽타주가 더 분명할 때가 있다.

글이란 종이 위에서 말하는 방법이다. 자신의 글을 만들어야 한다. 자칫 하면 글에서 주체가 드러나지 않는다. 즉 당신만의 색깔이 없을 수 있다. 먼저 줄거리를 함축할 수 있는 제목을 달아놓아야 한다.

중간 중간에 소제목을 넣는 것도 좋다. 그래야만 글의 통일성을 유지할 수 있으며, 자기 주장을 강화시킬 수 있다. 원인과 결과를 분명하게 밝히며, 불분명한 접속사의 사용을 자제해야 한다.

글이란 각자의 생각을 말하는 방법인데, 말하는 방법이 같을 때는 오히려 지루해지기 쉽다. 맛깔스러운 방법을 찾는 것이 글쓰기의 지름길이다. 글을 쓰면서 조금이라도 자신의 색깔을 나타내는 일이 자신의 가치를 높이는 것이다.

09 아무도 당신을 주목하지 않는다

"땅 위에 굴러다니는 유리 조각을 세일즈하지 않는 이상, 어떤 상품이라도 고객에게 필요 가치를 주지시켜 관심을 끌 수 있다.
만일 당신이 다른 사람의 눈을 2초 이상 쳐다본다면, 그것은 당신이 그에게 관심이 있다는 것을 의미하는 것이다. 먼저 주변 사람부터 공략하여 관심을 끌면, 그는 당신에게 주목하지 않을 수 없다"

• 위젤

당신이 무엇을 원하는지 주목하는 회사 관계자는 없다. 당신이 무엇을 원한다는 말을 하기 전에 당신은 회사를 위해 무엇을 내놓을 수 있는지를 고민해야 한다. 대부분의 사람들이 자기소개서에서 지원동기를 쓰라고 하면 자신은 무엇을 원하기 때문에 지원했다는 말을 종종 쓴다.

하지만 인사담당자나 회사 관계자는 당신이 회사를 위해 어떤 성과를 가져다 줄 지에 대해서만 관심이 있다는 것이다. 자기소개서를 쓸 때도 '나'를 내세우기 보다는 '회사'를 중심으로 서술해야 한다. 많은 취업 전문가들은 1인칭 사용을 자제하라고 충고하는 이유도 여기에 있다.

사람이 누군가에게 주목 받고 있다는 생각을 하게 되면 당연히 긴장이 되기 마련이다. 면접할 때도 긴장되는 이유를 물어본 결과, 대부분 자신이 주목 받고 있다는 생각에 떤다는 이유가 상당했다. 자칫하면 떨어질까 걱정하다 보면 실수하는 경우가 오히려 많다고 한다. 면접에서 잘 모르는 질문을 하면 누구나 식은 땀을 흘릴 것이다. 사실 그들은 답을 원하는 것이 아니라 당신이 어떤 행동을 하는지를 보고 싶은 것이다. 당신은 정답을 찾으려고 하지 마라. 면접관이 궁금한 것은 당신이 어떤 반응을 보이는가이다.

예를 들면 "서울에 바퀴벌레가 몇 개 있는가?"라고 질문을 하면 당신은 어떻게 대답할 것인가, 모른다고 머뭇거릴 것인가, 아니면 서울인구가 대략 1,000만명이라고 가정할 때, 인구당 바퀴벌레가 몇 개가 있을 것으로 가정해서 답을 이야기할 것인가.

당신의 훌륭한 능력을 시각적으로 보여줘야 한다. 단순한 수사어구로는 당신의 능력을 주목 시킬 수 없을 것이다. 아무리 좋은 아이디어와 컨셉을 갖고 있다고 하더라도 수치화에 실패한 기획서나 자기소개서는 현실화하는데 실패할 가능성이 짙다.

당신의 능력을 수치화하라. 그리고 시각화 하라. 최근 경력에 중점으로 첫 문장을 가다듬어라. 아무도 당신의 과거에 주목하지 않는다. 중요한 것은 현재 당신이 어떤 성과를 이끌어낼 지에 주목한다. 최소의 인풋(input)로 최대의 아웃풋(output)를 가능한지에 대해서 궁금한 것이다.

또한 행동과 관련 지어서 이야기하라. 단순히 무엇을 했다가 아니라, 그것을 하여 어떻게 결과로 이어졌는지를 명확하게 밝혀야 한다. 요점 없이 주저리주저리 이야기를 늘어놓지 말아야 한다. 면접관에게 명확한 확신에 찬 목소리로 분명하게 대답해야 한다.

10 낡은 자기소개서를 미련 없이 버려라!

"우리는 자기의견에 사로잡혀서는 안 된다. 낡은 생각을 버리고 새로운 생각을 성취해야 한다. 바람의 방향이 바뀐 것을 모르고, 언제나 돛을 달고 있는 뱃사공은 끝내 그 목적하는 항구에는 도착하지 못한다"

• **헨리 조오지**

자기소개서는 자신의 인생을 서술한 '자서전' 이 아니라 읽는 사람으로 하여금 경력을 한 눈에 보여서 공감대를 형성할 수 있는 '자기보고서' 다. 자기가 자신에 대해서 소개하는 글로써 왜 자신을 선택해야 하는지를 설득하는 글이어야 한다.

관습적인 고정관념에서 나오는 자기소개서는 다른 사람에게 주목을 받기 어렵다. 자신의 자기소개서가 요즘 시대감각에 전혀 맞지 않는다는 사실을 전혀 모르고 있는 경우가 많다.

단순히 경력만 나열한다고 해서 인사담당자로부터 호감을 살 수 있는 것이 아니라, 자신의 생각을 담긴 내용을 써야 하는 것이다. 자기소개서가 경력 위주로 쓴다는 것과 경력만 나열하는 것은 전혀 다른 차원의 문제이다. 자기소개서가 경력 위주로 쓴다는 것은 자기소개서 속에 자신의 경쟁력이 될 만한 경력으로 채워져 있다는 뜻이며 경력만 나열한다는 것은 단순히 어떤 의도 없이 쓰여진 글이라는 의미이다. 인사담당자 입장에서 선별하여 필요한 정보를 적어야 한다. 구구절절 적은 자서전을 읽으려는 인사담당자는 없다.

우리가 자기소개서라고 생각했던 형식을 이제부터 잊어버리자. 자기소개서는 자유형식(free-style)이다. 자신이 보내고 싶은 방법으로 보내면 된다. 하지만, 인생의 중요한 관문에서 연습은 없다. 자신도 모르게 전형화된 자기소개서 스타일을 분석해 보자.

> 독실한 가정에서 저는 1976년 하얀 눈이 내리는 11월 겨울 삼형제 중 막내로, 서울에서 태어났습니다. 대화와 예의 범절을 중시하시는 아버지께서는 다소 엄격하시지만 저의 말을 잘 경청해주시고 잘 이해하려 하셨으며, 정이 많으시고 검소하신 어머니는 항상 저희들에게 다정다감하게 대해주셨고, 대화를 많이 하시기 위해 1주일에 한번씩은 꼭 가족회의를 하십니다.
>
> 예) 전형화된 자기소개서 – 성장과정

많은 사람들에게 상담하면서 그들이 내민 자기소개서의 대부분이 이와 같이 정형화된 것이었다. "저는 몇 년도에 누구와 누구 사이에 몇 째로 태어났습니다"라고 시작하는 '연대기적 자기소개서'였다. 형식 자체가 시간 순서라 쓰기는 쉽지만 인사담당자에게는 너무 식상하다는 것이 문제이다. '연대기적 자기소개서'는 그동안 얼마나 관습적인 인식으로 자기소개서를 써왔는지 단면적으로 보여주는 예이다.

이와 같은 전형화된 자기소개서가 잘된 자기소개서라고 생각한 사람은 이미 고정관념에 사로잡혀 있는 것이다. 이런 인식에서 벗어나려면 개개인의 의식에 자리잡고 있는 자기소개서에 대한 고정관념을 깨야 한다.

경력을 많이 나열하다 보면 인사담당자가 좋아할 만한 것이 하나쯤은 있겠지 생각하는 사람은 큰 오산이다. 자기소개서에는 자신의 능력과 역량을 적절하게 보여주어야 하지만 불필요한 군더더기가 많은 경우는 오히려 산만하게 보인다. 꼭 필요한 내용만 담아야 한다.

지원자들의 자기소개서는 상당한 편차가 난다. 매우 성의 없이 빈칸이나 채우자는 마음으로 몇자 적은 사람, 한가지 내용에만 얽매여 자기의 다른 모습은 소개하지 못하는 사람, 지나친 과장이나, 미사여구만을 나열하여 진실성이 떨어지는 사람들이 있는 반면, 체계적으로 내용을 잘 정리하여 그 사람의 얼굴을 보지 않아도 그 사람의 모습이 그려지는 사람이 있다는 것이다.

자기소개서 쓰기를 시작할 때, 제일 먼저 해야 하는 일은 자신이 왜 이 글을 쓰는가를 생각하는 것이다.

> 능력은 주어지는 것이 아니라 만들어 가는 것입니다. 능력이 어떤 사람에게 주어지는 것이 아니라 스스로의 노력에 의해서 얼마든지 만들어 갈 수 있다는 생각은 제가 지금까지 살아오는

동안 많은 기회를 제공한 믿음이었습니다. 직장생활에서 터득한 무엇이든 머리 속의 생각이 아닌 행동으로 보여주려고 했습니다. 이러한 가치관이 귀사와 같이 진취적인 분야에서는 더더욱 가치를 발휘할 수 있는 기반이 될 것이라고 봅니다.

예) 능력 위주 자기소개서

나열식 자기소개서가 '연대기적 서술방식' 이라면, 능력 위주 자기소개서는 '능력별 서술방식' 이다.

능력 위주 자기소개서는 포부나 가치관을 가진 사람을 열심히 피력하고 있다. 물론 포부나 가치관 보다 더 중요한 것은 그 사람의 '직무능력' 이라는 사실을 잊어서는 안될 것이다.

11 당신은 뻔히 알면서도 속고 있다

"같은 사람에게 두 번이나 속는 사람도 속인 사람과 공범자이다"

• 영어속담

최근 취업사기가 더 기승을 부리고 있다. 취업 시켜준다는 감언이설에 속아서 학원에 등록하거나 물품을 구입한 경우가 많다. 취업 피해사례가 종종 소비자보호센터에 접수되고 있다. 당신이 무언가를 지불해야 얻어가는 것이 생기는 것이다. 쉽게 되려 하면 할수록 그 직장은 자신에게 안 맞는 경우가 허다하다.

취업사기 유형을 분석해보면 다음과 같다. 우선 보수가 지나치게 많이 주겠다는 곳은 피하는 게 좋다. 초보자도 할 수 있는 업무라면서도 보수가 상대적으로 높으면 일단 의심해봐야 한다. 특히, 100% 취업 보장 등 아예 눈길도 주지 말아야 한다. 회사명을 정확하게 알려주지 않는 곳도 주의해야 한다. 연락처가 일반전화가 아닌 핸드폰만 나와 있는 경우도 의심하고, 전화번호를 걸어서 무엇 하는 곳인지 알아보는 것이 중요하다. 대기업 이름을 들먹이며 계열사나 관계사를 자칭하는 곳도 주의해야 한다. 업무에 대해서 적혀 있지 않고 성실한 분만을 원한다고 광고하는 업체도 주의 대상이다. 무조건 찾아오라는 곳도 방문을 삼가 하는 것이 좋다. 특히 다단계 업체인 경우가 많다.

지나치게 좋은 조건이나 현실과 동떨어진 제안을 받을 경우에는 일단 의심을 하는 것이 바람직하다. 현직에 있는 사람도 유혹 받기 쉬운 것이 회사를 그만두고 높은 보수를 제시하면서 이직을 권하는 사람일 것이다. 속지 않으려면 눈을 뜨고 찬찬히 봐야 하는 것이다.

직업을 구하는 일은 쉽지 않다. 취업 사기 피해자들은 뻔히 알면서도 속는 경우를 많이 있다고 한다. 일개 개인의 잘못으로 치부하기에는 시스템 잘못이 더 크다고 볼 수 있다. 고등학교부터 대학이라는 곳에 포커스가 맞춰져 있기 때문에 자신이 실제로 직업에 대한 생각보다는 대입점수에 더 신경 써왔던 것이 사실이다. 고속도로를 달리다가 휴게실에서 쉴 때, 마치 자신이 어디로 간 것인지 까먹은 것처럼…. 많은 구직자들이 취업이라는 당면과제 앞에서 자신의 갈 바를 잃어버린 게 아닌지 되돌아 봐야 한다.

막상 대학을 나와도 취업재수생이 되는 사람이 많다. 실제로 최근 통계청 조사를 보면, 직장을 다녀본 경험이 있는 근로자 496만명을 대상으로 조사한 결과 첫 취업까지 걸린 기간이 지난해 조사 때보다 한달 길어진 평균 12개월이상 정도 걸리는 것으로 나타났다. 그동안 취업 교육이 병행하지 못한 것이 아쉽다. 여러 취업 전문가들의 이야기를 듣고 있노라면 취업을 하지 못한 것이 개인의 책임으로만 전가하고 있는 것 같다. 취업이 되지 않은 것이 모두 구직자 탓으로 몰아가는 것은 온당하지 않다.

이것은 한국의 구조적 시스템 문제인 것이다. 내가 잘못해서 취업이 되지 않는구나. 친구들이나 가족들에게 주눅들어서 오히려 구직을 포기하는 경우가 많아지고 있다. 실제로 구직포기자가 늘고 있다는 조사에서 알 수 있듯이 취업에 속지 않으려면 그만큼 준비하고 대비하는 방법밖에 없다. 취업전문가 역시 실직하면 이력서 100통을 마치 뿌리는 사람까지 있다고 하니 결국에 그들 역시 개인으로 돌아간다면 똑 같은 위치에 서는 것이다.

많은 사람들이 적극적으로 구직활동을 하기보다 빨리 '구직 중' 이라는 빨간 신호등에서 벗어나기를 바라고 있다. 우리가 횡단보도에서 서서 신호등이 파란색으로 바뀌기 전에 달려가듯이 위험천만한 행동을 자제해야 할 것이다.

12 구인구직 패러다임을 이해하라!

"당신은 왜 가능한 적극적인 면을 조금도 생각하지 않고 어려운 점만 생각하는가"

• **디오도어 루빈**

당신은 인터넷 사이트에 이력서를 작성해 띄워 놓은 적이 있는가. 구직 방법 중에 제일 안 좋은 방법이 무작정 인터넷에 이력서를 올려놓고 기다리는 것이다.

당신의 소망처럼 채용기업에서 당신에게 직접 연락 오는 경우는 거의 없을 것이다. 물론 오더라도 일이 힘들거나 보수가 적은 일자리인 경우가 많다. 물론 전문적인 컴퓨터와 관련된 직업이라면 모를까, 다른 직종이라면 취업성공률은 매우 낮다. 수많은 사람들이 인터넷 취업사이트에 이력서를 올려놓고 일자리를 찾아 나서고 있다. 하지만 그들 중에 연락이 와서 일자리를 얻었다는 경우는 신문이나 방송에 나올 만큼 매우 적다는 사실에 유의해야 한다.

그럼에도 불구하고 사람들은 왜 인터넷에 이력서를 올려놓고 기다리게 되었을까. 그것은 아마도 취업사이트의 이력서 등록 이벤트 광고 문구를 보면 알 수 있다. 대부분 광고에는 이력서를 등록하면 취업에 성공한다고 한다. 하지만, 취업정보 사이트를 일일이 찾아 다닐 만큼 한가한 인사담당자는 없다. 취업 공고의 경우에 지원하는 경우가 아니라면. 인터넷 사이트에 무작정 이력서를 올려 놓고 연락 오기를 기다려서는 안된다.

인터넷 사이트의 구인 광고는 다른 매체보다 신속하다는 장점이 있다.

하지만 정확 하느냐는 의문점이 든다. 따라서 구직들은 인터넷 사이트를 이용해서 구직활동을 할 때에는 이런 점을 유의해야 한다.

대부분의 취업사이트 비즈니스모델은 구인구직 정보 서비스에 머물고 있으며, 실제로 수시로 모집하는 경우라면 지원서를 내더라도 연락 받기 어렵다.

많은 구직자들이 방문해야 기업들이 구인광고를 내므로 취업사이트에는 사람을 구했음에도 버젓이 관리가 되지 않는 경우도 많다. 이력서를 지원하는 곳에 보내기 전에 필히 최초 등록일이나 수정일 등을 확인하고 일정한 기간 내에만 구인광고를 하고 있는 업체를 주목하는 것이 하나의 방법이다.

먼저 취업 공고를 볼 때, 언제서부터 언제까지 모집을 하는지 명확하게 나와 있는 경우에만 지원서를 보내도록 하자. 무작정 채용할 때까지 라든지, 수시 모집으로 되어 있다면 다시 한번 생각하는 편이 좋다.

취업사이트를 이용해서 구인구직 방법을 이력서 등록보다는 자신에 맞는 구인 광고에 지원하는 것이 더 효과적이다. 누누이 이야기하지만 이력서 실제로 아무데나 걸리면 간다는 마음으로 여기저기 보내서는 안된다. 실제로 인터넷에 구인 공고를 내는 경우는 빨리 사람이 필요한 경우이다. 심지어는 최근에는 메신저를 이용해서 구인구직을 하고 있다니 우리나라가 최첨단을 걷고 있는 셈이다.

몇 사람이 성공했다고 해서 그 구직방법이 모든 사람을 다 취업할 수 있게 하는 방법은 아니다. 자신에게 맞는 확률이 높은 방법을 하나하나 연구하자. 하지만, 제일 중요한 구직방법은 인터넷에 이력서를 올리는 것보다 자신이 먼저 적극성을 갖고 찾아 나서는 것이 중요하다.

채용회사의 인사담당자 입장에서 제일 선호하는 방법은 내부의 사람을 뽑는 것이다. 그 다음이 아는 사람으로 소개 받는 내부추천자 제도이다. 최근 몇몇기업에서는 쓸만한 경력자를 추천하거나 영입해오는 사내 직원에 한해 포상금을 주는 기업도 늘어나고 있다. 정 어쩔 수 없는 때에 구인구직 업체에 의뢰하는 것이다. 맨 마지막이 인터넷에 올리는 것이라는 사실을 기억해야 한다.

06 핵_심_포_인_트

새로운 구인구직 패러다임을 찾는 방법

예를 보면, 현재 성악가이지만 TV 아나운서를 지망하는 사람이 있다고 치자. 이 사람이 갑자기 당장 TV 아나운서가 되려고 성악가를 그만둔다면 모두들 말릴 것이다. 전직을 하기는 그만큼 쉽지 않다. 준비가 필요하다. 단숨에 전직을 할 수 없다.

그러나 아예 방법이 없는 것도 아니다. 성악가에서 우선 방송국에 들어가는 것을 목표로 수정한다면 가능성은 그만큼 더 커질 수 있다. 성악가에서 방송국 성악가, 방송국 성악가에서 TV 아나운서로 전직을 노려 볼 수도 있다. 또는 성악가의 특징이 목소리에 강점이 있으니 그것을 활용하여 라디오 아나운서를 먼저 목표로 수정해서 전직한다면 그만큼 가능성은 더 늘어날 것이다. 전직을 하기 위해서는 먼저 이와 같이 전직에 따른 커리어맵을 그려보는 것이 매우 중요하다.

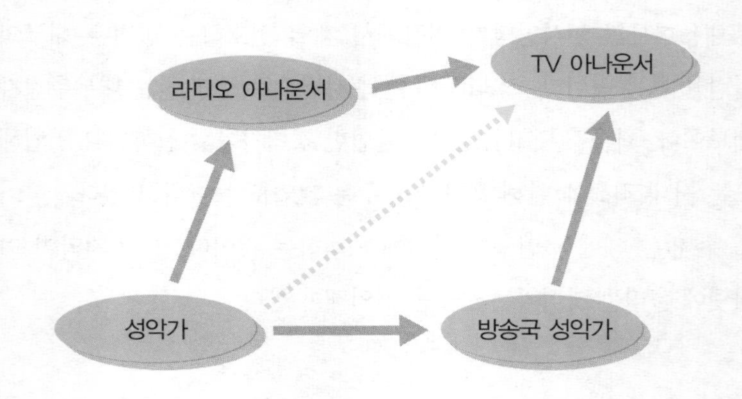

제1단계
커리어 포지셔닝 키포인트

Career Positioning Keypoint

"커리어 포지셔닝이란 자신을 마케팅하는 것이다!"

제 1단계에서 가장 중요한 것은 자신의 위치를 찾아가는 행위이다. 자기 분석을 통해 자신에 대해서 깊이 있게 성찰하는 것이 매우 중요하다. 경력관리에서 가장 어려운 것은 자신이 그동안 해온 일을 객관적으로 반추해 보는 것이다. 하나 하나 자신에게 소중한 것인데 그 중에 하나를 버리는 것 그 자체가 어쩌면 가슴이 아플 것이다. 하지만 커리어 포지셔닝의 시발점은 자신의 핵심을 찾아 자신의 핵심과 거리가 있는 것을 버리는 행위로부터 시작한다. 마치 고속도로를 내달려왔듯이 살아온 우리에게 자신의 과거를 들여다보는 것이 낯선 일일지도 모른다. 누구든지 자신의 포지션이 어디에 있는지 묻는 순간 비로소 자신의 포지션을 찾는 행위를 시작하는 것이다. 힘들겠지만 어떤 방향성을 갖고 경력을 쌓아야 한다.

커리어란 하나 하나 쌓아가는 것이지 어느 한 순간에 불현듯이 나타나는 것이 아니다. 경력을 하나 하나 소중하게 쌓으면서도 자신을 어떻게 마케팅할 것인지 명확하게 포지셔닝 컨셉을 잡아야 한다. 마구잡이로 경력을 쌓는 것이 아니라 일정한 컨셉을 갖는 것이다. 자신의 핵심과 핵심이 아닌 것 사이의 차이를 명확히 파악하고 있을수록 자신을 마케팅하기 쉽고 자연스럽게 접근할 수 있다는 점을 명심하라. 커리어 포지셔닝이란 자신을 마케팅하기 위한 첫 단계라는 사실을 잊지 마라.

사회생활은 첫 출발이 매우 중요하다. 잘못된 출발점에서 시작하면 가던 길을 되돌아와 다시 원점에서부터 시작해야 하기 때문에 나아간 만큼의 시간과 노력이 허사가 돼 버리는 탓이다. 이런 사태를 미연에 방지하기 위해서는 뚜렷한 목표를 설정해야 하고 그 목표까지 도달하기 위해 '커리어 맵'을 그려보고 난 다음에 최단거리를 따라 발걸음을 떼야 한다. '커리어 맵'은 마라톤에서 선수들이 길을 헤매지 않고 결승점까지 달릴 수 있도록 가이드하는 든든한 경찰차와 같은 역할을 할 것이다. 자신이 원하는 직업, 자신이 잘할 수 있는 직업을 출발점으로 삼고 높은 '경쟁력'이라는 기울기를 가진 그래프가 되기 위해서는 지속적인 노력이 뒷받침돼야 한다. 지금 당신의 발끝을 내려다 보라. 당신의 발끝이 최종 목표와 맞닿은 최단거리의 출발선 앞에 가지런히 놓여 있는지.

-유순신-

Part 2 성공을 위해서는 경력지도를 그려라!

Career Map

13 당신의 커리어맵 (Career Map)을 창조하라

"당신은 바로 자기 자신의 창조자이다"

• **카네기**

성공한 사람들에겐 그들만의 성공스토리가 대부분 있다. 한 분야에서 성공한 사람은 개인의 목표가 분명하고, 미래에 대한 자신의 커리어맵을 명확하게 가지고 있다.

우리네 인생은 산을 오르는 것과 같다. 예를 들면, 아무리 고수라 하더라도 한 스텝 한 스텝에 신경쓰지 않으면 산에서 미끄러질 수도 있다.

간혹 '한 큐' 에 경기 자체를 끝낼 것처럼 하는 사람이 있다. 내내 '한 큐' 만 노리다가는 오히려 실력이 늘지 않을지 모른다. 정확한 목표, 안정된 자세 등 다각도의 상황에 맞게 스텝을 밟아야 한다. 로또 당첨자가 패가망신했다는 소리를 접한다. 쉽게 이룬 것은 쉽게 잃어버린 것을 확인할 수 있다. 앞선 사람들은 그만큼 자신의 커리어패스(Career path)를 만들어가며 자신의 몸값을 높여가고 있는 것이다. 이런 사람은 처음에는 주위에서 반쯤 미친 사람처럼 취급될 지도 모른다. 커리어맵을 창조하기 위해서 중요한 것은 목표달성 욕구이다. 얼마나 높은 곳에 오르고 싶냐가 높은 곳을 정복할 수 있다.

산악인 박영석씨는 지난 1993년 에베레스트의 무산소 등정 이후 세계 최단 기간인 8년 만에 8,000m급 14봉 완등에 성공했을 때 많은 사람들이 찬사를 보냈고 그는 모든 것을 이룬 듯 했다. 하지만, 그는 다시 새로운 목표를 세운다. 히말라야 8,000m급 14봉과 7대륙 최고봉, 남 · 북극점, 에베레스트 등 3극점을 모두 달성하는 모험의 '그랜드슬램(Grand slam)' 목표를 세운 것이다. 아무도 꿈꾸지 않았던 것을 그는 꿈꾸는 것이다. 이런 큰 목표 달성 욕구야말로 그의 성공에 있어서 원동력이 되었던 것이다.

정상에 오른 사람들의 커리어패스를 자세히 들여다보면, 결코 점핑(jumping)은 없었다는 사실이다. 성공한 사람들은 성공을 이루기 위해 한번에 성취하고 하지 않고 한단계 한단계 끊임없이 노력한다. 자신에 맞는 성공전략인 커리어맵을 세우는데 많은 시간을 투자하고 있는 것이다.

자신에게 맞는 성공의 과정을 밟고 있을 때 시간적 손해를 덜 볼 수 있다.

산행은 첫 출발이 매우 중요하다. "이산이 아닌가벼"라고 하지 않도록 목표선정을 잘하고 발걸음을 떼야 한다. 잘못된 목표선정을 하면 가던 길을 되돌아와 다시 원점에서부터 시작해야 하는 상황이 발생한다. 이런 사태를 미연에 방지하기 위해서는 뚜렷한 목표를 설정해야 하고 그 목표까지 도달하기 위한 커리어맵을 창조해야 한다. 단순히 최단거리만을 계산해서는 안된다. '커리어맵 '은 당신이 출발점에서 길을 헤매지 않고 정상까지 오를 수 있도록 표지판과 같은 역할을 할 것이다.

성공 후에 성취감이라는 것은 어려운 시간을 견뎌냈기 때문에 성취감 또한 큰 것이다. 저절로 되는 것이 아니라 오르는 만큼의 시간과 노력이 필요한 것이다. 다시 한번 당신이 어느 위치에 있는지 생각해보라. 당신의 가려는 곳이 당신이 지나온 길이 어떤 상태로 연결되었는지 살펴봐야 한다.

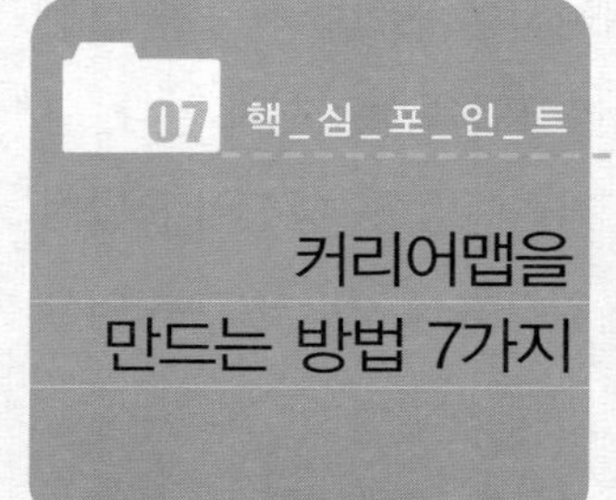

1. 오르고 싶은 비전을 세워라

산에 오르고 싶다면 어느 산에 오를 것인지 결정해야 한다. 목표에 이르려면 작은 단계부터 차근차근 밟아 올라가는 것을 상상해 봐라.

2. 꼭 이루겠다는 열정을 가져라

무엇인가 성취했다는 말은 승부욕이 강하다는 말과 같다. 거머쥐려고 하는 힘이 강하면 강할수록 성취될 가능성은 큰 것이다.

3. 성공한 사람을 벤치마킹 하라

최고가 되고 싶으면, 현재 최고인 사람을 닮도록 하라. 주변에 성공한 사람이 없다 하더라도 성공한 사람을 가까이 있다고 생각하고 닮도록 하라.

4. 자신의 관심 분야에 멘토를 찾아라

어떤 분야에 성공하고 싶던 간에 당신에게 목표가 생기면, 곧바로 조언을 해줄 만한 사람을 찾아라. 인품은 물론 기술적인 면도 배울 수 있다면 금상첨화일 것이다.

5. 관심 분야에 추천도서 20권을 읽어라

이론적인 교과서로 시작하지 말라. 당신이 정말로 좋아하는 사람이 저술한 20권의 좋은 책을 찾아 정독하라.

6. 읽은 책을 다른 사람에게 리뷰하라

20권 정도의 책을 읽고 직접 다른 사람과 이야기하다 보면 자신만의 생각이 떠오를 것이다. 남을 가르치는 것만큼 배운 것을 명확하게 정리하는 방법은 없다.

7. 자신과 비슷한 환경에 있는 행동자를 찾아라

책을 읽는 것과 행동하는 것은 다르다. 주변에 행동으로 실천하는 사람을 찾아라. 그가 어떤 식으로 디테일한 단계를 밟아 성취시키는 지를 엿봐라. 계획에 따라 매일 실천하는 광경을 목도하며 당신은 탄식을 지를 것이다. 성과는 실천적인 행위로부터 시작된다.

14 서브 커리어를 발견하고 개발하라

"어떤 일을 할 때는 경력이나 학벌이 일을 하는 것이 아니고, 그 시점에서 그 사람의 마음가짐과 자세가 일을 한다. 어려운 일이 있으면 문제를 해결하기 위해 혼신의 노력을 기울여야 한다. 극복하지 못할 이유는 존재하지 않는다. 따라서 노력하는 사람에게는 이유 같은 것이 아무 문제도 되지 않는다"

• **아산 정주영**

필자가 성공한 사람들을 만나면서 느낀 점은 그들에게는 터닝 포인트가 있었다는 것이다. 한 분야에게 대가를 이루는 사람들은 대부분 그 분야 뿐만이 아니라 다양한 일을 해왔다는데 솔직히 놀라움을 감추기 힘들었다.

사실 한 분야에서만 열심히 하기도 힘든 우리에게 이런 이야기는 남의 이야기처럼 들린다. 또한 미래에 대한 불안감이 고조되면서 여기 저기서 제 2의 경력(second career)을 준비하라는 소리도 들린다. 하지만 세상에 거저 되는 것은 없다.

또한 계단을 점핑해서 꼭대기까지 한번에 갈 수는 없다. 제 2의 경력은 은퇴 후에 준비하는 것이 아니다. 평균 수명이 늘어나는데 비해

은퇴 연령은 오히려 짧아짐에 따라 미리미리 자신에 대해 설계하고 준비해야 한다.

얼마전 20대는 기억하지 못하는 사람도 있겠지만, '4전 5기의 신화' 홍수환씨의 강의를 들은 적이 있다. 1977년 11월 27일 파나마 파나마시티 뉴파나마체육관에서는 밴텀급에 이어 2체급 석권을 노리는 홍수환 선수의 WBA 주니어페더급 타이틀전이 열렸다.

당시 28세의 홍수환 선수의 상대는 11전 11KO승을 기록하면서 남미 강자로 떠오른 헥토르 카라스키야 선수였다. 홍수환 선수의 표현에 의하면 한대 맞으면 얼굴이 얼얼할 정도였다고 한다. 2라운드에서 카라스키야에게 홍수환 선수는 그 자리에서 무려 4번이나 다운 당했다. 그는 라운드를 세지 않았다고 했다.

만일 자신이 라운드 숫자를 세었다면 아마도 졌는지도 모르겠다고 했다. 그는 그 만큼 몰입하고 있었던 것이다. 수많은 파나마 관중들의 환호성에서 질 수 없다는 오기로 일어섰다고 한다. 그 후 3라운드에서 KO를 노리며 주먹을 휘두르는 카라스키야의 옆구리를 양훅으로 날렸고 아무도 믿을 수 없는 역전극이 펼쳐졌다.

카라스키야는 비틀거리며 넘어지고 있었고, 홍수환 선수는 마지막으로 레프트훅을 날렸다. 그 때 유명한 "엄마 나 챔피언 먹었어!"라는 말을 남겼다. 이 장면으로 홍수환의 4전5기의 신화는 이렇게 이루어졌다. 그렇게 잊어질 줄만 알았던 홍수환 선수가 다시 돌아왔다. 대기업 신입사원들을 대상으로 강의하는 명강사로 소문이 난 것이다.

그는 새로운 커리어를 개발했고 그 자신이 경험한 이야기를 통해서 그를 잘 모르는 20대들도 1977년 그의 경기 장면을 테이프로 보고는 사인을 해달라고 한다.

홍수환씨는 명강사로 제 2의 인생을 살고 있다. 그가 명강사로 유명해진 것은 단순히 그가 유명한 권투 선수였기 때문만은 아니다. 그만큼 자신의 경험을 잘 녹아 내리는 커뮤니케이션 스킬을 갖고 있기 때문이다. 그것은 홍수환씨의 젊은 시절 서브커리어(sub career)에서 연유한 것이다.

서브 커리어란 현재의 직업과 대비되는 아르바이트, 특기, 취미 등 자신이 좋아하는 것과 밀접한 관련이 있다. 현재의 직업(main career)에 물론 우선해야 하는 것은 분명하다. 투잡스와는 개념이 다르다. 굳이 2가지 직업을 갖고 생활하라는 것은 아니다. 그 취미가 창업 아이템이 되거나 취미가 마니아 수준을 넘어 전문가로 거듭나는 경우가 많이 있다.

요즘 인기 있는 드라마 작가로 성공하는 사람을 보면 많은 사람들이 쉽게 작가나 될 것을 이런 소리를 한다. 우리는 메인 작가가 되기 위해 얼마동안 서브 작가로 활동해야 하는지 잘 모른다. 많은 시간을 서브 작가로 궂을 일을 하면서 이겨낼 때만이 메인 작가가 되는 것이다.

서브 커리어 활동을 통해서 자신이 제 2의 인생을 설계할 때 매우 중요한 밑바탕이 될 것이다. 이제는 서브 커리어도 개발해야 하는 시대가 온 것이다.

15 당신의 견적(見積)은 얼마나 될까?

"한 걸음 한 걸음 천천히 걸어가도 목적지에 도달할 수 있다고 생각해서는 안 된다. 한 걸음 한 걸음 그 자체에 가치가 있어야 한다. 큰 성과는 가치 있는 일들이 모여 이룩되는 것이다. 실속 있는 성과를 얻으려면 한 걸음 한 걸음이 힘차고 충실하지 않으면 안 된다"

• A. 단테

우리는 왜 견적을 뽑는가? 그것은 어떤 물건을 구매하거나, 값어치가 얼마정도 되는지 알려 할 때 견적을 뽑는다. 어떤 제품이나 서비스를 사용할 때 견적의 원칙은 무엇인가.

첫째, 값이 싼가.

둘째, 품질이 어떤가.

셋째, 애프터서비스는 가능한가.

당신의 견적은 얼마나 될까? 필자가 이런 제목으로 컬럼을 쓰면 어떨까. 몇 사람에게 물어보았다. 그들은 자신의 얼굴 성형에 견적을 의미하는지 알고 있었다. 여기서 말하는 '견적'(見積, cost estimation)이란 일반적으로 상상하듯이 성형에 드는 견적을 말하

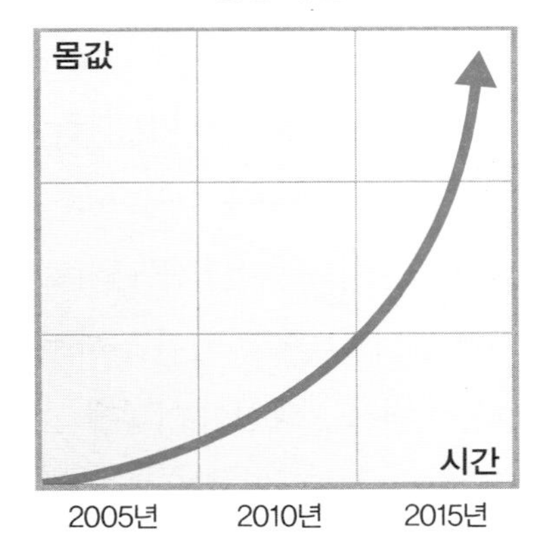

는 것이 아니다. 실제로 당신의 경력이나 능력에 대한 견적을 얼마나 될까? 이렇게 물으면, 당신의 연봉이나 월급에 국한해서 생각할 지도 모른다. 견적은 아무때나 하는 것이 아니라 무언가를 소유하고 싶다는 마음에서 출발한다.

누구나 한번쯤은 자신의 멋진 '러브하우스' 를 꿈꾼다. '현재의 집' 보다 '미래의 집' 에서 멋지게 살고 싶은 생각 때문일 것이다. 순식간에 꿈처럼 이루어지기는 힘들다. 미래의 집을 갖기 위해서 자그마한 실천이 모여야 한다. 자그만 변화가 큰 성과로 이어질 수 있기 위해서는 말이다.

중국 북경에 있는 나비의 날갯짓이 다음 달 미국 뉴욕에서 폭풍을 발생시킬 수도 있다. 마치 나비의 날개짓으로 인한 작은 공기의 흐름이 태풍이라는 거대한 대기의 흐름을 만들어 내듯이 작은 변화가 큰 차이를 만들 수도 있다. 큰 변화가 일어난 경우에도 갑자기 상승하는 '성공곡선' 과 같이 증가한다. 처음에는 미미하게 시작했던 변화들이 시간이 지나면서 차츰차츰 늘어나다가 어느 한 순간에 폭발적으로 증가하는 것이다. 큰 성공에도 처음에는 아주 작은 변화들이 모여서 출발한다.

정주영 명예회장은 조선소를 건립하는데 백사장 사진 한 장과 거북선이 그려진 500원짜리 지폐를 활용하여 외국 은행 차관과 자금 지원을 받아낸 일화는 유명하다. 그냥 순식간에 이루어진 것이 아니라 그의 창의력과 도전정신이 어우러진 산물이다.

어떤 분은 이력서만 보고 그 사람의 견적이 대충 나온다고 한다. 필자가 말하려는 '당신의 견적'이란 말은 사람의 경력을 수치화하는 것이다. 즉 애매하고 과장된 용어를 피하고 수치화된 실적을 근거로 목표를 설정해야 한다. 어떤 능력과 경력을 섭렵해야 자신이 원하는 바를 이룰 수 있는지 수치화하는 것이다. 이력서는 당신이 어떻게 살아왔는지 보여주는 견적서이며, 인터뷰는 당신이 어떤 식으로 말하고 생각하는지를 판단하는 기준이 될 수도 있다.

당신의 견적을 매기기 위해서 먼저 무엇을 해야 할까.

자신의 강점을 리스트(list)로 만들어야 한다. 실제로 자신의 잘하고 남들도 잘한다고 인정하는 부분을 생각나는 데로 적어보자. 적다 보면 같은 부분이 있을 것이다. 그루핑(grouping) 시켜 묶는 것이다. 결국 몇 가지로 압축된 자신의 핵심 역량을 알아가는 데 많은 도움이 될 것이다. 자신의 견적서를 써야 할 항목들이 대단히 거창한 것이 아니다. 현재 직장, 직위, 직무 등 주로 많은 시간 할애해서 하는 업무는 무엇인가. 그 업무를 수행하는 데 어려움을 없는가. 그 업무에 대해서 만족하는가. 그 업무를 즐기는가.

이제 생각을 바꿔서 당신이 어떤 사람을 채용하는 입장이라면 어떤 기준에 의해서 채용할 것인가에 대해 고민해야 한다. 3개월 단위로 자신의 성과 기록을 꼼꼼히 챙기고 철저하게 견적서를 검토하듯이 하자. 필자가 말하려는 요지는 냉정하게 자신의 견적서를 뽑아보라는 것이다. 내가 하나의 물건을, 하나의 서비스를 이용하려고 할 때 얼마나 이것저것 비교해서 사는가. 마찬가지로 자신의 구매자, 즉 채용자 입장에서 자신을 냉철하게 되돌아보자.

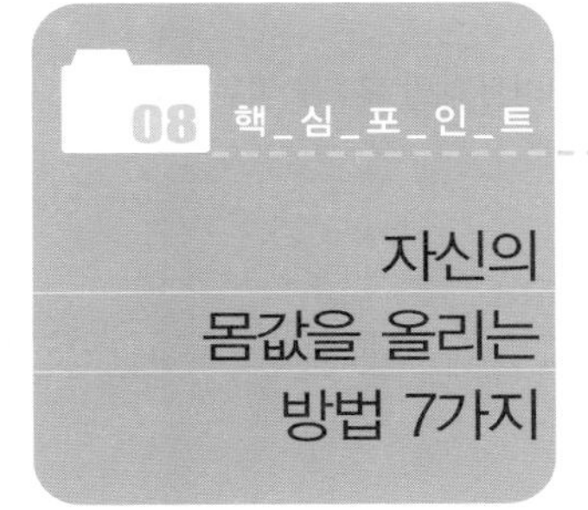

1. 자신의 견적서를 만들어라

앞에서 이야기 했듯이 견적서를 비교하면서 자신의 몸값을 산정해봐라. 몸값 산정 방식에 대한 부분을 만들어라. 현재의 몸값은 기존의 몸값에다가 커리어와 성과가 더해진 실적에 의해 결정된다. 즉 직장인의 경우 지금 자신이 받고 있는 연봉이 여기에 해당되며, 예비 직장인인 학생의 경우 아직 시장가치가 형성되어 있지 않다.

2. 자신의 견적가를 협상하라

자신의 가치와 현재 시장의 가치, 미래의 가치까지 꽤뚫고 있어야 협상에서 유리하다.

3. 견적 그래프를 그려라

미래 몸값을 예측하여 그래프로 그려라. 그리고 상세한 목표치에 도달하기 위해서 무엇을 해야 하는지 고민하라.

4. 자신의 브랜드 가격을 산출하라

앞으로 개인 브랜드 시대 업계에서 나의 이름은 얼마나 값어치를 할 것인가. 자신의 '시장가치'가 얼마인지에 대한 정확한 평가를 해야 한다.

5. 핵심인재로 회사 내에서 인정 받아라

몸값을 올리기 위해서 실력을 인정 받아야 하는 것은 당연하다. 특히 회사 안에서 인정 받지 못하면 끝이라는 각오로 열심히 일하며 자신이 핵심인재가 될 수 있는 분야를 찾아라.

16 자신의 강점에 초점을 맞춰라

"햇빛은 하나의 초점에 모아질 때만 불꽃을 피우는 법이다"

• 벨

3월은 새로운 곳에서 새롭게 시작하는 사람들이 늘어간다. 첫발을 뗄 때 새로운 마음가짐이 매우 중요하다. 옛속담에 '시작이 반이다' 라는 말에서 알 수 있듯이 시작한다는 것 자체가 그만큼 어렵다는 의미이다.

시작도 안 해보고 지레 겁을 먹고 있는 사람도 꽤 있을 것이다. 누구나 시작을 잘 했다고 해서 마무리까지 좋은 법은 아니다. 마무리까지 좋으려면, 많은 인내와 더불어 자신에 대한 신뢰와 시간 투자가 필요하다. 새롭게 시작한다는 마음 속에는 그 만큼 절실히 준비되어 있어야 한다는 것이다.

'자리가 사람을 만든다' 는 말이 있다. 어떤 사람은 별 볼일 없었는데, 높은 자리에 오르더니 달라 보인다고 흔히 말한다. 반대로 어떤 사람은 능력이 있어 보였는데, 자리에 맞지 않는지 능력 발휘를 못하는 사람도 있다. 이런 사람이 앉아있는 자리는 대부분 사람이 수시로 바뀐다.

그 사람에 역량에 문제가 있기 보다는 그 자리에 문제가 있는 경우가 많다. 그 자리는 직무 설계가 잘못되어 있을 가능성이 짙다. 몇 개월 마다 사람이 바뀌는 자리는 재검토되어야 한다. 사람만 교체할 것이 아니라 직무에 대한 재검토부터 염두에 둬야 한다.

당신은 '무엇' 을 잘하는가? 앞으로 당신은 '무엇' 을 잘 할 수 있는가? 자신의 강점을 최대한 활용하기 위해 당신은 '무엇' 을 해야 하는지 아는가?

애초부터 우리가 생각했던 '무엇' 은 불가능한 직무였을지도 모른다. 개인에게는 단순히 대리, 과장, 팀장 등 직급을 줘야겠다는 것이 아니라 그 사람이 맡게 된 직무부터 재설계해야 한다. 반면 기업은 사람을 보고 직무를 설계하는 것이 아니라, 자신의 기질을 보고 무엇을 잘하는 지 고민해야 한다. 필요한 사람을 뽑을 때, 지원자의 약점에 초점을 맞춰 평균적인 인재를 선발하지 않았는가 되물어야 한다. 오히려 이런 채용과정이 강점을 희석시킬 수도 있다.

직급 중심의 업무분장을 통해서 직무분석이 행해질 때 주의해야 할 점은 직무의 정의 자체가 명확하지 않을 뿐만 아니라 유동적인 경우가 많다는 사실이다. 또한 하나의 직무 내에 업무의 난이도, 중요도 등 업무특성이 매우 상이한 업무들이 공존하고 있어서 한 사람이 관리 하기가 어려운 경우가 많다.

조직의 성공은 평범한 사람도 비범한 성과를 달성하도록 만드는 것이다. 강점을 발휘할 수 있도록 자극해야 하는 점에서 타이트한 것보다 여유 있게 설계해야 한다. 구체적인 성과에만 치중하다 보면 최적합한 인물을 고르는데 급급할 수 있다. 하지만, 외부적 변화가 있을 때 최적합했다고 생각한 인물은 순식간에 부적합한 인물로 바뀔 수 있다. 쓸데 없이 많은 시간을 버리고 있는 것은 과감히 버리고 자신의 강점에 초점 맞춰야 한다.

큰 패러다임(paradigm)은 이제 기업에서도 점차 직무에 언급되어 있지 않더라도 일을 즐기는 사람을 필요로 한다. 성공을 위한 터닝포인트를 찾는 방법 또한 머리 속에서 나오는 것이 아니라 자신의 몸이 기억하고 익혀야만 절묘한 타이밍을 알아 낼 수 있을 것이다.

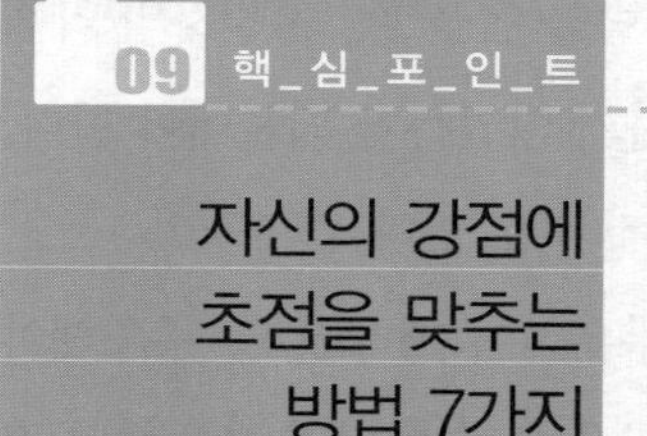

1. 타이틀 보다 내용에 충실하라

직급이나 직무 타이틀에 민감하다 보니 직무의 내용 보다도 직무의 외적인 데 치중하는 경향이 있다. 예를 들면, 절대로 '가수'가 되려 하지 말고, '노래를 잘 하는 사람'이 되려고 노력해야 한다. '가수'라는 타이틀에 목을 매었던 사람이 가수가 되는 확률보다 '노래를 잘 하는 사람'을 목표로 했던 사람이 '가수'가 되는 확률이 높다고 한다.

2. 약점을 줄이는 것 보다 강점을 늘리려는 것에 신경써라

약점에 초점을 맞춰서 평범한 사람으로 전락하지 말라. 자발적인 직무수행 보다는 위에서 그때 그때 시키는 업무 중심으로 수행해 왔던 사람은 높은 위치에 오르지 못한다. 자신의 직무 범위를 명확히 규정하고, 자신의 강점을 살릴 수 있는 방법에 몰두하라.

3. 자신의 계획을 세울 때 여유 있게 설계하라

의욕이 지나치게 넘쳐서 이것저것 하다 보면 자신의 직무에 맞지 않는 일에 몰두하고 있는 자신을 발견할 것이다. 개인의 직급, 근속년수 등 특성을 고려해서 직무의 특성을 찾아내는 것이 중요하다. 업무 계획은 여유 있게 설계해야 장기적 · 지속적인 업그레이드가 가능하다.

4. 자격 미달이 되지 않으려면, 도덕성에 민감하라

최근 도덕적 신뢰를 갖추고 기업가치를 높일 수 있는 리더에 대한 요구가 높아지고 있다. 기업 입장에서는 부패한 사람보다는 도덕성을 갖춘 리더를 선호하는 것은 어쩌면 당연하다. 미래사회에 성공하기를 원한다면, 도덕성에 주목하라.

5. 유연성을 확보하면서 자신의 자리를 만들어가라

실제로 조직 · 직급 보다는 일 · 성과 중심으로 자신의 자리를 찾아야 한다. 한 기업에 유사한 직무를 여러 부서에서 수행하는 폐단을 없기 위해 기업에서는 스스로 직무분석을 해야 한다. 기업 구성원들의 자기계발 등을 통해서 효율성을 높아지며, 기업 입장에서도 인력 운용에 있어서 유연성을 확보할 수 있다.

6. 동료가 갖고 있는 특유의 강점을 잘 이용하라

최근 서구 선진 기업들도 직무의 범위를 점점 넓혀가는 추세이다. 개인의 전문화에만 신경 쓰지 말고 동료나 중간관리자의 고유업무를 부여하기 위해서는 폭넓은 직무에 대한 이해가 선행되는 것이 바람직하다. 동료의 업무를 항상 염두에 두고 자신의 업무를 분석하라.

7. 자기 자신이 가장 잘하는 방법을 터득하라

자신의 관점에서 직무의 프로세스를 무시하고 단편적인 직무 분석을 하려 하지마라. 여러 동료들과 자주 커뮤니케이션을 통해서 자신의 새로운 역할에 대해서 깨닫도록 하라. 모든 직무를 똑같이 하기 보다는 전략적 가치가 높은 핵심 직무를 집중적으로 관리하라.

17 첫인상에 승부를 걸어라

"좋은 첫인상을 남길 수 있는 기회란 결코 두번 다시 오지 않는다"

• **디오도어 루빈**

첫인상은 순식간에 결정된다. 그리고 일단 첫인상을 생기면, 후에 들어오는 정보에는 무심하다고 한다. 많은 면접전문가는 입 끝을 살짝 올리며 미소를 짓게 되면 자연스럽게 눈꼬리가 내려오게 되므로 부드러운 얼굴 표정이 되어 첫인상을 좋게 남길 수 있다고 조언한다. 인간은 낯선 사람을 판단할 때, 첫인상을 통해서 사기꾼인지 착한 사람인지 재빨리 판단하는 직관을 갖고 있다.

인사담당자가 한 사람의 자기소개서에 시선을 두는 시간은 1분이 채 되지 않는다. 첫 문장에서 관심을 끌지 못하면 아예 기회도 없는 것이다. 자기소개서는 전반적으로 자신이 지원하는 분야에 알맞게 장점이나 경력 등을 중심으로 읽기 쉽게 써야 한다. 지원 분야에 따라 다른 내용으로 3~5가지로 준비해 두는 것이 좋다.

자기소개서는 취업을 위한 첫 관문이다. 자기소개서 쓰기 위해서는 첫 문장이 글의 전부를 좌우한다. 어떻게 여느냐에 따라 그것을 읽는 사람들의 반응이 각기 다르다. 그런만큼 자기소개서는 여자가 몇 시간 공을 들여 화장을 하는 것처럼 정성을 다해야 한다. 자기소개서를 쓰기 위해서는 첫 문장이 글의 전부를 좌우한다. 어떻게 여느냐에 따라 그것을 읽는 사람들의 반응이 각기 다르다.

1. 우선 참신한 문구로 시작하라

자기소개서는 인사담당자와 처음으로 대면하는 것과 같다. 마찬가지로 첫 문장은 첫 인상과 같은 효과를 발휘한다. 따라서 인사담당자가 끝까지 읽어보고 싶다는 생각이 들 정도로 흥미를 유발시킬 수 있는 멘트나 문구로 첫 문장을 시작해야 한다.

인사담당자는 '나는 어디에서 태어난 누구 누구 입니다' 라는 식의 첫 문구에 식상해져 있다. 또한 인사담당자에게 지원자의 태생은 그저 참고자료에 불과하다. 따라서 자신의 능력과 특성을 대변할 수 있는 광고성 멘트로 첫 문장을 시작한다면 인사담당자의 시선을 모을 수 있을 것이다.

한국 기업문화는 조직의 발전과 조화를 위해 개인의 희생을 어느 정도 요구한다. 그러나 무조건 '다 잘하겠다', '열심히 하겠다' 는 말은 통하지 않는다. 처음부터 자신을 독창적인 사고와 진보적인 의견을 마음껏 표출할 수 있는 기업을 선택하고, 그 안에서 회사와 자신의 발전을 위해 땀 흘릴 자세를 갖춰야 한다.

2. 처음 2~3 문장에 승부를 걸어라

흔히 문장은 서두에서 승부가 결정된다고들 한다. 자기소개서도 마찬가지다. 처음 석줄이 승부처이다. 문장의 처음 석 줄은 첫인상의 효과를 지니고 있다. 식상하지 않고 왠지 끌리는 것 같은 첫인상이 뭇 시선을 모으게 되는 법이다. 자기소개서에서 처음 석 줄이 가지는 의미도 이러하다. 끝까지 읽어보고 싶은 충동이 일어나도록 흥미롭게 유도하는 것이 도입부가 지닌 중요한 역할이다.

자기소개서를 쓸 때 꼭 성장과정부터 쓰란 법은 없다. 물론 형식이 주어진 자기소개서는 예외지만, 그렇지 않은 경우라면 가장 흥미를 유발시키는 문구를 맨 처음으로 올려 승부를 걸어보도록 하자.

3. 첫 문장은 짧게 쓰라

처음 여는 문장은 최근 화제나 이슈로서 주위를 환기시키는 것도 좋다. 첫인상에 승부를 걸어야 한다. 이력서가 첫인상이라면, 자기소개서는 첫만남이라고 할 수 있다. 포지셔닝이 중요하다. 그것은 로그인 법칙이라고도 한다. 무엇이라 부르든지 처음이 가장 중요하다고 생각한다. '스테이플러' 보다는 '호치키스' (스테이플러 발명가)가 더 떠오르는 것처럼 인식에서 처음 각인되는 것이 중요하다. 처음 각인된 인상을 지우는 것은 쉽지 않다.

"자신에 대해 소개해 보십시오"는 면접시 한번쯤 받게 되는 질문이다. 자신을 충분하게 홍보하는 것은 매우 어려운 일이고, 대다수의 지원자들이 자신의 상품성을 내세우느라 많은 말을 하려고 노력한다. 그러나 요란한 화술보다 인사담당자의 말을 진지하게 청취하는 태도가 더 빛날 때가 많다. 우리는 자신의 상품가치를 보다 높일 수 있는 효과적인 방법을 찾아야 한다.

역사적으로 취업이 어렵지 않았던 시기는 없다고 한다. 그 당대에 살아가던 사람에게 느끼는 경험치만이 다르다. 요즘이 바로 그 경험치가 정말 피부에 와 닿는 것은 사실이다. 일반적으로 취업에 필요한 방법만큼은 자기 혼자만 알고 다른 사람에게 비법을 가르쳐주려고 하지 않는다. 왜냐하면 그것은 노출시키면 바로 자신이 경쟁에서 낙오 될 지도 모른다는 막연한 두려움 때문일 것이다.

4. 기업의 속성에 맞춰 자신을 포장하라

자기소개서를 작성하는 것은 일종의 자신을 파는 영업행위이다. 면접을 통해 자신을 본격적으로 팔기 이전에 '나는 이러한 사람이다' 라고 자신에 대한 사전정보를 줌으로써 어느 정도 기업이 지원자에 대해 파악할 수 있는 기회를 주는 것이다. 따라서 '나' 라는 상품을 제대로 판매하기 위해서는 지원하려는 기업의 구체적인 환경을 파악한 뒤 기업의 속성에 맞춰 자신을 포장해야 한다. 기업에 대한 정보는 인터넷상의 기업 홈페이지에서 손쉽게 얻을 수 있다.

또한 자신의 특징을 최대한 강조해 기업체에서 구미가 당길만한 미끼를 던져줘야 한다. 자기소개서는 차후 면접의 기본자료로도 활용되기 때문이다.

5. 절대로 모범 답안형 자기소개서는 쓰지 마라

평상적인 어투로 시작하는 것을 지양하라. '나는' '저는' 등으로 시작되는 문장은 개성 없는 느낌을 주므로 피한다. 자신의 좌우명이나 독특한 광고문안을 활용하는 것도 좋은 방법이다. 대부분의 불합격하는 유형을 살펴보면 지나치게 과시하는 경향이 있는 사람을 싫어한다. 자신감 있고 당당한 문체도 좋지만, 자신감과 자만심은 다르다. 필요 없는 말들을 장황하게 늘어놓는 지원자의 자기소개서는 경쟁력이 없다. 간단히 핵심만 쓸 수 있어야 한다. 기업 인사담당자와 흥분하며 이야기하는 응시자들은 이미 승패가 결정난 것과 진배없다. 그렇다고 자신을 비하할 정도로 의기소침할 필요는 없다. 지나친 자기자랑도 문제지만 자신감이 없는 모습은 더욱 신뢰를 떨어뜨릴 수 있다.

취직하려는 회사를 공략하는 능력이 중요하다. 모든 사람이 편하게 읽을 수 있게 자기소개서를 쓰자. 대학을 졸업하면서 시작되는 첫 직장 인터뷰나 본인의 현재 경력을 발판으로 다른 좋은 회사로 옮기고자 할 때 먼저 부딪치는 중요한 첫 단계가 자기소개서를 얼마나 잘 쓰는가 하는 것이다.

6. 너무 전문적인 용어를 쓰지 마라

자기소개서를 쓸 때 특히 피해야 할 것은 너무 전문적인 용어를 쓰지 말아야 한다. 왜냐하면 자기소개서를 보내면 일단 인사부서에서 제일 먼저 보게 되기 때문이다. 인사부서는 각 사업부서에 들어오는 서류를 보기 때문에 각 부서별 전문분야에 대해 자세히 쓴 자기소개서를 완벽하게 이해하리라 기대하지 말아야 한다.

따라서 자기소개서는 문장을 짧고 간단하게 서술하고, 읽기 쉽고 이해하기 쉬운 단어로, 즉 누구든지 이해할 수 있게 작성한다. 또한 자기소개서를 쓴 본인이 해당분야에 직무 능력과 문제 해결 능력 등이 있음을 보여야 한다.

10 핵_심_포_인_트

첫인상에 승부를 거는 자기소개서 작성법 6가지

1. 우선 참신한 문구로 시작하라.
2. 처음 2~3문장에 승부를 걸어라.
3. 첫 문장은 짧게 쓰라.
4. 기업의 속성에 맞춰 자신을 포장하라.
5. 절대로 모범 답안형 자기소개서는 쓰지 마라.
6. 너무 전문적인 용어를 쓰지 마라.

18 첫 직장을 선택할 땐 신중히 하라

"직장에서 전문적인 일을 훌륭하게 수행하려면 전공과목이 유리한 역할을 하는 것은 사실이다. 그러나 그러한 목적의 편리성만 가지고 장기간에 걸친 고등교육의 효과를 측정하는 것은 옳지 않다. 현실적인 성과라는 측면에서 보아도 그것만으로는 교육이 너무나 비싸게 여겨진다.
교육이 발달된 사회에 있어서 교육의 실효성을 가늠하려면, 그 교육이 과연 학교를 졸업한지 15년 이후에도 어떤 업무에 유효한가를 보아야만 한다. 길게 내다보는 교육, 길게 내다보고 뛰는 교육, 그것이 바로 우리에게 필요하다"

• **피터 드러커**

첫 직장에 대한 중요함을 모르는 이는 없을 것이다. 다 아는 이야기를 구태여 다시 끄집어 내는 이유는 무엇인가. 이력서에서 첫 직장은 지울 수 없는 문신처럼 절대적으로 중요하다. 잘못 선택한 첫 직장의 이미지가 자신의 전 생애를 지배하는 직장생활에서 차지하는 비중을 안다면 경솔하게 낚싯밥만 보고 낚싯바늘을 물지는 않을 것이다.

아예 첫 직장을 구하기 힘든 입장에서 첫 직장을 고르면서 신중히 하라는 소리는 배부른 소리에 지나지 않다고 생각할지 모른다. 숟가락을 들지도 못하는 사람에게 체할 지도 모르니 천천히 먹으라는 말과 같을 것이다.

하지만 많은 사람들이 실제로 숟가락을 드는 순간, 그동안 공복에 참고 있던 욕구를 보상 받으려는 심리 때문에 더 많이 먹어 체하는 경우가 많다는 사실에 유의해야 한다. 마치 첫 단추를 잘 껴야 하는 이유와 마찬가지로 첫 직장을 선택하는 데도 신중할 필요가 있다는 말이다. 첫 직장을 금방 그만두게 되면 그 만큼 다른 직장도 자주 바꾸는 습관이 생길 수도 있다. 또한 첫 직장의 규모와 비슷한 직장으로 옮길 가능성이 커진다. 첫 직장에서 만나는 직장 상사나 동료, 그들로 인해서 접하게 되는 일, 그에 따른 능력에 대한 평가인 급여도 정해지기 마련이다. 그래서 많은 인사담당자가 첫 직장에서 얼마나 참고 다니느냐는 지원자의 인내력이 얼마만큼 되는지 확인하는 계기로 참고 한다.

처음 직장 생활을 시작할 때 누구 밑에서 어떤 직장생활 방식을 배우느냐가 무엇보다 중요하다. 첫 직장이 굉장히 중요한 이유는 어떤 부류의 사람들과 함께 일을 하느냐가 결정되기 때문이다. 예를 들면 여러 분야를 다양한 경험을 할 수 있는 중소기업은 초보시절에는 힘들겠지만, 나중에 좋은 기회를 얻을 수 있는 발판을 제공할 수도 있다. 따뜻하게 감싸주는 직장 선배라도 만나면 금상첨화가 될 것이다. 그래서 초보시절 어떤 직장 상사를 만나느냐가 업무 능력의 척도라고 이야기하는 사람도 있다.

첫 직장을 좋은 곳에서 시작하고 싶은 마음이야 누구나 다 갖고 있겠지만, 일 처리를 제대로 할 수 있도록 직장 상사를 잘 만나는 것이 중요하다. 직장 상사의 성격을 알아 보고 싶으면 운전하는 모습을 보면 알 수 있다고 한다. 자신이 경력자라고 해서 초보운전자에게 뒤에서 경적을 울리는 것은 매우 위험한 일이다.

첫 직장에서부터 배우는 기회보다는 뒤에서 경적이나 울리는 직장 상사나 선배를 만난다면 초보 직장인에게는 불행의 시작이다. 자신의 능력을 펼쳐보지도 못하게 하찮은 일만 맡긴다면 오히려 고급 인력을 낭비하는 것이다. 초보자와 견주기를 즐겨 하는 직장 상사는 자신의 운전실력을 과대평가해서는 사고의 위험성도 그만큼 커질 것이다.

운전자들의 심리는 자신보다 운전을 못하는 사람을 보면 추월하고 싶은 욕구가 솟는다고 한다. 자만으로 이어지는 과속은 자신의 인생을 망치는 지름길이다. 개구리 올챙이적 생각을 못한다는 말이 있듯이 대부분의 경력자인 직장 상사들은 마치 자신에게는 초보 시절이 없었던 듯이 행동한다. 심지어는 마치 복수라도 하듯 자신이 초보 시절에 당했던 어려움을 후배에게 고스란히 물려주는 사람이 있다.

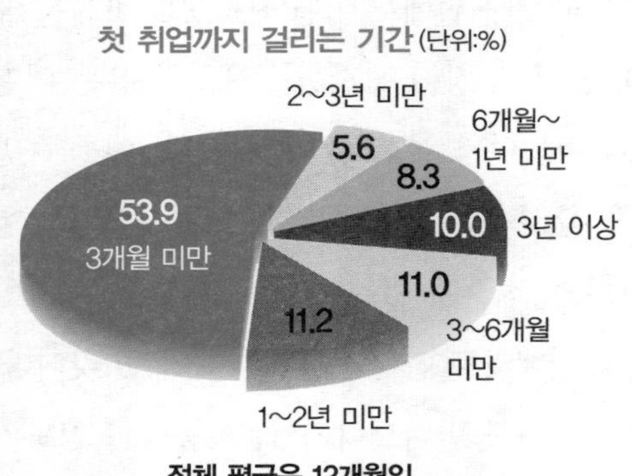

전체 평균은 12개월임.

첫 직장을 선택했다면 적어도 2년간 근무해야 한다. 최근 통계청에서 첫 직장을 구하는 데까지 걸리는 시간은 평균 12개월이고, 이들이 첫 직장에서 근무한 기간은 평균 23개월로 나타났다. 첫 직장이 중요한 만큼 다른 직장을 찾는다고 오히려 잦는 이직을 하지 마라. 자신의 경력관리에 막대한 지장을 초래한다. 어차피 넘어야 할 벽이라면 무슨 일이 있더라도 넘는다고 생각하라. 그 다음에 이것저것 재고 결정을 내려도 늦지 않다. 첫 직장에 자신이 이미지를 심어주기 위해서 부족한 부분을 채우기 위해 밤을 새워가며 노력해야 한다.

초보는 아름답다고 누가 말했던가. 요즘 같은 무한경쟁시대에서는 통하지 않는 말이다. 초보자가 발붙이고 살기 힘들다. 경력이 없는 초보자는 바로 취업낙오자로 전락하고 있다. 누구에게나 초보였던 시절은 있다. 처음부터 경력자가 아니라 초보 시절이었던 기억마저도 깡그리 잊어버리게 하는 것이 아닌지 안타깝다.

첫 직장생활은 대부분 고난의 연속일 것이다. 중도에 포기하고 다른 길을 선택할까 하는 생각을 한번도 하지 않는 사람이 없을 정도로 힘든 경우가 대부분이다. 이럴 때 직장 선배나 동료들의 독려가 힘이 된다. 내 주위에 있는 초보직장인에게 따듯한 칭찬 한마디를 해보는 것은 어떨까.

19 경쟁력 있는 자기소개서, 어떻게 쓸 것인가?

"한평생에 여러 권의 작품을 만들어내느니보다 차라리 하나의 이미지를 제시하는 편이 낫다"

• E.L.파운드

자기소개서를 쓰기에 앞서서 제일 먼저 고려해야 할 것은 자기소개서를 쓰는 목적을 직접적으로 드러내지 말아야 한다. 말하지 않아도 누구나 자기소개서를 쓰는 이유는 안다. 다시 말하자면, 이제는 자기소개서를 어떻게 쓰느냐가 중요한 것이다.

20세기를 되돌아보면 20세기의 큰 흐름은 무엇(What)을 위해 사느냐가 중요했다. 즉 이데올로기가 중요한 시기였다. 하지만 21세기의 큰 줄기는 무엇(What)이 아니고 어떻게(How) 하느냐이다. 문학에서 각광 받는 작가들의 면면을 보면 더욱더 그러하다. 유명한 대가일수록 큰 주제를 다루기보다는 어떤 문체로 승부를 할 것인가 고민하고 있다. 따라서 자기소개서에서도 '무엇을 쓸 것인가'(What)보다는 '어떻게 쓸 것인가' (How)라는 문제가 직면하게 된다. 그럼 자기소개서는 과연 어떻게 써야 하는 것인가.

> 외동으로 자란 탓에 친구를 매우 좋아하며, 다양한 사람들과 다양한 만남을 갖기 위해 늘 노력하고 있다. 어렸을 때 잦은 전학에도 불구하고 초등학교 친구부터 대학교 친구까지 두루 만나고 있으며, 한번 인연이 된 사람과 등을 돌리는 일은 거의 없다. 이런 성격은 교사라는 직업에 반드시 필요할 것으로 생각된다.
>
> 예) 비논리적 서술방식

외동으로 자란 사람은 왜 친구를 좋아하는가? 전학을 자주 했는데 왜 초등학교 친구부터 대학교 친구까지 두루 만나고 있는가? 인연이 된 사람과 등을 돌리는 일과 교사라는 직업과 무슨 직접적 상관이 있는가?

이와 같이 자기소개서를 읽다 보면, 앞뒤가 맞지 않고 억지스러운 경우가 많다. 비논리적으로 서술된 이유는 아우트라인을 세우지 않고 글을 쓴 경우가 많다는 점에 우리는 주목해야 한다.

> 조직 내에서 자신의 자리는 자신이 만들어 가는 거라고 합니다. 제 자리를 스스로 만들어가고 회사에서 꼭 필요로 하는 사람이 되겠다는 신념으로 일하려 합니다. 소박하지만 매사에 성실하신 부모님을 보면서 모든 일에 성실하고 최선을 다해야겠다는 생활신조를 자연스레 배우게 되었고, 밝고 화목한 가정분위기 속에서 매사에 긍정적이고, 유쾌한 성격을 가지게 되었습니다.
>
> 예) 논리적 서술방식

먼저 조직과 사람의 관계로 이야기를 풀면서, 자연스럽게 부모님과 생활신조까지 다루고 있다. 하지만, 앞서본 비논리적 서술방식의 예는 자신의 성격과 교사라는 직업을 매칭시키려고 했지만 설득력을 잃고 있다.

경력에 맞는 아우트라인을 형성하고 섹션별로 키워드를 생각하고 서술되었다면 아마도 예와 같은 비논리적인 글이 나오지 않았을 것이다.

필자는 최근 하우라이팅(www.howwriting.com)과 커리어(www.career.co.kr)가 공동 주관한 이력서 콘테스트 심사를 하면서 많은 것을 느꼈다. 역시 하나의 자기소개서에 자신을 담아내기란 그리 쉽지 않다. 이번 공모전을 통해 구직자들의 공통된 문제점을 분석, 효율적으로 구직활동을 할 수 있도록 '경쟁력 있는 자기소개서 작성법 7가지' 를 다음과 같이 제시한다.

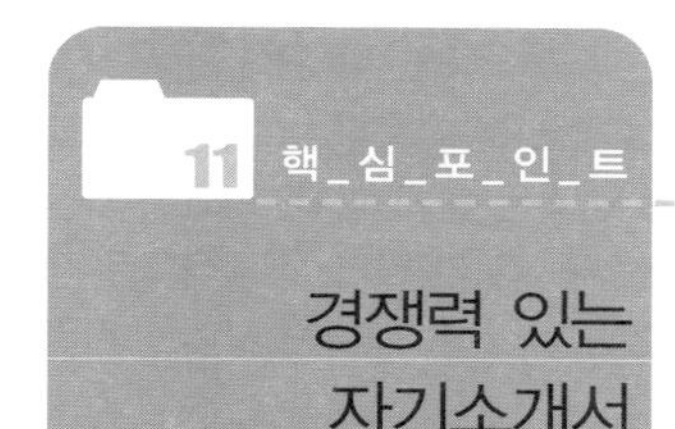

첫째, 자기소개서를 어렵게 생각하지 말라

쉽게 풀어 쓰라는 것이다. 좋은 자기소개서는 진솔하게 느낌을 전달할 수 있도록 작성한 것이다. 이 방법은 자칫 하면 긴장감을 상실할 수 있어 조심해야 한다. 대부분의 자기소개서를 보면, 본인의 특기가 잘 드러나지 않는다.

자기소개서는 자신의 경쟁력을 보여주는 하나의 도구이다. 자신의 인생을 다 자기소개서에 담을 수는 없다. 각 항목을 요즘 신문처럼 섹션화하여 자기소개서를 재구성해봄이 바람직하다. 여기서 주의해야 할 것은 지나치게 많은 섹션이 오히려 자기소개서 내용을 혼란스럽게 할 수 있다는 점이다.

둘째, 자기소개서의 문체는 긴장감이 있어야 한다

글을 너무 나열하듯 쓰지 말라는 뜻이다. 자기소개서에서 쓰이는 문체는 나사를 조이듯 긴장을 줘야 구성할 때 맛이 난다. 지루하게 나열식으로 작성하면 효과적으로 자신을 홍보할 수 없다.

예를 들면 먼저 '성장과정을 나열하는 것' 보다는 '직종 분야에 맞는 지원동기'를 앞세워 읽는 인사담당자로 하여금 자기소개서에 몰입하도록 분위기를 조성해야 한다.

셋째, 자기소개서의 문장은 통일성이 중요하다

자기소개서는 통일성이 무엇보다 중요하다. 색깔이나 폰트에서도 이것저것 많이 쓰기보다는 통일하는 것이 더 좋아 보인다. 자기소개서도 큰 틀을 그릴 때는 좀더 통일성에 유의해서 짜야 한다. 그 다음에 자기 나름의 독창적인 컨셉을 끄집어낸다면 좋은 자기소개서가 나올 수 있을 것이다.

넷째, 자그만한 것부터 챙기자

대부분의 구직자들은 파일이름을 거의 '이력서' 라고 했는데, 자신의 이름과 지원분야를 적어주는 편이 인사담당자가 받아서 정리하기 편하게 만들어주는 배려이다.

만일 입사공고에 형식을 'MS-word'(doc)라고 했는데도 '아래한글'(hwp)로 보내는 경우가 잦다. 프로그램 형태가 어떤 것인지 꼭 확인하자. 이와 같이 자그마한 것부터 챙기는 습관이 좋다.

다섯째, 최대한 깔끔하게 작성하자

지나치게 많이 열거된 경력은 오히려 인사담당자로 하여금 혼란스럽게 한다. 특히 표지나, 쓸데없는 그림으로 장수를 채운다는 생각은 하지 말자. 의외로 자신의 경쟁력이 무엇인지 명확하게 인식하지 못하는 구직자가 많다. 전체적으로 정돈된 자기소개서가 인사담당자로부터 좋은 인상을 남길 수 있다는 사실을 기억하자.

여섯째, 너무 튀려고 하지 말자

여러 색깔이 들어가 있는 이력서 양식은 지양해야 한다. 디자이너나 광고기획사 등은 개성 있는 이력서를 원하는 만큼 다양한 색깔을 넣어도 좋다. 하지만, 일반적인 직종은 잘못하면 가볍게 느낄 수 있기 때문에 이력서 색깔은 될 수 있으면 쓰지 않는 것이 원칙이다.

일곱째, 자신의 정성을 보여주자

이번 공모전에서 느낀 점은 전체적으로 구직자들의 정성이 아직 부족했다. 많은 구직자들이 이력서 및 자기소개서 형태를 무질서하게 나열하거나 분량을 채우는데 급급한 인상을 받았다. 필자는 자기소개서 표지 한 장이라도 정성을 다해 만들었으면 좋겠다.

구직자들은 자신을 되돌아보면서 다시 한번 자기소개서를 작성하고 취업에 도전해 보기를 바란다.

20 경쟁력 있는 면접을 어떻게 볼 것인가?

"사람들은 말하는 내용으로 당신을 판단한다"

• 그라시안

우리는 낯선 사람 앞에서 이야기를 한다는 것에 익숙치 않다. 특히 면접은 우리가 어떤 식으로 말하고 생각하는 지를 판단하는 기준이 될 수 있다.

면접시 기본은 지원회사에 대한 사전정보를 통해 그 회사 분위기나 사업전략, 비전 등을 파악하는 일이다. 면접관은 지원자의 자질과 함께 애정과 열정을 체크하기 때문에 이를 알고 들어가는 것과 모르는 것은 큰 차이가 있다.

면접에서 중요한 것은 면접관이 무엇을 묻는가이다. 가끔 황당한 질문으로 지원자를 놀래키기도 하지만 이는 그 사람의 반응을 보기 위함이다. 어떤 때는 지원자를 화나게 하기 위해 일부러 말도 안 되는 질문을 던지기도 한다. 그러나 대부분은 지원자의 성향을 평가하기 위한 것이다. 따라서 그 핵심을 잡고 정확히 답을 할 수 있어야 한다.

자기소개를 해보라는 식의 의례적인 질문의 경우는 면접관 입장에선 당연한 것이다. 이런 부분은 미리 답을 만들어놓고 어떻게 대답하면 좋을지를 암기하듯 머릿속에 담고 있는 것이 좋다.

특히 지원자는 면접을 보기 전에 회사를 이해하고 자신이 목표로 하는 바를 명확히 전달할 수 있어야 한다. 지원회사에서 어떤 성과를 보여줄 수 있을지를 이해, 설득시키는 것이 가장 중요하다.

자신의 경력사항을 포트폴리오화, 리스트화 하는 것이 효과적이다. 더욱이 지원회사에 대한 열정이 높다는 것을 강조하기 위해 나름대로 회사나 제품에 대한 분석자료를 만들어 제출하면 큰 도움이 된다.

면접을 대비한 모의연습을 해보는 것도 중요하고 당일 복장이나 행동에도 주의를 기울여야 한다. 지원자의 경우 색깔이 없는 경우가 많다. 너무 평범한 것은 면접시 자신을 드러내지 못하기 때문에 여유가 된다면 유행을 따르는 것도 좋은 방법이다.

그러나 너무 지나치면 눈밖에 나게 되니 조심한다. 업체에 따라서는 이런 사람을 선호하는 경우도 있기 때문에 지원회사 분야와 성향을 미리 살필 수 있어야 한다.

조그만 행동이 중요한 변수로 작용할 수도 있다. 예를 들면 질문에 답할 때 자신도 모르게 손동작이 과장되게 벗어나면 위압감을 줄 수 있다. 손 모양은 될 수 있으면 어깨 너비 안에서 자연스럽게 움직이고 대답은 간단, 명료하며 웃는 얼굴이어야 한다. 웃음은 보이기 위해서도 필요하지만 스스로 마음의 안정을 찾는데도 도움을 준다. 요즘처럼 기업이 적극적인 사람을 요구하는 경우엔 이런 작은 동작도 매우 중요하게 작용한다.

기업들은 적게는 20분 정도에서 길게는 개인당 두 시간 이상을 면접시간으로 할애한다. 과거에 비해 시간이 점차 길어지는 이유는 사람이 반려자를 고르듯 기업에 적합한 최선의 인재를 선발하기 위해서다.

중요한 것은 자신이 회사에 무엇을 기여할 수 있는지, 어떤 경쟁력이 있는지 세일즈할 수 있어야 한다. 적절한 응대와 예의, 표정, 정돈된 자세 등 외적인 요소에 대해서도 관심을 가져야 한다.

좀더 경쟁력 있는 면접 방법을 알아보기 위해 12가지로 정리해보면 다음과 같다.

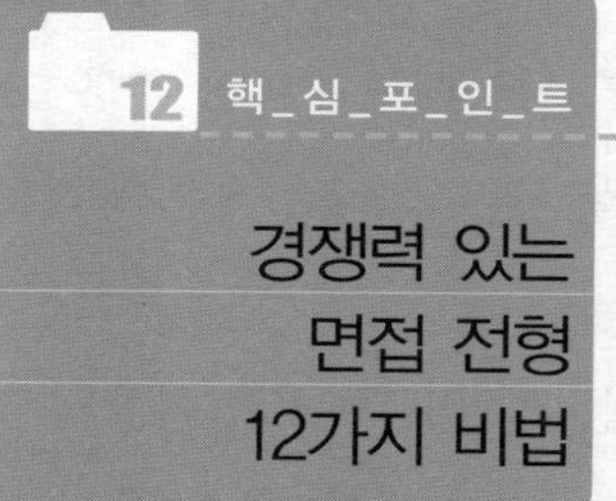

1. 자신의 에피소드를 섞어서 이야기하자

면접에서 실패하는 사람들에게 물어보면 대부분 긴장했다거나 자신감이 부족해서 떨어졌다는 말을 많이 한다. 대부분 자신이 하고픈 말도 다 하지 못했다고 분통을 터트리는 경우가 많다. 이는 면접을 너무 어렵게 생각했기 때문에 비롯된 것이다. 자신이 하고 싶은 말을 쉽게 풀어 말하는 버릇을 드리는 것이 중요하다. 진솔한 느낌을 전달할 수 있도록 자신이 겪은 에피소드를 섞어서 이야기 하는 것이다.

2. 업무 실적을 수치로 표현해서 이야기하자

지원회사의 홈페이지를 찾아보면, 그 회사의 경영철학이나 비전, 요구하는 인재상 등 회사의 정보를 알 수 있다. 면접에서 많이 물어보는 것은 '지원동기'로 사전에 준비해 간다면 질문에 쉽게 답변할 수 있다.
단순히 회사 정보를 알고 가는 것에 그치지 말고, 자신의 경력이 지원회사와의 업무 연계 가능성이 무궁무진하다는 점을 부각시켜야 한다. 단순한 경력 나열보다는 전에 있던 직장에서의 업무 실적을 수치로 표현해서 이야기한다면 업무 능력에 대한 신뢰감을 한껏 높여줄 것이다.

3. 면접 분위기를 자신이 주도하자

면접은 자신의 경쟁력을 직접 보여주는 하나의 장이다. 자신의 인생을 다 이야기 할 수는 없다. 면접관으로 하여금 자신의 답변에 몰입하도록 분위기를 조성해야 한다. 질문의 요지를 파악하고 우선 예, 아니오 라고 결론을 먼저 이야기해야 한다.
지나치게 많이 자신의 장점만을 부각시키는 것은 오히려 인사담당자로 하여금 혼란스럽게 한다. 의외로 자신의 경쟁력이 무엇인지 명확하게 인식하지 못하는 구직자가 많다. 전체적으로 핵심에 접근한 이야기를 하는 사람이 좋은 인상을 남길 수 있다는 사실을 기억하자.

4. 자신의 정성을 보여주자

정성껏 답변하는 것도 중요하지만, 필기도구를 지참해 정확한 질문요지를 메모해 답하는 것도 좋은 인상을 줄 수 있다. 자신의 면접 차례가 되지 않았더라도 면접 대기시간도 지켜보고 있는 눈이 있기 마련이다.

소란스럽게 면접 대기 장소에서 잡담을 하는 것은 금물이다. 면접에 대비해 준비해온 노트를 읽거나 눈을 감고 마음의 정리를 하는 것도 좋다. 시종 일관 차분한 태도로 면접에 임하는 자세가 무엇보다 중요하다.

5. 면접 예상질문을 뽑아보자

면접을 위해서 자기 분석과 기업 정보 파악이 우선 되어야 한다. 대개 면접에 자주 나오는 질문들은 일정한 유형을 갖고 있다. 평소 자신의 분석이 잘 되어 있다면 자신의 의견을 잘 정리해서 이야기하면 된다. 평소 자신의 모습을 그대로 보여준다는 편안한 마음이 제일 중요하다. 자신의 장점과 특기 경력 등을 자연스럽게 집약적으로 전달하느냐가 바로 핵심이다.

어떤 질문이 나올지 생각하여 답변을 미리 준비해두었다가 리허설을 해본다면 금상첨화일 것이다.

6. 표정관리에 신경 써야 한다

제일 중요한 것은 첫인상이다. 어쩌면 몇 초 안에 당신의 외모나 행동에 의해 당신은 평가가 끝나는지도 모른다. 최대한 자신의 얼굴 표정을 밝게 하려고 노력하라. 그리고 면접 전날에 9시 이전에 취침을 하여 컨디션이 오전에 맞출 수 있도록 해야 한다.

미소를 잊지 말고 표정관리에 유의해야 한다. 물론 텔레마케터처럼 정확한 발음과 적당한 속도로 유쾌하게 말하는 법도 함께 연구해 보는 편이 좋다.

7. 한 템포 쉬어 이야기하자

면접을 받는 동안 의외로 긴장감을 들어내는 구직자가 많다. 긴장을 안 할 수는 없으나 적어도 지나친 긴장하면 좋은 결과가 나오기 힘들다. 자칫 주눅들어 보일 수 있다는 점을 유의해야 한다.

면접 장소에 들어가기 전에 화장실을 갔다 오는 것이 효과가 있다. 면접관의 질문이 끝난 즉시 대답하는 것은 경솔해 보일 수도 있으니 약간 생각할 시간을 두고 이야기하는 편이 좋다. 한 템포 쉬어 이야기하는 편이 좋다.

8. 무엇을 요구하는 지를 명확하게 파악하라

우선 질문의 요지가 무엇인지를 이해하는 것이 면접을 잘 치루는 비법이다. 질문 내용을 지레 짐작하지 말고 면접관이 무엇을 묻고 있는지 정확히 파악해야 한다. 자신이 질문에서 벗어난 답변을 하고 있다면 빨리 마무리 하는 게 좋다.

또한 은연중에 나올 수 있는 속어를 조심해야 한다. 면접을 받다보면 아예 모르는 용어에 당황하는 구직자를 심심치 않게 본다. 신뢰감을 떨어뜨리는 것 보다 솔직하게 모르겠다고 하고, 다음 질문을 대비하는 것이 훨씬 좋을 것이다.

9. 머리 속으로 일정한 맥을 유지하면서 말을 하라

무엇보다 중요한 것은 통일성이다. 말을 너무 나열하듯 하지 말라는 뜻이다. 이것저것 여러 가지 이야기를 한꺼번에 하려고 하는 것 보다는 하나의 답변을 중심으로 이야기하는 것이 더 좋아 보인다. 이야기를 할 때도 밑그림을 그릴 때처럼 머리 속으로 일정한 맥을 유지하면서 짜야 한다.

면접관이 요구하는 결론부터 이야기해서 주의를 끈 후, 그 다음에 부연 설명으로 자기 나름의 독창적인 생각이 담긴 이야기를 끄집어낸다면 좋은 결과가 나올 수 있을 것이다.

10. 너무 튀려고 하지 말자

면접 장소에서 최대한 외모로 튀려고 하는 것은 바람직하지 않다. 화려한 느낌에 치중하기 보다는 깔끔한 인상이라는 것에 더 비중을 두어야 한다. 예를 들면 남성 같은 경우에는 구두를 깨끗하게 닦고 가는 것이 좋고, 여성은 다양한 색깔이 들어간 옷보다는 차분한 색깔의 옷을 선택하는 것이 좋은 인상을 심어줄 수 있는 하나의 방법이다. 과장된 몸짓이나 말투는 오히려 허세로 보일 뿐이다. 자신이 잘 모르는 부분에 대해 아는 체하는 것도 경계해야 한다. 자신을 자연스럽게 드러내는 것이 가장 현명한 방법이다.

11. 잠깐라도 회사 이곳 저곳을 둘러보도록 하라

면접은 회사가 직원을 뽑기 위한 주요한 수단이기도 하지만, 지원자가 직장을 제대로 선택 했는지 직접 확인해볼 수 있는 기회이기도 하다. 면접 보는 데만 신경 쓰지 말고 자신이 면접 보러 온 회사가 마음에 드는지 먼저 살펴보도록 하라. 잠깐 화장실에 다녀 온다고 하고 회사 이곳 저곳을 둘러보도록 하라.

직원들의 표정은 어떤지, 일하는 분위기는 어떤지, 사무실의 구조는 어떤지 되도록 많은 정보를 얻어가 는 편이 좋다. 그리곤 이 직장은 영 아니다, 이런 곳에선 도저히 일할 수 없다는 생각이 들면 일자리 제의가 들어올 때 과감하게 거절할 수 있는 용기도 필요하다.

12. 최대한 깔끔하게 마무리 하자

자신의 답변이 미흡했다는 생각에 그르치는 경우가 많다. 비록 답변을 잘못했더라도 포기하지 말고 마지막 질문까지 최선을 다하는 태도를 보여주어야 한다. 면접이 끝났다고 판단되더라도 긴장을 풀고 다리를 꼰다거나 머리를 긁적인다거나 등 풀어진 모습을 보이는 경우가 많다. 완전히 면접을 끝나고 집에 도착할 때까지 침착함을 유지하는 것이 좋다.

21 자신에 대한 입소문에 신경쓰라!

"평판이라는 것은 눈에 보이지 않는 날개를 갖고 있어서 미처 생각지도 못한 곳까지 날아갈 수 있다. 겉만 번지르르하고 알맹이가 없다는 말을 듣기보다는 신용을 중시하는 사람이라는 평판을 듣도록 노력하라"

• **그라시안**

무엇보다도 좋은 인간관계를 쌓아야 한다. 사회 생활에서 제일 중요한 것은 어떤 사람과 관계를 맺는가가 있다. 좋은 동료나 선배들과 가까이 하는 것은 업무를 더 많이 배울 기회를 잡는 것이며, 향후 이직이나 전직을 하려고 할 때 평판조회(Reference Check)에서도 유리한 위치에 놓일 수 있다. 최근 외국계 기업은 물론 국내 기업에서도 평판조회를 의뢰하는 경우가 많아지고 있다.

일단 친분을 맺은 사람에게는 좋은 평판을 받도록 노력해야 한다. 조그마한 우동가게를 하고 있는 K씨의 경우에는 고객을 극진하게 모신다는 소문이 나기 시작했다. 이웃동네까지 소문이 나면서 가게는 붐비기 시작했고, 매출은 껑충껑충 뛰었다고 한다. '입소문 마케

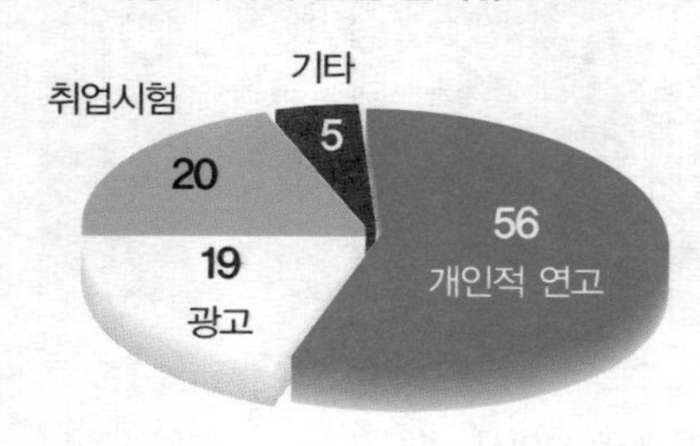

팅' 은 상품 마케팅에서 판매를 일으키는 가장 기본적이고도 중요한 홍보는 입소문이라고 한다. 새 상품이 출시되면 고가의 비용을 지출하고 TV나 신문 광고를 하는 이유도 밑바닥에는 최종 소비자(End User)사이에 이 상품이 좋다는 입소문으로 연결하기 위한 방편이다. 즉 광고라는 것은 입소문을 퍼트리기 위한 점화 장치라고 볼 수 있다. 사람의 경우도 마찬가지다. 자신의 장점을 모아 입소문을 많이 내면 명성으로 이어지고 브랜드 파워가 되는 경우가 많다.

미국 존스홉킨스대학 사회학자 마크 그라노베터(Granovetter, M)의 연구결과를 의하면, 친척이나 친구 보다는 우연히 만나 맺어진 인연에 의해서 취업이 되는 경우가 많다고 한다. 그라노베터가 자신이 살고 있는 보스톤의 뉴턴 출신 전문직 종사자와 기술자 수백 명을 대상으로 직장 이력에 관한 인터뷰로 연구한 결과를 보면 흥미롭다.

인터뷰 결과 56%가 개인적 연고를 통해 취업했고 18.8%가 광고, 스카우트 등의 공식적인 수단을 통해 취업을 했으며, 약 20%는 취직시험을 통해 취업한 것으로 나타났다. 여기서 '개인적 연고' 란 친구나 인척이 아닌 인연 있는 사람들로 나타났다. 우연히 만나 맺어진 인연에서 취업이 이루어지는 경우가 많다는 사실이다.

이제는 학연 지연 등 끊을 수 없는 '강한 연결' 보다는 오히려 언제든지 끊을 수 있는 '약한 연결' 이 중요해지고 있다. '약한 연결' 을 통해서 이루어지는 홍보나 마케팅 측면에서도 부각되고 있다. 또한 사적 접촉을 통해 일자리를 구할 확률이 점점 높아지고 있다. 따라서 '약한 연결' 이 일자리를 얻는 데 중요한 구실을 하고 있는 것이다.

자신의 필요에 따라 관계가 형성되는 인맥이 중요해지는 것은 시대의 흐름과 맞물려 있다. 고용주의 경우에도 평판 조회를 받고 구인을 했을 경우에는 추천하는 사람이 이미 어느 정도 검증을 거쳤기에 위험 부담을 줄일 수 있다. 그래서 요즘에는 사람을 평가할 때, 능력은 60%, 평판은 40%라고 한다. 그 사람에 대한 평판이 그 사람의 운신의 폭을 결정하는 경우가 많다.

30대 중반인 L씨의 경우를 예를 들어보겠다. 들리는 소문에 의하면 L씨에 대한 소문이 오로지 일밖에 모르는 워크홀릭(workaholic)으로 부하직원에게 별로 좋지 않은 말들이 간간히 들려왔다. 처음에는 매너도 좋고 일에 추진력도 있는 그를 음해하는 것이라고 생각했으나, 자신도 돌이킬 수 없을 정도로 계속되는 입소문으로 이쪽 업계에서 블랙리스트로 낙인 찍히게 되었다고 한다.

자신이 만일 블랙리스트에 낀 것은 아닐까? 되짚어보아야 한다. 어제의 적이 오늘의 동지가 되고, 오늘의 동지가 내일의 적이 되는 현실 속에서 자신의 적을 만들 필요는 없다. 절대로 남에 대한 평가나 이야기를 다른 사람에게 옮기는 것은 자신의 평판에 대해서도 좋지 않다는 사실을 기억하자.

22 전 직장에 대한 험담을 하지 마라

"남에게 듣기 싫은 성난 말을 하지 말라. 남도 그렇게 너에게 대답할 것이다. 악이 가면 화가 돌아오니 욕설이 가고 주먹이 오간다"

• 공자

전 직장 상사에 대한 험담을 하는 것은 사표를 내는 것보다 더 위험하다. 사표는 한번 처리되면 끝이지만 험담은 반드시 세 명을 다치게 한다. 험담을 하고 있는 당신과 그것을 듣고 있는 상대방, 그리고 험담을 당하는 대상 등을 상하게 하는 결과로 나타난다. 인터뷰할 때 전 직장 동료나 상사, 회사에 대해 험담하는 것은 절대로 금물이다.

심리학적으로 험담은 남을 헐뜯는 행위를 통해서 자기 방어 내지는 피해의식, 자기 과시 등을 만족시키는 욕구에서 출발한다. 그래서 남의 흉을 보면서 스스로 만족해 하는 사람을 종종 보게 된다. 험담이 자존심을 대리 만족시키는 좋은 수단이 되기 때문이다. 험담이란 남의 약점과 결함을 부각시킴으로써, 상대적으로 불쾌감을 주기 때문에 절대로 해서는 안 된다.

대부분의 사람들이 회사를 그만두면서 별로 좋지 않는 기억을 갖고 있기 마련이다. 게다가 회사의 내부 상황까지 훤히 알고 있다 보니 전에 다녔던 회사에 대한 험담을 하기 쉽다. 만일 인사담당자가 전 직장을 그만둔 일에 대해서 묻는다면, 자신을 정당화하기 위해 회사에 대해 나쁜 말을 할 가능성이 높다.

하지만 전에 다녔던 회사에 대해 험담을 하는 자체가 결국 누워서 자신의 얼굴에 침 뱉기라는 사실이다. 그런 직장에 자신이 한때나마 몸을 담고 있었다는 사실은 어떻게 보면 자신의 선택이 잘못되었다는 것을 시인하는 꼴이 되는 것이다. 남들이 회사에 대해 나쁜 말을 하더라도 맞장구를 치지 않는 것이 좋다. 험담을 듣더라도 한 귀로 흘리는 편이 현명한 방법이다. 험담이 들려오면 자리를 피해 버리는 것이 좋다. 어쩔 수 없이 듣고 있게 된 상황이더라도 하고 싶은 말을 꾹 참아야 한다. 대부분 같은 업종이나 분야가 같기 때문에 당신이 말하는 것을 어디서 듣고 그 회사의 사장이나 다른 직원에게 전달할지도 모른다. 그럴 경우 결코 좋은 결과로 돌아오지 않을 것이다.

전 직장과의 관계는 깨끗하게 끝내야 한다. 그렇다고 밀린 월급을 받지 말라는 뜻은 아니라 어떤 식으로든지 신의를 잃지 않도록 노력해야 한다는 것이다. 만일 당신이 밀린 월급을 쉽게 포기한다면 열심히 노력해서 결실을 얻으려는 다른 직원들 역시 받지 못할 가능성은 짙게 되어 다른 직원들에게 원망을 받을 수 있다는 점에 유의하자. 또한 다른 사람의 신체적인 약점이나 성격, 가족들에 관한 험담은 절대로 입밖에 꺼내지 않는 것이 좋다. 험담을 즐겨 한다면 당신 주위에는 점점 사람들이 사라지는 것을 느낄 것이다.

특히 직장 내 핵심인물과 좋은 인간관계를 쌓아야 한다. 회사에서 중추적인 역할을 맡고 있는 상사나 동료와 가까이 지내는 것은 업무는 물론, 향후 전직을 하려고 할 때 평판조회(Reference Check)에서도 유리한 위치를 잡을 수 있다. 외국계 기업은 물론 최근에는 일반 기업에서도 인재를 추천할 때 평판조회가 점점 중요해지고 있다. 평판이 나쁜 사람에 대해 채용을 기피하는 것은 당연하다.

경력자인 경우 채용 확정 전에 전 직장 상사나 동료 등 후보자의 주변인물로부터 본인에 대한 인물평을 들어본 후에 결정하므로 업계 평판이나 주변 인물평이 나쁜 사람은 최종단계에 가서 탈락되는 경우가 종종 있다. 업계의 신용관리를 철저히 하는 것이 무엇보다 중요하다. 또한 전직할 때도 전 직장과의 관계를 좋게 유지하고 떠나는 것이 미덕이다.

13 핵_심_포_인_트

직장 동료들과 관계를 개선하는 5가지 방법

1. 금전 관계를 깨끗하게 하라

금전 관계를 깨끗하게 주고 받아야 한다. 제일 치사한 것이 돈관계이다. 특히 직장동료 간에 금전 관계는 될 수 있으면 피하라.

2. 전임자나 후임자에게 악담을 하지 마라

전임자나 후임자가 잘못되기를 바라지 마라. 당신은 그들의 입장에서 일을 해보지 않았다. 발 없는 말이 천리를 간다고 당신이 내뱉은 말이 당신의 귓속으로 오는데 얼마 안 걸린다.

3. 상사나 아랫사람의 험담을 하지 마라

상사가 보이지 않는다고 친구 부르듯 하지 마라. 아랫사람이라고 함부로 깔아뭉개지 마라. 사람이 보이지 않을 때에 험담을 하는 것은 결국 자신에게 침뱉는 꼴이라는 것을 기억하라.

4. 자신의 성과에 대해서 너무 자랑을 하지 마라

아무리 좋은 말도 계속 들으면 짜증난다. 특히 나 잘났다고 하는데 좋아할 사람이 누가 있겠는가. 자신이 성과가 좋더라도 동료들에게 너무 티를 내지 마라.

5. 보살핌에 대한 감사의 말을 잊지 마라

상사가 칭찬을 하거나 조언을 하면 지도에 대한 감사의 말을 해야 한다. 그렇다고 꾸지람이나 지적을 하고 있는데 거기에다 감사의 말을 하지 마라. 오히려 비웃는다고 욕을 먹을 수도 있다.

23 효과적인 이직을 어떻게 할 것인가?

"우리 삶에서 스트레스를 없애는 열쇠는 다름 아닌 스트레스를 만들어 내는 것이 바로 우리 자신이라는 것을 이해하는 데 있다. 우리 자신의 감정에 대한 우리들의 이해는 스트레스를 얼마든지 물리치고도 남을 만한 강력한 무기이다. 스트레스는 힘이 약하기 때문에 우리의 작은 깨달음만으로도 능히 물리칠 수 있는 것이다"

• 리처드 칼슨

많은 사람들이 이직하기를 원한다. 이직하기를 원하는 이유를 물어보면, 대부분 스트레스 때문이라도 서슴지 않고 말한다.

첫 직장을 퇴사한 사람들을 대상으로 한 퇴사이유에 대한 최근 설문조사에서 알 수 있듯이 '보수 · 복리 · 근로시간 등 근로여건 불만족' 이 41.59%나 차이하고 있다. 그 밖에 이유는 '부도나 감원, 임금체불 등 회사 경영난' (16.63%) '계약만료(계약직)' (14.31%) '회사 분위기, 회사사람들과 안맞아서' (11.61%) '업무가 안맞아서' (9.48%) '개인사유' (6.38%) 순으로 조사되었다.

여기서 알 수 있듯이 근로여건이나 경영난으로 이직하는 분이 많다. 막상 재취업을 하거나 전 · 이직을 하려는 순간에는 이직 사유에 대한 답변이 당락을 결정할 만큼 매우 중요하다. 그래서 면접에서 자주 물어보는 것 중에 하나가 바로 이직 사유이다.

생각보다 이직사유에 대한 답변이 까다롭다. 그렇다고 막상 많은 분들이 대답하는 유형 중에 하나인, 회사의 재정악화로 인한 임금체불로 인해 퇴사했다고 하더라도 좋게 보는 회사가 없다고 하니 이러지도 저러지도 못하는 경우가 많다. 특히 한 직장에서 1년 미만 근무하고 이러저리 옮기는 사람들을 흔히 지칭하는 '메뚜기족' 으로 낙인찍히지 않으려면 자주 이직하는 것은 바람직하지 않다.

자신의 이직사유에 대해 어떻게 이야기하냐에 따라 평가가 달라진다는 점에서 신중을 기할 수 밖에 없다. 사실 이직 사유를 어떻게 적느냐에 따라 큰 차이가 있기 때문이다. 우리말은 특히 '어' 와 '아' 가 다른 것처럼 똑같은 사실도 뉘앙스적인 차이에 의해서 다르게 느낄 수 있다.

우선 이직사유는 솔직하게 말하되 부연설명을 명확하게 해야 한다. 많은 분들이 회사에 대한 비전 문제 때문에 이직하는 것이 보통이기 때문에 자신이 퇴사한 것은 본의 아니게 퇴사하게 되었다는 점을 설득력 있게 이야기해야 한다. 자신은 전직장에서도 잘 다니고 싶지만 직장 여건상 그런 기회가 없었음을 면접관들이 이해할 수 있게 설명하는 것이 중요하다. 그렇지 않을 경우 면접관들이 자주 쓰는 방법으로 이직 사유에 대해서 꼬치꼬치 캐물 가능성이 많다.

"그렇게 돌려 말하지 말고, 도대체 그만둔 이유가 뭐냐?"

"다들 먼저 직장을 알아보고 그만두는게 보통인데 왜 무작정 그만두었느냐?"

이렇게 물어보면 당황하기 마련이다. 계속되는 질문공세에 많은 사람들이 전직장에 대한 불만을 토로할 가능성이 많다. 물론 전 직장에 대한 불만은 절대로 하지 말아야 한다. 스트레스 면접에 흔들리지 말고, 아무리 몰아세우더라도 초지일관 흔들림 없이 이직 사유를 말하는 연습을 하는 편이 좋다.

면접관들이 주목하고 있는 것은 전직장에서 어떻게 생활을 했고 자신의 미래에 대한 비전과 역량을 어느 정도 갖고 있으며, 회사에서 어떤 평가를 받았느냐라는 것이다.

14 핵_심_포_인_트

이직을 고려할 때 유의사항 5가지

1. 직장에 더 이상 흥미를 느끼지 못할 때에는 떠나라!

직장생활을 통해 흥미가 없다며 오래 버티기 힘들다. 정말 흥미를 갖는 일을 하는 것이 남을 위해서도 현명한 일이다.

2. 이직을 하려는 맘을 굳혔을 때에는 준비하라!

절대로 기분에 사표를 쓰지 마라. 회사에 다니면서 이직 준비하라. 진정 원하지 않는 일자리라면 또 옮겨야 함을 잊지 마라.

3. 경력이 되지 않으면 이직은 꿈꾸지도 마라!

이직이라는 것도 경력자에게만 해당한다. 이직을 꿈꾸는 분야에 최소한 3년 이상 기본으로 경력을 쌓아두어야만 유리하다.

4. 확실하게 채용되기 전까지는 보안 유지를 하라!

이직 타이밍은 신속하게 하면서도 채용되기 전까지는 절대로 비밀로 하라. 혹시라도 이직에 실패할 지도 모르니, 확실하게 채용되기 전까지 알릴 필요는 없다.

5. 업무 인계인수는 철저하게 하라.

새로운 직장에 채용되었더라도 출근시기를 조절하여 전직장 동료에게 피해가 없도록 하라. 언젠가는 또 만날 날이 있으므로.

24 자신에 맞는 에피소드를 선택하라

"자기 몸에 맞지 않는 욕망에 매달리는 것은, 치수가 안 맞는 남의 의복을 빌려 입고 싶어하는 것과 다름없다"

• 엔게르 팔트

누구나 자신에 대해서 쓴다는 행위에 대해 두려움을 갖고 있다. 자신이 혹시 낱낱이 발가벗는다는 생각에 자기소개서를 쓰기를 두려워하는 사람을 종종 만날 수 있다. 이런 두려움이 오히려 자신을 거창하게 치장해서 보이려는 마음으로 발전한다. 하지만 아무리 거창한 말로 위장을 하려고 해도 진실은 밝혀지기 마련이다.

자신이 발가벗는다는 생각보다는 오히려 자신에 대해 홍보한다는 생각으로 접근해야 한다. 자신에 맞는 에피소드가 무엇인지 곰곰히 생각해보아야 한다. 긁어 부스럼이 되지 않도록 자신에 대한 깊은 천착이 필요하다. 여기서 가장 중요한 것은 바로 '내가 누군지 모르면 자기소개서를 잘 쓸 수 없다' 는 사실이다.

예를 들면 첫직장의 어려움을 통해서 직무 능력을 배웠다든가, 또는 직장 상사나 동료와의 관계 속의 갈등을 통해서 자신의 역할을 알게 되었다든가 등 자신에 맞는 에피소드를 선택해야 한다. 필자가 권하고 싶은 방법은 자신이 잘 알아서 자신감이 넘치는 그런 에피소드를 선택하라는 것이다. 왜냐하면 자신만이 가장 확실하게 경험해서 아는 에피소드를 선택하였을 때 자신 있게 쓸 수 있기 때문이다.

저는 업무경험을 습득하고자 대학에 진학해서도 학기 중엔 패스푸드점, 커피전문점 등 뿐만 아니라 견적 사무소, 경리사무보조 등에서도 아르바이트를 하였습니다. 업무에 신속한 적응을 하기 위해 엑셀(Excel), 워드(MS-Word), 파워포인트(Powerpoint) 등의 기술을 익혔습니다. 저의 노력이 긴요한 경험이 되어 귀사에 도움이 될 수 있었으면 하는 바람입니다. 짧은 시간이었지만 아르바이트를 하면서 사람들과 관계를 맺으며 업무를 익혔던 시간이 제게는 소중한 기억으로 남았고 업무가 제 적성에 맞는다고 생각이 들었습니다.

예) 간단한 아르바이트의 경우

저에게 새로운 변화의 모티브가 되었던 것은 미국 유학시절로 거슬러 올라갑니다. 한국에서는 수학 공부를 해왔지만 뉴욕 대학 시절 컴퓨터 비즈니스를 공부하면서 제 관심은 시스템 분석 및 디자인 분야에 관심을 갖게 해주었으며 배운 것을 써먹는다는 마음으로 뉴욕에서 IT업체에 1년 가까이 아르바이트를 했습니다. 진심으로 원하는 일을 하고 싶다는 생각으로 컴퓨터 유학길에 올랐습니다.

예) 특정한 아르바이트의 경우

남들과 비슷한 에피소드로 쓰여진 글을 보면 누구나 식상하기 마련이다. 마치 자신의 입맛에 맞는 음식을 찾듯이 자신에 맞는 것을 찾기 마련이다. 단순하게 아르바이트를 했다는 나열이 아니라, 1)은 간단한 아르바이트를 소중한 기억으로 갖고 있으며, 2)는 유학 중 컴퓨터 관련 아르바이트를 내세우고 있는 점이 돋보인다. 이와 같이 자신만의 에피소드를 선택하는 게 중요하다.

자기소개서에 가장 중요한 것은 자신을 알리는 것이다. 자신이 주도권을 잡아야 한다. 그렇기 때문에 자신의 뜻을 펼치기 위해서 자신이 소화할 수 있는 내용이어야 한다. 면접에서도 자신에게 맞는 에피소드로 이야기를 해야 설득력이 있어 높은 점수를 받을 수 있다. 자기능력에 맞는 에피소드를 선택하여 틀에 박힌 생각보다는 자신의 생각을 솔직하고 담백하게 쓴 구직자가 마지막에 선택된다는 점을 상기시키자.

25 당신의 성공스토리를 만들라

"당신이 행복해지기 위해서는 다른 사람들이 당신의 의견을 이해하는 것이 아니라 당신이 다른 사람의 의견을 이해하는 것이다. 이 두 관계는 근본적으로 일방적이 것이 아니라 쌍방적인 것이기 때문에 당신이 손해 볼 염려는 전혀 없다"

• 리처드 칼슨

사람들은 모두 자신의 이야기를 하려 한다. 상대편으로부터 자신이 이해 받기를 원하며, 일반적인 것이 아니라 쌍방적인 교류를 원한다. 인터뷰에서 면접관에게 이야기하는 경우를 살펴보면, 핵심이 없이 자신을 그냥 털어놓는 나열식으로 이야기하는 경우를 종종 본다.

성공하는 사람들의 이야기를 자세히 들어보면 대체로 우리 주변에 있는 사람과는 거리가 먼 사람인 경우가 많다. 그리고 쉽게 성공했다는 대박 뉴스가 큼직하게 실린다. 그러나 성공이란 절대로 한 순간에 이루어지지 않는다. 자신에 맞는 스토리텔링(storytelling)을 갖기 위해서는 짧은 시간 내에는 불가능하다. 자신이 살아온 과정을 오랫동안 생각한 연유에야 어떤 맥을 찾아서 스토리텔링을 할 수 있기 때문이다. 다시 말하면 점진적으로 자신이 가려는 방향을 찾았을 때 비로소 스토리텔링을 시작할 수 있다는 것이다.

하지만 모든 사람들이 자신의 스토리를 꾸준히 쓰지 않는다. 자신이 아무리 열심히 일을 하더라도 결국 상대편에게 내놓을 자신의 스토리가 없다면 결국 소용없는 일 아닌가.

상대방에게 이야기하기 전에 어떤 이야기를 할 것인지 적어보고 연습하라. 심지어 자신의 이야기를 하면서도 주저리주저리 횡설수설하는 사람을 만난다는 것은 어려운 일이 아니다. 스토리텔링을 잘 하기 위해서는 자신이 전달하는 바가 무엇인가를 먼저 생각해야 한다.

왜냐하면 전달하는 것에 따라 이야기하는 방식이 좌우되기 때문이다. 이야기에서 빼놓을 수 없는 것은 사건이다. 우선 자신에게 의미 있는 사건을 떠올려 보는 것이 매우 중요하다.

자신의 인생에 큰 영향을 미친 가장 기억에 남는 사건, 경험 등이 자신의 가치관과 목표를 형성하는데 어떻게 영향을 미쳤는가에 대하여 기술하시오.

가장 기억에 남는 사건은 외할머니 장례식에 참석하지 못한 것이다. 그렇게 아껴 주었던 외할머니는 어쩌면 내 인생의 진로에서 가장 중요한 분이었다. 그 분을 잃었던 날 나는 방구석에 처박혀 있었다. 그날 장례식에 참석하여 고이 보내드렸어야 했는데….

또한 나에게 있어 가장 기억에 남는 경험은 시인 선생님을 만난 것이다. 중학교 때 어느 나른한 오후 선생님께서는 당신의 시를 한 줄 읽어주시면서 우리들에게 말했었다.

결코 세상의 노예가 되지 말라고…

나는 거칠 것 없이 내달리는 열차처럼 앞만 보고 달려왔다. 그 선생님들을 만나지 않았더라면 문화적 가치관을 잃어버린 현대문명에 예속된 비극적인 삶을 아직도 살고 있을 것이다.

어떤 사건이든 이야기의 중심에 위치한다. 하지만 그 사건이 어떤 식으로 전개하느냐 따라 스토리텔링이 생명력을 갖느냐 아니면 갖지 못하느냐를 판별할 수 있다. 자신을 소개하는 방식이라도 순차적으로 사건을 나열하는 연대기적 방식이 있는가 하면 인과관계가 중심이 되는 극적인 구성(plot)을 가질 수도 있다.

성공하는 사람에게는 반드시 성공스토리가 있다. 성공하려는 사람은 자신의 스토리를 어떻게 가꾸어 나갈 것인지 고민해야 한다. 스토리텔링은 머리보다는 감성에 호소하는 기법이다. 따라서 자신의 커리어관리를 위해서도 자신에 얽힌 이야기를 다른 사람에게 호소력 있게 팔아야 한다.

자신의 커리어를 그 때 그 때 쓰임새에 따라 다르게 접근 할 수 있도록 자신에 관해서는 전문적인 스토리텔러가 되어야 한다. 이제 펜을 들어서 당신의 미래에 대한 성공스토리를 쓰라. 어느새 상대편의 마음을 사로잡을 수 있을 것이다.

제2단계

커리어맵 키포인트

Career map Keypoint

"전체적인 윤곽을 잡고 커리어맵을 그려라!"

제 1단계에서 자신의 위치를 선점했다면, 제 2단계에서는 전체적 윤곽을 잡는 과정이다. 제 2단계는 이 책에서 핵심을 차지하는 부분이다. 목적지에 도착하기 위해서는 목적지까지 가는 로드맵(Road map)을 그리는 것이 중요하다. 예를 들면, 지하철 노선도를 생각하면 쉽다. 자신이 강남역에서 김포공항역까지 가기 위해서 어떻게 가는 것이 가장 효과적인가를 그려보는 것이다. 2호선 강남역에서 5호선 김포공항역을 가기 위해 2호선과 5호선의 환승역인 영등포구청역에서 갈아타는 것이 가장 효과적인 방법이다.

자신이 가고자 하는 곳까지 어떻게 추진해야 하는지를 큰 그림으로 그린 것이 커리어맵이다. 커리어맵을 그려보면 자신이 막연하게 생각했던 자신의 경력이 이제까지 어떻게 왔으면 어디로 가야 하는지 좀더 명확해질 수 있다. 커리어맵을 통해서 자신이 어디에 위치하고 있는가를 파악하는 것은 경쟁적인 사회 속에서 좋은 포지션을 차지하기 위해서는 매우 중요한 문제가 된다. 잘못된 선택을 하지 않기 위해서 뚜렷한 목표를 설정해야 하고 그 목표까지 도달하기 위해 커리어맵을 그려보고 난 다음에 출발하는 것이 좋다. 커리어맵은 목표지점까지 헤매지 않고 도착할 수 있도록 도와주는 길잡이가 될 것이다.

정상에 오른 사람들을 이야기를 들어보자. 성공한 사람들은 성공을 이루기 위해 한번에 성취하고 하지 않고 한단계 한단계 계획을 세우고 끊임없이 노력한다. 그들의 커리어패스를 자세히 들여다보면, 성공적인 특징이 있다는 것이다. 자신에게 맞는 선배들의 성공 과정을 살펴보는 것은 시간적 손해와 실패를 덜 할 수 있다.
성공적으로 자신의 직업을 발견해 유지하면서 행복한 인생을 살고자 한다면 자신에게 맞는 적절한 커리어패스를 만들어 가는 것이 필요하다. 이전에도 진로를 머릿속에서 막연히 그리며 직장생활을 했지만 현대는 좀더 명확하고 구체적인 계획이 요구되고 있다. 이러한 커리어패스는 실제적으로 여러 케이스를 통해서 성공하는 길을 알아본다. 이제 성공한 사람들의 커리어패스를 따라 가보자.

Part 3

성공한 사람들의 커리어패스를 따라 하라!

Career Path

26 자신의 성공곡선을 그려라

"어느 분야에 성공한 사람들은 모두 한결같이 쉬지 않고 부지런히 자신이 뜻하는 바를 향하여 걸었던 사람들이다. 크게 성공한 사람일수록 그 뒤에는 그만큼 큰 노력이 숨어 있다. 결국 사람은 자신이 노력한 만큼, 부지런한 만큼 거두어들인다는 공통점이 있다. 실패를 걱정하지 말고, 먼저 부지런히 목표를 향하여 노력하라. 노력한 만큼 반드시 보상을 받을 것이다"

• **노만 V. 필**

많은 분들이 꿈을 크게 가져야 한다고 말한다. 자신이 갖고 있는 꿈이 작은 사람은 실제로 작은 일에 종사하는 경우가 많고 꿈이 큰 사람은 생각 자체가 달라서 세계로 달려갈 재목이 된다고 한다.

실제로 처음부터 위대한 사람으로 태어난 사람은 없을 것이다. 지금은 보잘것없고 초라해 보일지라도 원대한 비전을 갖고 매진한다면 결코 헛된 일이 되지 않을 것이라는 희망을 가져야 한다. 내 시작은 미약했을지라도 내 나중은 심히 창대하리라란 성경의 한 구절을 되새길 필요가 있다. 자신의 인생에 있어서 큰 밑그림을 그리자. 예를 들어서 현재 구멍가게를 하고 있더라도 그것에 만족하지 말고, 세계적인 굴지의 월마트 CEO를 꿈꾸며 살자. 월마트 창립자 샘 월튼은 고객을 보스라고 말한다. "보스는 단 한 사람, 고객뿐이다. 고객은 회장에서부터 하부의 구성원들까지 모두 해고할 수 있는 능력이 있다. 고객이 다른 곳에 돈을 쓰면 결국 우리는 일자리를 모두 잃을 수밖에 없다"

세계 최대 기업 월마트 본사는 한푼이라도 아끼기 위해 미국 아칸소주에 있는 벤턴빌 소도시 창고를 개조해서 쓰고 있다. 진정으로 고객 중심으로 생각할 때, 자신이 하는 일 자체가 하찮아 보이지 않고, 즐거워 진다고 한다. 한가지 일을 하더라도 자신이 생각나는 대로 느낌이나 생각을 하나하나 써내려 가는 것이다. 글을 쓰지 않더라도 마음 속에 지도를 그리듯 마인드맵(Mind-map)을 그리는 것이 매우 중요하다. 물론 상황에 따라 달라질 수 있지만, 이런 마인드맵을 통해서 창조적인 사고를 할 수 있다. 자신이 5년 후, 10년 후에는 어떤 사람이 되어 있을까 되새겨 볼 필요가 있다.

개인은 기업과 마찬가지로 자기계발을 통해서 취업기, 적응기, 성장기, 성숙기, 쇠퇴기로 나타나는 일정한 성장곡선을 그리게 되며, 이 모습이 S자와 유사하여 이른바 'S곡선' 이라 부른다. 이러한 S자의 모습은 개인 전체의 성장모습을 보여준다.

성공곡선은 일반적으로 성장곡선과 처음은 같으나 마지막에서 상승폭이 매우 큰 곡선이다. 성공곡선은 정비례로 상승하지 않는다. 성공이 정비례로 상승했다면 성공하지 않는 사람은 없을 것이다. 성공곡선은 어느 순간 급상승하는 곡선이다. 마치 우리가 시험성적이 아무리 해도 올라가지 않는 것 같아도 어느 순간 성적이 급상승하는 경험을 했을 것이다. 한꺼번에 바뀌는 극적인 순간, 점진적인 상태가 갑자기 튀어 오르는 지점을 티핑포인트(Tipping Point)라고 한다.

작은 눈덩이가 움직이기 시작할 때는 아무 일도 일어나지 않지만 결정적인 순간이 되면 눈사태가 일어나듯, 하나의 작은 흐름이 어느 순간 기존의 균형을 깨뜨리면서 걷잡을 수 없는 전염성을 유발해냄으로써 새로운 대세를 이루어내는 지점이 티핑포인트이다. 인터넷 커뮤니티 싸이월드의 티핑포인트는 보면 매우 시사하는 바가 크다. 프리챌과 싸이월드의 경우에 보면 마치 우리 인생의 축소판을 보고 있는 것 같다. 특히 싸이월드의 방문수 증가와 매출의 곡선은 일반적으로 알려진 성공곡선과 같다.

〈싸이월드와 프리챌 하루 평균 방문자 비교〉

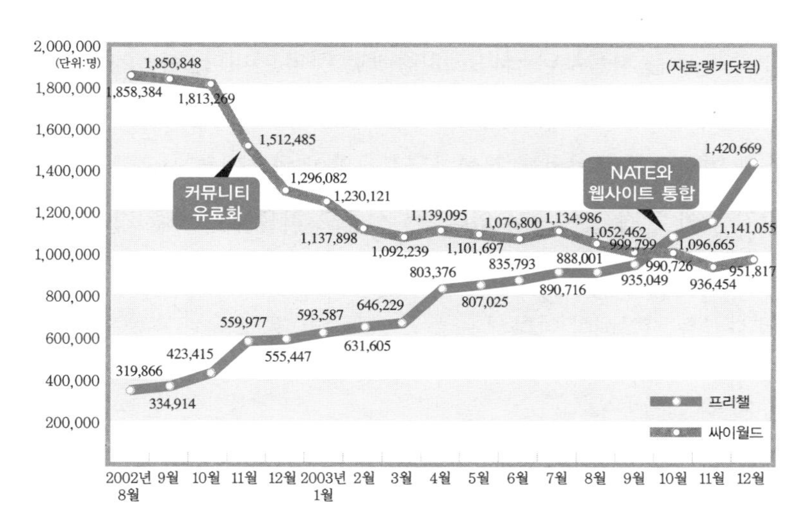

싸이월드는 거대한 프리챌과는 시작부터 달랐다. 조그마한 싸이월드는 차츰차츰 미니홈피 서비스를 개선하면서 네이트와의 M&A

에 성공했고, 프리챌은 커뮤니티 유료화로 사용자들을 많이 잃었다. 현재 시점에는 싸이월드 입장이 예전 프리챌 입장으로 뒤바뀠다. 싸이월드는 외국에서 벤치마킹할 정도로 성공사례로 언론에도 자주 이름이 오르내리며 급속도로 회원이 늘고 있다. 성공의 상승곡선은 기하급수적으로 확산된다. 현재의 자그마한 변화에서 출발하여 나중에는 상승곡선을 만날 때는 급속도로 올라가는 것을 알 수 있다.

개인의 성공도 티핑포인트가 중요하다. 예를 들어, 20세에 직장인의 연봉이 1,500만원이라고 할 때, 40세에 연봉 1억 원이 되었다면, 그의 연봉이 처음부터 직선그래프처럼 수직 상승하는 정비례로 증가하지 않는다. 처음에는 미미할 정도로 급여인상이 되지 않지만, 어느 순간에 폭발적으로 증가한다. 큰 성공을 이루거나 사회전반에 영향을 주는 것은 처음부터 급속도로 증가한 것이 아니다. 처음에는 아주 작게 시작했던 것들이 시간이 지나면서 차츰차츰 늘어나다가 어느 순간 엄청나게 증가하는 것이다. 큰 결과의 처음에는 성공곡선의 초기처럼 아주 작은 일들이 있다. 큰 성공도 처음에는 아주 작은 성공에서 출발해 어느 순간 폭발적으로 성장하여 큰 성공을 이루게 된다는 사실을 기억해야 한다.

성공적인 커리어를 어떻게 만들어 갈 것인가?

그러면 성공적인 커리어를 어떻게 만들어 갈 것인가. 예를 들어서 4년제 대학 정보처리학과 졸업한 A씨는 처음 좋은 조건에 스카웃 제의를 받고 IT업체에 프로그래머로 취업이 되었고, 2년제 대학 정보

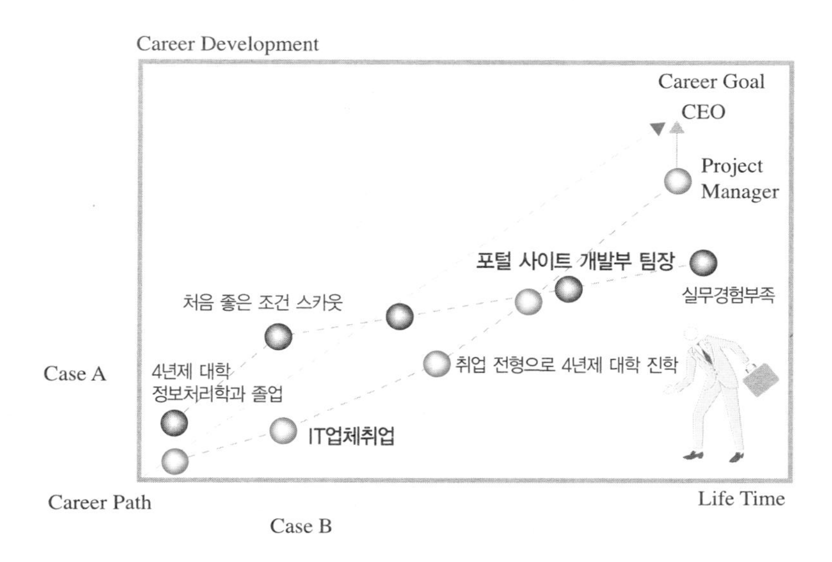

처리학과를 졸업한 B씨는 같은 시기에 A씨보다는 네임밸류가 떨어지고 연봉도 적은 업체에 마찬가지로 프로그래머로 입사하게 되었다. A씨 경우는 처음부터 회사업무 이외 자기계발에는 소홀했는데 비해 B씨는 취업 전형으로 4년제 대학 편입할 정도로 열의를 보여주었다. A씨는 2년 후 실무경험부족으로 더디게 진급이 되는데 비해, B씨는 경력을 인정 받아 포털사이트 개발부 팀장으로 진급했고 5년만에 프로젝트 매니저를 거쳐 CEO까지 오르게 된다.

이제 자신의 성공곡선을 그려라. 지금 성적이 오르지 않는다고 조급할 필요는 없다. 꾸준히 공부했던 기억을 떠올려봐라. 어느 순간 성적이 급상승하는 경험을 기억해봐라. 성공곡선도 마찬가지이다. 지금 투자하는 것이 힘들고 성과가 당장 나지 않더라도 현재에 충실하면서 기다린다면 당신도 성공의 물줄기를 탈 지도 모른다.

27 당신의 브랜드를 키워라!

"지금 내가 하는 일이 나의 브랜드 구축에 도움이 되는가?' 아니라면 당신이 어떻게 시간을 보내고 있는지 진지하게 생각해봐야 한다"

• 톰 피터스

이내화(이내화 성공전략연구소) 소장은 평범한 직장인에서 성공컨설턴트로 유명인이 된 경우이다. 쌍용에서 18년간 홍보 분야에서 직장생활 했던 경험을 바탕으로 자신의 브랜드를 키우기로 마음먹는다. "저 역시 평범한 직장인이었습니다. 순해빠진 성격에 매사에 자신감도 없어 친구들에게 어깨를 펴고 살라는 말을 곧잘 들었어요. 1995년 우연찮게 성공 교육프로그램에 참여한 것이 계기가 되어 인생의 큰 전환을 하게 되었습니다".

그가 처음 변화를 꿈꾸며 한 일은 전부터 스크랩했던 자료들을 바탕으로 자신이 담당했던 사보(社報)에 컬럼을 실었다. "제가 사보에 글을 쓴 것도 제 브랜드의 가치를 높이기 위한 전략입니다." 처음

'이내화의 성공학' 은 별로 호응이 없었다. 이 소장은 굴하지 않고 계속 컬럼을 쓰다가 IMF 위기를 거치면서 폭발적인 반응으로 이어졌다. 그가 먼저 자신을 알렸던 브랜드가 나중에서 빛을 발휘하는 것이었다. 여러 곳에서 원고 청탁이 들어와 직장을 다니면서 그는 주말이나 자투리 시간을 이용해서 원고를 썼다. 여기저기 글을 쓰다 보니 방송국에서도 출연하게 되었고 본격적으로 성공컨설턴트로 나서게 되었다는 이야기이다. 이내화 소장에게 성공비결을 물어보았다.

 처음 성공학에 관심을 갖게 된 계기는?

저는 사실 대학교 입학시험에 4수를 하였습니다. 누구든지 4수를 하게 되면 부끄러워하기 마련입니다. 이런 탓에 인생에 있어 목표, 또는 야망 같은 것을 생각할 수 없게 됩니다. 겨우 대학에 입학해서도 정상적인 대학생활이란 것은 기대하기란 무리였습니다. 한마디로 대학교 성적은 엉망이었습니다. 이런 식으로 10년을 보낸 뒤 대기업에 입사한 후에도 저에겐 별다른 욕심이 없었습니다.

그러던 중 저에게도 기회가 찾아왔습니다. 신임 과장으로 부임을 하자마자 사내 강사 한 분이 개인적인 사정으로 강의를 하지 못하게 되어 소위 대타로 강의를 하게 되었습니다. 대리를 대상으로 한 '셀프 리더십' 에 대한 강좌였는데 당시 그 강좌는 부장급 사원이나 할 수 있는 테마였고 그것이 신입과장인 저에게 주어진 것입니다. 저는 4시간 강의를 위해 40시간 정도 준비하니 강의 내용을 달달 외워서 필드에 나갈 수 있었습니다. 대타로 출강한 제가 맡았던 그 과목이 최고의 평가를 받게 되면서 저에겐 사내 최고의 강사라는 타이틀을 얻게 되었습니다.

평소 '어떻게 하면 성공적인 삶을 살 수 있을까?' 라는 근원적인 문제를 풀려고 성공을 주제로 한 200권 정도 책을 읽으면서 나름대로 성공에 대한 이론이 서서히 잡히게 되었습니다. 저의 이런 생각을 남에게도 전해야겠다는 마음으로 제가 담당했던 사보에 '이내화의 직장인 성공학' 이라는 타이틀로 글을 싣게 되었습니다. 당시 '성공학 칼럼니스트' 라는 명칭을 사용한 것이 국내 최초가 되었습니다.

IMF의 혹독한 구조조정으로 조직에 대한 소속감이 급속히 무너지고 생존에 대한 관심이 폭발적으로 고조되었던 시기와 맞물리면서 원고 청탁이 들어오기 시작했습니다. 회사 밖의 일이라 저는 주말이나 자투리 시간을 이용해서 원고를 썼습니다. 여기저기 글을 쓰다 보니 방송국에서도 섭외가 들어왔습니다. 이런 일이 벌어지면서 저는 철저하게 이중생활을 해야 했습니다. 회사일과 외부 활동을 병행했지만 본격적인 성공학 강사로서의 로드맵을 그리지는 않았습니다.

제가 본격적으로 '성공학 강사' 라는 로드맵을 그리기 시작한 것은 시(時)테크 전문가이자 경영컨설턴트인 윤은기 씨를 만나면서부터입니다. 우연히 윤씨가 진행하던 프로에 출연했던 저는 그로부터 저의 미래를 발견하게 되었습니다. 즉 윤씨를 제 자신의 벤치마킹 대상으로 삼았던 것입니다. 윤씨를 벤치마킹하면서 '성공학 강사' 라는 스스로의 로드맵을 그렸습니다. 당시 윤은기 소장이 기업 강사로, 방송인으로, 저자로 다양한 활동을 하는 '1인 기업가' 라는 점에 주목했습니다. 윤 씨의 행로를 따라 성공학 관련 서적을 썼고 방송을 적극 활용했습니다.

이렇게 이름이 알려지자 정말 꿈같은 일이 벌어졌습니다. 경희대학교에서 학생들에게 성공이란 주제로 한 학기 강의를 맡아 달라는 이야기였습니다. 당시 취업정보실 이정규 과장이 저에게 황금 같은 기회를 준 것입니다. 이 부탁을 받고 강의 명칭을 만드는데 고민을 하다가 바로 강의 제목을 학구풍 냄새가 나는 '성공학 개론' 으로 한 것이 국내 최초로 대학에 '성공학 개론' 이란 강좌가 개설된 것입니다.

그 뒤로 제 이름 옆에는 공식 타이틀이 바로 '성공학 강사' '성공학 교수' 가 따라 붙게 된 것입니다. 이것이 계기가 되어 성공학이란 한 영역을 개척하게 된 것이고 나름대로 캐치프레이즈 같은 것도 만들게 되었습니다. 그 때 만들어진 '누구나 1등은 할 수 없지만, 누구나 성공은 할 수 있다' 는 말이 바로 제 명함에 쓰여져 있습니다.

유명한 성공학 컨설턴트로 강의 및 방송 출연하고 있는데, 가장 큰 비결은?

성공 컨설턴트로서 강의와 방송활동을 하게 된 큰 비결은 바로 남들이 안하는 것, 즉 'Only 1' 을 해야 한다는 것입니다. 저는 이

걸 '지남철 이론' 이라고 하는데 자신만이 갖고 있는 컨텐츠가 특별하면, 그러니까 자력이 세다면, 다시 말해 브랜드가치가 있다면 세상이 그를 가만이 두질 않는다는 것입니다. 저는 지금도 이 전략을 쓰고 있는데 앞서 이야기한 '누구나 1등은 할 수 없지만, 누구나 성공은 할 수 있다'(Be Only 1, If you can't be No.1) 전략입니다. 다음에는 열정이라는 키워드입니다. 바로 '당신의 열정은 천재의 재능보다 낫다' 전략입니다. 제가 강의를 할 때나 방송을 할 때 사람들로 하여금 느끼게 하는 것이 있다면 그것은 단연코 열정입니다. 이 열정 바이러스 때문에 오늘날 제가 여기에 있는 것 같습니다.

강의를 하고 나면 목 둘레부터 땀으로 범벅이 되는데 대개 수강생들이 이런 제 모습에 감동을 받습니다. 더러는 수건을 건넬 때 큰 보람을 느낍니다. 제가 강의장에서 참가자에게 바로 열정을 보여주는 것입니다. 결국 열정으로 승부를 거는 셈입니다. 이렇게 산업교육 현장에서 열정적으로 강의를 마친 다음 가끔 수강생들이 명함을 받으러 옵니다. 더러는 제 사인을 받아가려고 하거나 저에게 자신을 위해 '성공메시지' 을 써달고 합니다. 이때마다 제가 잘 쓰는 문구가 있는데 그것이 바로 '당신이 하는 일을 즐겨라' 는 말입니다. 여러분들도 성공처방을 원한다면 바로 거침없이 "지금 하고 있는 일을 즐겨라" 대답할 것입니다.

2002년 월드컵 4강 신화의 주인공 히딩크 감독은 파주에 있는 훈련장에서 연습을 시킬 때마다 다음과 같이 외쳤다고 합니다. "당신이 하고 있는 일을 즐겨라! 그러면 그 일을 지배할 것이다"

(Enjoy your game! And you will dominate the game!)라는 말입니다. 히딩크 감독은 우리 대표 선수들이 너무 경직되고 운동을 하고 너무 지쳐가는 모습을 보고 이런 처방을 내렸다고 합니다. 사실 일을 즐기면 열정도 생기고 결국에는 그 일을 사랑도 하는 경지에 도달하는 데 그게 바로 열애의 반열입니다. 저는 자신이 하는 일을 좋아하지 않는 이가 성공하는 것을 본 적이 없습니다. 그러니까 성공하는 이들은 일단 자신이 하는 일을 일로 생각한 게 아니라 즐겼다는 것입니다.

마지막으로 성공의 비결이 하나 있다면 거름론입니다. 베풀면서 살아야 한다는 것입니다. 바로 이 세상에 거름을 잘 주어야 세상이 싹을 내고 저는 그 결실을 얻는다는 생각입니다. 그래서 저는 이걸 '백금률'이라고 하는데 이는 '남들이 원하는데로 해주어라' 입니다. 그러니까 상대가 어떤 부탁을 해오면 바로 상대가 원하는데로 해주라는 것입니다. 이 작업은 일종의 자연 법칙 같습니다. 'Give & Take' 라는 말이 있습니다. 이 말도 자세히 보면 바로 먼저 주고, 나중에 받아라는 뜻입니다. 이처럼 세상은 내가 먼저 베풀지 않으면 남이 도와주질 않는다는 것입니다.

무슨 일이든지 먼저 베풀면 나중에 그것은 '베품' 이라는 거름을 먹고 자라나서 큰 보상으로 온다는 것입니다. 물론 말처럼 쉬운 일이 아닙니다. 이런 작업이 계속되면 열정과 감성이 상대에게 전해지고 이것으로 인해 한 분야에서 나름대로 브랜드를 구축할 수 있다는 생각입니다.

성공을 꿈꾸는 사람들에게 해줄 말이 있다면?

이런 질문을 받으면 저는 뚝 잘라버립니다. '적자성공' 입니다. 저는 기업 연수원에 엽기적인 강사로 다소 소문이 나있습니다. 여기엔 여러 이유가 있지만 강의방식에서 비롯한 것 같습니다. 강의를 하는 데 저는 교보재를 많이 갖고 다닙니다. 가령 화이트보드, 분필, 풍선, A4용지, 끈 등등 종류도 다양합니다. 그 중 가장 골 때리는 건 바로 '화이트보드' 입니다. 이 보드로 강의를 하는 곳이 딱히 정해져 있는 건 아니지만 대개 마케팅을 하는 사람들을 대상으로 강의를 할 땐 어김없이 제가 이걸 갖고 강의장에 나타납니다. 이걸 본 수강생들은 "그것이 무엇이 쓰는 물건인고?" 하고 궁금해 합니다. 그렇다면 왜 하필이면 '화이트보드' 를 들고 강의장에 나타나는 것일까요? 이걸 작은 '혁명 도구' 라고 칭합니다. 이걸로 저 역시 삶에 있어 작은 혁명을 연출했기 때문입니다.

물론 여기엔 나름대로의 사연이 있습니다. 오늘날 제가 이렇게 '성공학 교수' 로 세상에 이름 석자를 조심스럽게 드러낸 건 한 8년 전 일이 씨앗이 된 것입니다. 직장인으로서 뭔가 돌파구 같은 걸 찾기 위해 고심하던 차에 우연히 성공 관련 프로그램에 참가하게 되는데 이 강의가 변화의 불씨를 제공하게 됩니다. 당시로선 고급과외를 받는 것 같은 고액의 교육이었는데 이 수업 기간 중 아주 재미있고, 의미 있는 계기가 되었습니다.

강의를 진행하던 한 강사가 참석자에게 작은 시트를 나눠 주었습니다. 그런 다음 그 강사는 참석자들에게 올해 안에 '가장 하고 싶은 것을 생각하라' 고 주문을 한 다음 5분 동안의 시간을 주었습니다. 저 역시 곰곰이 생각해냈습니다. 이 다음에 그 강사는 그것을 성공 시트에 적어보라고 했습니다. 강사가 지시하는 대로 저는 적었습니다. 그 종이 위엔 이런 글이 쓰여져 있었습니다. '성공학 책 출간' 사실 얼떨결에 하라고 하니라 반강제성을 띤 내용이나 다름없었습니다. 다음엔 강사는 그것을 달성하기 위한 플랜을 짜라고 말했습니다. "자료를 모은다 ➡ 출판사를 알아 본다 ➡ 매일 원고를 3개씩 쓴다"는 식으로 액션 플랜을 짜냈습니다. 그런데 그 강사는 참석자들로부터 그것을 회수한 다음 강의가 끝날 무렵 작은 액자에 넣어 다시 되돌려 주면서 이런 말을 했습니다. "자 이건 여러분들의 비전을 담은 액자입니다. 이 액자를 하루 중 가장 오래 있는 장소 놓고 이걸 행동으로 옮겨보세요".

당시 제 액자엔 이런 게 담겨져 있었습니다. '성공학 관련 책을 출간한다' '날짜 1996년 12월18일' 강사 지시대로 책상에 놓고 하루하루 보냈습니다. 그런데 저는 그렇게 무심코 적어 놓은 게 현실로 이루어 졌습니다. 기적은 제 스스로 만들어가는 것입니다. 단지 제가 그것을 매일 보면서 성공심리를 구축해가면서 그것을 성취하려고 했던 것입니다. 이런 자세가 행동으로 옮겨갔던 것입니다. 이런 작업을 성공학에서는 시각화(Visualization)라고 합니다. 시각화란 자신이 달성하고 싶은 것을 미리 보고 이곳으로 매진해가는 일종의 '성공 최면화 작업' 입니다. 무슨 성공을 하는데 최면까지 걸어가며 해야 하는가 생각할지 모릅니다.

그러나 성공은 우연히 아니라 과학입니다. 우연히 만들어지는

게 아니라 철저하게 준비하고 계획하고 단계적인 실천을 통해 서서히 이뤄지는 것을 잊어서는 안 됩니다. 이중 가장 먼저 해야 할 것은 바로 생각을 해야 한다는 것입니다. 생각 없이 행동이 일어나지 않기 때문입니다. 이런 기적 같은 경험을 바탕으로 저는 강의장에 화이트보드를 요즘도 들고 다닙니다. 화이트보드를 3등분을 하고 여러분의 꿈이란 대개 이렇게 구분할 수 있습니다. 첫째, 당신이 갖고 싶은 것(To Have), 둘째, 당신이 하고 싶은 것(To Do), 셋째, 당신이 되고 싶은 것(To Be)입니다. 저는 이것을 '성공의 3박자' 라고 말합니다. 우선 'BE영역' 에선 당신이 인생에서 가장 가치를 두는 것을 암시하는 사진을 걸어두는 것입니다.

제 경우는 당시 일산에 있는 멋진 '전원주택' 과 'BMW 530시리즈' 사진을 붙였습니다. 다음에 'HAVE 영역' 에는 한 주 동안 갖고 싶은 것 3가지를 'DO 영역' 엔 한 주 동안 하고 싶은 것, 세 가지를 적어보십시오. 물론 처음에 이곳에 올라오는 당신의 꿈이나 목표라는 게 작은 것들일 것입니다. 이런 것을 염두에 두지 말고 일단을 이것을 써놓는 자체만으로도 사실은 성공을 한 셈입니다. 제 경우를 보면 가장 먼저 실현 된 게 '부인과 손잡고 호수공원 걷기' 였습니다. 이런 작은 성취를 필자는 'Small Wins' 라고 합니다. 아마 당신도 빠르게는 1주안에 길게 3주안에 이런 성취를 한두 가지 하게 될 것입니다.

자신의 경력을 쌓아 가는데, 핵심이 된 요소는 뭐라고 생각하십니까?

단적으로 말해 '나는 한 놈만 팬다'는 것입니다. 여러분에게 질문을 하겠습니다. "당신은 당신이 하고 있는 일을 통해 '세계 최고 즉 World Best'가 되고 싶은가?" 세계 최고가 되는 비법이라…. 성공을 꿈꾸는 이라면 한 두 번쯤 생각해본 화두일 것입니다. 그 비법을 하나 소개하겠습니다. 그러자면 여러분은 무엇을 하든 '보다 좁게 보다 깊이 파고드는 전술'을 펼쳐야 합니다. 우선 여러분에게 아주 쉬운 질문을 하나 하겠습니다. "토마스 에디슨, 앤드류 카네기, 루터 버뱅크, 울 워스, 헨리 포드, 토마스 제퍼슨, 워싱턴, 링컨, 마리 퀴리, 김정호 이들의 공통점은 무엇이라고 생각하시는지요?" "글쎄…. 외국인도 아니고…. 남자, 여자도 아니고… 음 성공한 사람들 같은데… 잘 모르겠습니다"라면서 선뜻 답하기가 어려울 것입니다.

이들의 공통점은 물론 한 분야에서 성공한 사람들입니다. 토마스 에디슨은 발명에, 앤드류 카네기는 철강 제조와 판매에, 루터 버뱅크는 식물 연구에, 울 워스는 5센트와 10센트 가게 운영에, 헨리 포드는 자동차 생산과 판매에, 토마스 제퍼슨, 워싱턴, 링컨, 김정호는 지도 제작에, 마리 퀴리는 화학연구에 운명을 걸었습니다. 그러니까 이들은 한 곳에 자신의 운명을 걸고 그것을 '좁게 깊이 파고 든' 사람들입니다. 그러니까 성공을 하려면 당신이 지금 하고 있는 일을 더욱 더 좁게 깊이 파고들라는 말입니다.

그렇다면 성공한 사람들만이 갖고 있는 성공을 위한 비장의 무기 같은 건 없을까요? 물론 있습니다. 이들의 성공 무기는 '레이저 사고'입니다. 레이저는 빛을 한곳으로 응집시킨 것입니다. 이렇게 응집된 빛은 철도 뚫습니다. 태양빛과 레이저 빛을 비교해보면, 태양빛은 수십억 킬로와트에 달하지만 모자나 자외선 차단제만 있어도 이 빛을 피할 수가 있습니다. 반면에 레이저에서 나오는 빛은 수십 킬로와트에 불과하지만 이 빛은 응집되어 한곳을 집중하기 때문에 다이아몬드에 구멍도 내고, 인체 내 암도 제거할 수가 있습니다. 바로 선택과 집중이 주는 힘입니다.

만약 당신이 '성공 인생' 이란 화단에 물을 준다고 생각해보면, 오늘부턴 성공을 하자면 물 조리개로 여러 군데로 나눠주어서는 안 되고, 호스로 한 곳을 집중적으로 주어야 한다는 이야기이나 매 한가지입니다. 스피드한 세상에 이곳저곳 파다 보면 힘만 딸리고 최고가 될 수 없기 때문입니다. '낙수 물도 댓돌을 뚫는다' 우리 속담처럼 성공하는 이들은 누가 뭐라 해도 한 곳에 집중합니다. 주변을 자세히 보십시오. 어느 분야 건 앞서가는 사람들은 바로 이 전략을 쓰고 있을 것입니다. 비록 남들이 가질 않는 험난한 길이지만 먼저 가서 열심히 길을 내고, 다듬고, 나아가 그 길을 넓혀가면서 자신만의 세계를 구축하는 것입니다.

그렇다면 당신이 성공한 이들의 '비장의 무기' 를 당신의 것으로 만들어가 당신이 하는 일에 접목시킬 수 있는 방법은 없을까요? 대학에서 학생들을 대상으로 취업 특강을 할 때 다음과 같은 주제로 강의를 자주합니다. 그 주제는 '난 한 놈 팬다' 입니다. 강의에 앞서 이 주제를 언급하면 학생들은 킥킥 거리면서 웃습니다. 무슨 주제가 이런가? 하는 사람도 있지만 '난 한 놈만 팬다' 라는 다소 엽기적인 문장이 이들에게 다소 익숙하기 때문입니다.

그건 바로 국내 영화 때문에 그렇습니다. 국내 영화 중 '주유소 습격사건' 이란 영화가 있습니다. TV를 통해 방송도 됐기 때문에 당신도 한번쯤 보았을 것입니다. 그런데 이 영화를 성공학적인 측면에서 보면 성공 포인트를 하나 잡아낼 수가 있습니다. 주인공이 패싸움을 하면서 수적으로 불리해지자 나름대로 전략을 펼칩니다. 그 주인공은 기선을 잡기 위해 상대 중 한 사람을 골라 '나는 한 놈 팬다!' 라는 대사와 함께 한 사람을 죽도록 팹니다. 물론 상황은 반전되어 그 싸움에서 기선을 잡게 됩니다. 바로 당신이 적용할 수 있는 성공 병기 '레이저 사고' 란 당신이 성공하자고 싶은 곳을 하나 골라 '한 놈만 패는' 전략을 펼쳐보는 것입니다.

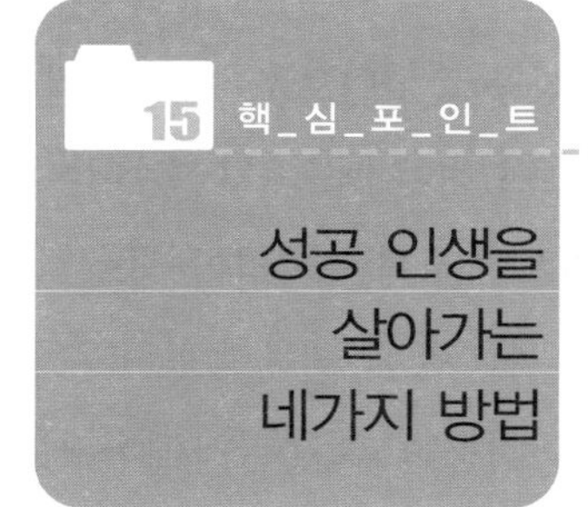

대개 '성공' 이라는 타이틀이 붙은 사람들은 모두 다음과 같은 과정을 밟았는데 그 길에 깔린 몇 가지 공통점을 따라가 보면 대략 다음과 같이 '성공 DNA' 를 추출해낼 수 있다.

1. 그들은 자신이 좋아하는 일, 하고 싶은 일을 했다.
2. 그들은 자신이 잘할 수 있는 일을 했다.
3. 그들은 자신이 선택한 일에는 목숨을 걸고 덤볐다. 무서울 정도로 몰입하고 열정을 쏟아 부었다.
4. 그들은 한번 시작했다면 누가 뭐래도 뿌리를 뽑는다는 것이다.

28 성공은 혼신의 힘을 다해 뛰어야 한다

"혼신의 노력은 결코 배반당하지 않는다. 평범한 노력은 노력이 아니다"

• 이승엽

'성공하는 여성의 자기경영노트' 저자 전미옥 씨는 '전미옥의 맛있는 수다' 연재중인 컬럼니스트이며 성공 컨설턴트로 이름이 알려진 여성이다. 원래 전 씨가 사보 컨설턴트였다는 사실을 아는 이는 적다. 그녀가 어떻게 성공 컨설턴트로 거듭나는지를 커리어 패스를 따라가보면 많은 것을 배울 수 있다.

전 씨의 첫직장은 대학에서 문예창작을 전공한 후 출판사에서 시작했다. 예술서적전문 출판사였는데 꼼꼼하고 정성스러우며 출판시장에서 보기 드문 기획으로 귀한 책을 만드는 자부심을 가질 만한 곳이었던 터라 책에 대한 안목을 처음부터 크게 가질 수 있었다고 전 씨는 회고한다. 그러나 좋은 책 만들기에 대한 즐거움이 나름대로 큰 반면, 정적인 작업이 많았던 출판편집 일이 개인적인 적성 탓에 스스로 아쉬움이 많았다.

한마디로 스스로 움직이고 뛰어서 할 수 있는 동적인 일이 적절하게 섞인 일을 그리웠다. 그런 가운데 눈에 번쩍 뜨인 일이 책 만드는 일과 발로 뛰는 일을 병행할 수 있는 일은 사보기자였다. 그녀는 일순간 동적인 일과 정적인 일의 조화로움에 사로잡혔다. 상업적인 것을 기반으로 하는 잡지사와 달리, 조직생활을 기반으로 해서 사보기자들과 조직 내 구성원들이 함께 만들어가는 사보는 그야말로 몸으로 뛰어야 하는 일이 하나 둘이 아니었다. 기획, 취재, 기사작성, 제작참여 등 사보 한 권이 나오는 전 과정을 두 눈 크게 뜨고 관리해야 하는 처지라, 몸이 열 개라도 모자라다 싶을 때가 한두 번이 아니었다.

그러나 "어떤 희열로 다가오는 것을 느낄 수 있었어요"하고 그녀는 그 때의 느낌을 회상한다. 사람을 사귀는 일도 출판사에 근무하던 때와는 달리 폭넓은 것이었다. 전혀 가까워질 것이라고 생각지도 못한 일을 하고 있는 다양한 업종의 사람들과 다양한 일을 가진 사람들과 친분을 쌓기도 하고, 기업 현장의 최전선에서 일하는 사람들의 피와 땀, 호흡을 고스란히 느낄 수 있었다. 그들의 혼신의 노력과 꿈은 현장에서 함께 호흡하고 체험하는 사보기자의 존재 이유였던 것이다. 사보기자로서 나름대로 혼신의 힘을 다해 그녀는 뛰었다.

전 씨가 사보기자로서 열심히 일할 때만 해도 지금과는 기업 환경이 달랐다. 지금보다는 표면적으로나마 예측 가능하고 안정적인 기업 환경처럼 보이긴 했지만, 여성들의 사회적 자리는 지금보다 더 열악했고 커리어를 쌓는 일에 직간접적인 차별이 많아도 어쩔 수 없이 받아들여야 할 일이 더욱 많았다. 또 해를 거듭할수록 수월한 일이 조금씩 늘어나리라 생각했던 당초의 계획은 어긋나고, 여성이 거대 조직 속에서 업무능력을 인정 받고 폭넓은 인간관계를 이루며 발전하는 과정은 사투에 가깝다는 것은 전 씨는 깨닫게 되었다.

개인적인 자질을 떠나서 아직 여성에게 호의적이지 못한 사회적 환경이 여성들을 위축시키고 어떤 자기만의 그라운드를 마련하기 힘들다는 사실을 몸소 느꼈다. 그런데 그렇게 쌓인 생각들이 단지 자신만의 생각이 아님을 이런저런 인간관계를 통해 느꼈을 때 자신의 사회적 경험을 조금 더 공적인 곳에 기여할 수 없을까 본격적으로 전 씨는 고민하게 되었다. 또 학교를 졸업하고 사회생활을 하면서 사회생활의 길잡이 역할을 할 선배가 주변에 없었음이 그녀는 아쉬워했다. 경험을 나누고 이끌어줄 수 있는 멘토는 아직도 우리 시대 여성들에게 절대적으로 부족하다. 설령 있다 해도 여성들이 많이 진출해 있는 특정 분야에 편중되어 있으며, 아직 고르게 많은 분야에서 여성들이 멘토를 가질 수는 어려운 형편이다.

그런 생각 속에서 그녀는 조직사회에서 독립해 전미옥컨설팅 대표로써 사보컨설턴트 일을 시작했다. 전 씨는 10년 넘게 사보 전문기자로 일하며 쌓은 노하우를 바탕으로 칼럼이나 강연 등을 통해 사단법인 한국사보협회 부회장으로 왕성한 활동을 하게 된다. 그와 더불어 여성들의 자기계발과 사회적 성공에서 표준적인 멘토가 될 수 있는 일을 하겠다는 소망은 여전히 유효했다. 인간의 성공에 정형화된 어떤 공식이 있는 것도 아니고 교과서가 있는 것도 아니지만, 일단 오랜 세월 경제인구에서 소외되었던 여성들이 거대한 경제사회라는 바다에서 등대를 가질 수 있길 바라는 마음이다.

자기계발이나 성공하려는 여성에게 해줄 말이 있다면?

무엇보다 자기 자신에 대한 긍정적인 신뢰와 자신감을 회복할 것을 권하고 싶습니다. 이것은 성공에 대한 '자세잡기' 라고 할 수 있는데, 이런 마음가짐이 잘 되어 있지 못하다면 어떤 일을 해도 진전이 없거나 한 번 실패해놓고는 자신은 늘 실패한다고 느끼거나 곧 절망하는 일이 생기고 맙니다.

우리나라 여성들은 오랜 세월 동안 어떤 한 가지 이미지를 강요 받아왔습니다. 조신하고 나서지 않으며 늘 겸손하고 부드러울 것. 여성스러울 것을 강요받아 온 세월이 너무 오래라, 지금도 그렇지 못한 여성에 대한 질시의 눈초리는 완전히 가시지 않았습니다. 젊은 남성들도 활발하게 경제활동에 참여하면서 맞벌이를 할 수 있는 여성을 선호하지만, 배우자의 성격이나 됨됨이는 조금 순종적으로 여성스러웠으면 하는 이중적인 잣대를 가진 경우가 많습니다. 그렇기 때문에 여성들은 성공에 대한 열망은 있지만 이런 과도기적 틈바구니 속에서 스스로 적극적이 되는 일에는 두려움을 많이 가집니다.

좀체 자신이 그 모든 어려움을 헤치고 나갈 수 있을지에 대한 믿음을 가지지 못하는 것이 큰 장애물입니다. 그런 믿음을 가지는데 생각보다 많은 시간을 허비하는 것도 보아왔습니다. 이제 '할 수 있을까? 내가?' 하는 여성들이 갖고 있는 부정적인 생각은 자신을 꽉 옭아맬 뿐 더 이상 할 수 없게 만듭니다. 부정적인 생각을 뛰어넘어 긍정적인 믿음으로 자기 안을 충전시키는 것이 성공하려는 여성들이 가져야 할 첫 번째 자세라고 할 수 있습니다. 자신감은 그 다음부터 생겨나는 일입니다. 자신감은 잘할 수 있는 일이 있다는 데서 오는 자신감도 있지만 그것은 폭이 좁은 자신감입니다. 경험이 풍부하지 않은 일이라고 실패할지도 모른다는 생각부터 하면서 움츠리고 발을 뒤로 빼는 사람을 자신감 있는 사람이라고 말하기는 어렵습니다.

진정한 자신감은 해보지 않은 일에 대해서도 실패를 두려워하지 않고 도전할 수 있는 용기입니다. "실패할 수도 있다. 그러나 나는 거기서도 배운다"라는 생각으로 시작하는 것이야말로 진정한 자신감입니다. 이것은 앞서 말한 긍정적인 자기신뢰가 있어야 가능합니다. 이 두 가지 정도는 기본적으로 갖춰야 그 다음에 성공을 위한 목표나 단계별 계획 같은 것을 잡을 수가 있는 것입니다.

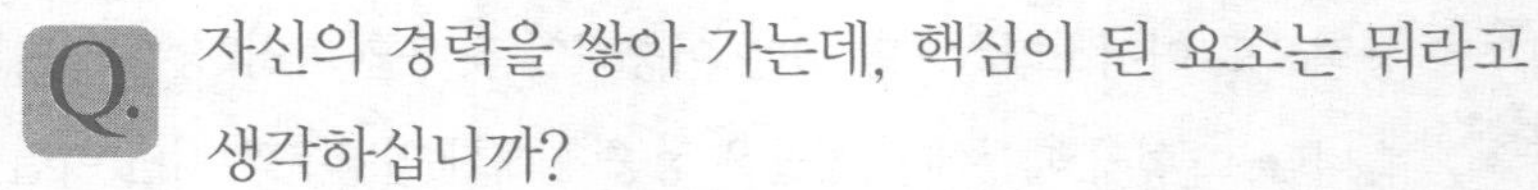

자신의 경력을 쌓아 가는데, 핵심이 된 요소는 뭐라고 생각하십니까?

비법이라고 할 것까지 없지만 굳이 몇 가지 요인을 찾자면, 출판편집자, 사보기자, 컨설턴트. 중요한 세 가지 이 경력은 조금씩 다른 색깔을 띠고 있지만 어느 정도 유기적으로 연결되어 있다는 점이 장점이었다고 생각합니다. 각각 아주 전혀 다른 성질을 가졌다고 보진 않습니다. 새 직업이라 새로운 경력이 되는 듯했지만 개인적으로 업무에 적응하는 데 큰 무리가 없었던 것은 모두 이런 보이지 않는 연결고리가 있었기 때문이라고 봅니다.

그리고 무엇보다 때마다 좋아하는 일을 제대로 찾아 나아갔다는 점이 플러스 요인이었습니다. 좋아하는 일은 가슴이 뛰기 마련입니다. 무엇이든 누가 시켜서 하는 것이 아니라 스스로 적극적으로 찾아서 일한다는 점이 다릅니다. 책 만드는 일이 좋아서 출판사에서 일했고, 조금 더 활동적인 작업을 포함한 책 만들기를 위해 사보기자로 즐겁게 일했습니다. 다시 그간의 경험을 나누고 펴내는 작업을 위한 컨설턴트로 사는 삶 역시 스스로 선택한 일이었습니다.

그러나 맛없어도 건강을 위해 골고루 먹어야 하는 것처럼 좋아하는 일에도 하기 싫은 일이 분명 있기 마련입니다. 그러나 하기 싫은 일도 내 커리어에 분명 플러스로 작용할 수 있다는 생각을 버리지 않았고 적극적으로 하고 싶은 일을 하는 사람처럼 일했던 것이 소중한 시간이라고 여깁니다. 그리고 그간 쌓아온 경력이 돌아보아도 흐뭇한 이유는 그 모든 일을 그대로 내 일처럼 열심히 했기 때문입니다. 지금의 일은 그 모든 것을 스스로 알아서 해야 하는 순수한 '내 일' 이지만, 조직사회에 몸담고 있었던 시간 동안에도 대충 하는 일은 좀체 없었습니다. 그대로 내 소유의 사업이나 회사처럼 생각하고 그 모든 쓴 경험을 완전히 받아들이다보니 쓰디쓴 경험도 훗날에는 달디단 경험으로 바뀌었습니다.

끝으로 '마당발' 이라는 별명을 얻을 정도로 인간관계에 많은 공을 들였다는 점을 말하고 싶습니다. 실력이 제 1의 경력이 되는 것은 사실이지만, 그 모든 일 속에 사람이 빠지는 일은 거의 없다는 것을 감안할 때 폭넓은 인간관계는 자신이 어떤 자리에 있든 어떤 처지에 있든 중요한 변수로 작용합니다. 특히 여성보다 남성들과 일해야 했던 시간이 많았던 탓에 평소에는 생각지도 못한 사람을 만나고 평소에는 관심도 가져보지 못한 일에 대해 새롭게 눈뜬 일은 비록 이력서에 새겨지지 않을 일이지만 두고두고 소중한 경력이라고 생각합니다.

29 낡은 구직방법은 미련 없이 버려라

"인생은 한 권의 책과 같다. 어리석은 이는 그것을 마구 넘겨 버리지만, 현명한 인간은 열심히 읽는다. 단 한 번밖에 인생을 읽지 못한다는 것을 알고 있기 때문이다"

• **상 파울**

서울디지털대학 홍석기 교수는 인사담당자에서 명강사으로 전업한 사람이다.

"1983년 9월, 한창 잘 나간다는 컴퓨터공학을 전공한 사람이 보험회사에 입사하여 인사 교육 업무를 하고 보험 영업을 했다고 하면 의아해 하는 분들이 많습니다. 지금도 저 자신은, 경영 경제학이나 행정학을 공부한 적이 없으면서, 공대를 나와 보험회사에 들어 간 것부터가 궁금합니다."

정보시스템부에 근무하던 당시에 홍석기 교수는, 컴퓨터 프로그램을 작성하는 일 이외에도 프로젝트 개발보고서를 작성하거나 다양한 주제로 쓴 글들을 수시로 사보에 게재하는 것은 물론 사내에 등산

동호회 참가, 노사협의회 등에 주도적으로 참석하여 많은 임원과 직원들과 좋은 대인관계를 유지하였다. 또한, 저녁에는 야간대학원을 다니며 보험경영학을 공부하면서 영어공부도 게을리 하지 않았다. 80년대 말, 노사갈등이 심해지고, 인적자원관리 업무가 쉽지 않은 상황이 되자, 인사담당자의 역할은 더욱 중요해졌다.

"당시 저를 눈 여겨 보시던 임원 한 분께서 인사업무를 해보지 않겠느냐는 제의를 하셨는데, 노동관계법이나 근로기준법 등을 전혀 모르던 상태였으므로 인사 노무 업무를 응낙하기에 두려움이 있었습니다." 그러나 경영자가 되려면 경영수업을 받아야 한다는 생각에 이르러, 인사 총무 교육 직무는 경영분야의 중요한 직무라 여겨 도전하기로 했다. 물론, 함께 일하던 컴퓨터 전문가들은 그의 인사발령에 대해 우려하면서 잠깐 근무하고 돌아 오리라 기대했다. 하지만 그는, 적성에 맞는 인사 교육 실무와 노사관계 업무를 하면서 각 부서장과 임원들과도 자주 접하는 기회가 생겨 6년 동안 좋은 경험을 쌓았다. 그러던 중 뉴욕보험대학에 연수도 다녀 오고, 보험전문 대학원도 졸업하면서 97년 초, 보험 영업부서 근무발령에 거부감도 생기지 않았다.

전문분야에서 오랫동안 근무하며 내공이 깊은 전문가가 되는 것도 중요하지만, 인사와 영업, 정보시스템 등 다양한 부문에서 실무를 익히며 기업경영의 기초를 다지는 것도 필요한 일이라고 생각했다. 자신의 자질과 능력에 맞는 일을 찾고, 자기가 좋아하는 일을 하게 되는 건 노력도 필요하고 시간도 걸리며, 때로는 약간의 운도 따른다.

명강사로 알려졌는데, 가장 큰 이유는?

명강사라는 위치가 별도로 있거나, 제가 그런 위치에 올라 있다고 생각한 적은 아직 없습니다. 다른 분들도 그런 경우가 있겠습니다만 강의를 시작한 건 정말 우연이었습니다. 1999년도에 몇 달 동안 미국 현지에서 직장생활을 하며 가끔 써 놓은 글들을 모아 책을 내고, 2000년도엔 제가 겪은 일들을 바탕으로 직장생활과 취업에 관한 책을 내면서 노동부 산하기관과 단체에서 짧은 강의를 몇 번 하게 되었습니다. 신문에 기고를 하면서 교육전문 기업에 알려지자 가끔 불러 주길래 마다 않고 강의에 응했습니다.

처음 강단에 서면서 불안과 초조감은 물론, 강의를 잘해야겠다는 생각은 떨칠 수가 없었습니다. 그러나 강의기법을 전문적으로 배운 적도 없고, 누군가의 지도를 받지 않아 미숙하기 짝이 없다고 느꼈습니다. 강의를 하고 나오는 저 자신이 불만스러웠고, 어떻게 하면 강의를 더 잘할 수 있을까 고민하던 중, 아주 유명한 분의 강의를 몇 번 들을 기회가 있었습니다. 바쁜 일 모두 제쳐 놓고 쫓아다니며 훌륭한 분들의 강의를 듣다 보니, 나름대로 방법이나 기술도 필요하다고 느껴지고, 더 공부해야 할 부분도 생각이 났습니다. 강의 준비를 위해 많은 책을 읽고, 연습도 하고, 다양한 분들을 만나 대화를 나누면서, 느끼고 깨달은 점이 몇 가지 있습니다.

첫째, 정제된 언어를 활용하는 방법입니다. 강의를 듣는 사람들의 수준과 특징을 이해한 후, 그들의 욕망(Wants)과 필요(Needs)를 구별하여, 그에 맞는 어법과 강의기법을 구사해야 한다는 겁니다.

둘째, 멋진 강의를 하려고 억지로 꾸미지 않고, 함께 고민하는 직장인의 입장에서, 마음과 생각, 감성에 호소하면서 강한 의지와 열정을 보여야 한다는 겁니다. 이는 강사 스스로 의지가 약하거나 열정이 없으면 제대로 전달할 수 없는 겁니다.

끝으로, 강의결과와 평가에 연연하지 않고, 소신 있는 강의를 해야 한다는 겁니다. 고객이 부르면, 어떤 조건이나 주제에 관계없이 자신이 해 낼 수 있는 내용이라면 밤을 새워가며 준비해서, 최선의 정성을 다해야 합니다. 물론, 기업마다 특징과 문화가 다르니까 강의 내용이나 강사 자체가 기업의 요구에 맞지 않을 수도 있습니다. 모든 고객을 만족시켜 주려고 하는 것은 욕심입니다. 버릴 것은 버릴 수 있어야 합니다.

구직자들에게 해줄 말이 있다면?

자신이 원하는 기준이 잘못되어 있을 수 있습니다. 공부한 전공과 자신이 생각하는 자기의 적성은 아주 깊은 곳에 감추어져 있을지도 모릅니다. 이를 발견하는데 수년 수십 년이 걸릴 수도 있으며, 다른 사람을 통해 우연히 찾아질 수도 있습니다. 현재 하고 있는 일 뒤에 숨어 있을지도 모릅니다. 중요한 것은 현실을 외면

하고 다른 곳에서 찾으려고 하거나, 깊은 고민과 갈등 없이 쉽게 얻으려 한다면 이는 더 큰 실망을 하게 되고 어쩌면 스스로 포기하게 될 수도 있습니다.

결국, 시간과의 싸움입니다. 모두가 똑같이 소유한 시간을 어떻게 쪼개 쓰며 나누어 사용하는가에 따라 결실은 달라집니다. 다른 사람들과 똑같이 고민하고 똑같이 잠자고, 똑 같은 수준으로 학습을 해서는 한정된 기회와 결과를 얻을 수 없습니다. 멀리 보고 높이 뛰려면 현재의 고통을 연습으로 생각하고, 현재를 도피하지 않아야 합니다. 자신이 부족하다고 느끼는 게 분명히 있습니다. 돈이 없고, 실력이 없고, 자신이 없고, 용기가 없을 수 있습니다. 한탄하지 말고 부족한 면을 채워야 합니다. 지금 밖으로 나가 뛰어 다니며 얻으려고 땀을 흘려야 합니다. 혼자 얻을 수 없으면 남의 도움을 받아야 합니다. 도움을 받으려면 도움도 주어야 합니다. 그래서 용기가 필요하고 희생도 요구되는 겁니다. 무엇을 어떻게 해야 하는지는 스스로 알고 있지만, 두려워서 미안해서, 창피해서, 결과가 좋을지 몰라서, 막연히 고민하는 현실은 아무런 도움이 되지 않습니다.

움직여야 합니다. 몸을 움직이고 마음을 움직여서 활동하게 해야 합니다. 단어를 모르면 사전을 찾고 책을 읽어야 하듯이, 말을 잘 하려면 좋은 언어를 많이 알고 경험이 많아야 하듯이, 일을 잘하고 능력 있는 사람으로 인정 받으려면, 많이 알고 많은 경험을 쌓아야 합니다. 꼼지락거리는 게 귀찮아서 고민만 하며 잠만 잔다면 결과는 아무것도 없습니다.

자신의 경력을 쌓아가는데, 핵심이 된 요소는 뭐라고 생각하십니까?

성공을 하는데 비결은 없습니다. 기가 막힌 해법은 없습니다. 꾸준히 노력하고 참고 견디는 것뿐입니다. 적성에 맞지 않는다고, 원했던 일이 아니라고, 함께 일하고 싶은 사람들이 아니라고 하여 모두를 거절하고 외면하면, 무언가 배우고 느낄 시간과 기회가 오겠습니까?

하기 싫은 일도 해 보아야 하고, 만나기 싫은 사람도 만나 아쉬운 소리도 해 보아야 합니다. 읽기 싫고 어려운 책도 눈을 씻어 가며 끝까지 읽어야 합니다. 가볍고 재미있는 것엔 깊이가 없습니다. 코미디만 보고 노래만 들으면서 창조력이 생기는지 생각해 보기 바랍니다. 일찍 일어나는 것 자체에는 아무 의미가 없습니다. 일찍 일어 나서 무슨 생각을 하고 무슨 일을 준비하는가 하는 겁니다. 깊은 생각과 어려운 일을 하려면, 깊이 생각할 수 있는 사고력과 어려운 일을 해 낼 수 있는 실력과 의지가 있어야 합니다. 그런 건 공짜로 쉽게 얻어질 수 없는 것들입니다.

10시간을 쉬지 않고 책을 읽을 수 있는 참을성, 8시간 동안 토론을 하고 글을 쓰고, 12시간 몸을 움직여 일을 할 수 있는 강한 체력과 의지가 뒷받침되어야 합니다. 수백 수천 권의 책을 읽고 수백 장의 자료를 만들어 낼 수 있어야 지식근로자 입니다. 1,000도가 넘는 쇳물을 퍼 나르면서 우유에 소금을 타 마시며, 하루 종일 땀을 흘릴 수 있는 체력이 있어야 합니다. 그런 게 어렵다면 성공이란 말은 "아무 의미가 없는 단어" 일 뿐입니다.

16 핵_심_포_인_트

명강사가 되는 3가지 방법

1. 정제된 언어를 활용하라

강의를 듣는 사람들의 수준과 특징을 이해한 후, 그들의 욕망과 필요를 구별하여, 그에 맞는 어법과 강의기법을 구사해야 한다.

2. 멋진 강의를 하려고 억지로 꾸미지 말라

함께 고민하는 청중의 입장에서, 마음과 생각, 감성에 호소하면서 강한 의지와 열정을 보여야 한다. 이는 강사 스스로 의지가 약하거나 열정이 없으면 제대로 전달할 수 없는 것이다.

3. 강의 평가에 연연하지 않고, 소신 있는 강의를 하라

고객이 부르면, 어떤 조건이나 주제에 관계없이 자신이 해 낼 수 있는 내용이라면 밤을 새워가며 준비해서, 최선의 정성을 다해야 한다. 물론, 기업마다 특징과 문화가 다르니까 강의 내용이나 강사 자체가 기업의 요구에 맞지 않을 수도 있다. 모든 고객을 만족시켜 주려고 하는 것은 욕심이다. 버릴 것은 버릴 수 있어야 얻는 것이 있다.

30 자신만의 마케팅 전략을 세우라

"불특정 다수에 대한 광고로부터 특정한 소비자층을 겨냥하는 광고로의 전환이 기업의 마케팅 전략 전반을 어떻게 변화시킬지에 대해 생각해보라"

• 빌 게이츠

실직한 상태에서 가장 어려운 것은 자신감을 잃지 않는 것이다. 재취업을 하기 위해 가장 어렵고 중요한 것 또한 자신감을 잃지 않는 것이다. 일시적인 절망감으로 자신과 자신의 능력에 대한 믿음마저 잃어버린다면 재취업의 기회는 더욱 좁아진다. 대부분의 사람들은 자기 자신을 '마케팅(marketing)' 하는 것에 대해 적지 않은 반감을 가지고 있다. 그러나 새로운 일자리를 찾기 위해선 자기 마케팅이 필수적이다. 운은 저절로 따라 붙는 것이 아니라 스스로의 노력에 의해 만들어지는 것이다. 운을 만들어 내기 위해선 자신이 갖고 있는 최고의 상품인 자기 자신을 마케팅 하는 방법부터 익혀야 한다.

우선 최대한 주변 사람들에게 자신의 구직활동을 널리 알리자. 전화 한 통을 하여 점심이나 저녁 약속을 하여 자연스럽게 자신이 구직 활동을 하고 있다는 것은 은연중에 알려주자. 최근에는 기존 직원들의 추천을 받아 채용하는 사원추천제를 활용하는 기업들이 늘고 있어 적극적인 구직활동이 필요하다. 자기 PR은 기본이고, 인적 네트워크에도 신경을 써야 한다. 자신을 마케팅 할 수 있는 환경을 만드는 것이 무엇보다 중요하다. 시대의 변화에 따라 마케팅은 생계의 수단으로 절실히 필요한 것이 되었다. 마케팅은 비즈니스맨의 필수적인 요소이다.

필자의 예를 들자면, 코리아인터넷닷컴에 컬럼니스트로 합류하면서 사진을 사용하던 것을 처음으로 캐리커처(caricature)를 썼다. 이후 반응이 좋아지자 많은 컬럼니스트가 캐리커처를 사용하였다.

필자가 이야기하고 싶은 것은 자신을 마케팅 하라는 것이다. 철저한 자기점검을 바탕으로 고객지향적인 마음가짐으로 쓴 자기소개서는 분명 어떤 광고마케팅의 카탈로그(catalogue)보다 더 홍보할 수 있을 것이다. 마케팅으로 차별화된 자기소개서는 모양에만 국한되는 것이 아니다. 가장 핵심적인 포인트는 그 사람에 대한 신뢰이며, 경력 중심으로 얼마나 회사에서 발전 가능성을 가져 올 것이냐를 명확하게 보여주는 것이다. 그것이 해외연수 경험이든 자격증과 포상 등 외국어 점수 등 객관적으로 드러나야 한다. 보여줄 것만 보여주되, 절대로 사실이 아닌 것을 사실화해서는 안 된다.

예를 들면 근로자가 입사 당시 제출한 이력서에 학력을 속이거나, 실형을 선고 받고 집행유예로 풀려난 사실 등을 누락한 것이 발각되어 해고한 판례가 있으니 결코 경력을 은폐하거나 허위로 기재하지 말아야 할 것이다. 물론 몇 개월 되지 않은 경험은 누락시킬 수 있을 것이다. 하지만 학력, 경력, 자격증 등을 허위로 기재할 경우 언젠가는 들통나고 말 것이다.

우리는 한 회사에 포커스를 맞춰서 '맞춤식 자기소개서' 를 작성해야 한다. 단순한 나열은 사람들로 호기심을 유발할 수 없다. 장래 포부를 쓰라면, "저는 무엇이든 잘 합니다" 라는 이야기는 하지 마라. 또는 "저는 21세기 미래를 주도적 역할을 할 수 있는 선구자가 되고 싶습니다"라는 '죽은' 표현을 삼가라. 좀더 구체적으로 그 회사를 분석해서 자신이 그 직무를 맡았을 때 실질적으로 투입되어 할 수 있는 그런 역할, 즉 직무분석을 한 연유에 작성해야 하는 것이다. 한두 가지의 에피소드를 통해서 자신의 개성이나 강점을 드러내는 것이 좋다. 어려움을 겪고 이겨냈다는 자기극복 위주로 작성하면 자기 홍보에 많은 도움을 받을 것이다.

31 감성마케팅 전략으로 승부하라

"우리는 단순히 커피라는 제품을 파는 것이 아니라, 서비스를 파는 것이고, 고객에게 진심으로 다가가는 것이다"

• **스타벅스의 하워드 슐츠 회장**

기업만이 마케팅 전략을 세우는 것이 아니다. 이제는 개인도 자신만의 마케팅 전략을 세워야 하는 것이다. 퍼스널 브랜드(Personal Brand)에서 제일 중요한 것은 무엇보다도 다른 사람과의 차별성이다. 직업을 얻고자 하는 사람은 철저하게 발상의 전환을 해야 한다.

제일 먼저 구직과정은 자신을 기업에 마케팅하고 판매하는 프로세스(process)로 인식해야 한다. 마치 기업이 고객에게 마케팅을 하듯 개인도 고객의 욕구, 경쟁사 파악 등을 머리로만 생각하는 것이 아니라, 다른 사람에게 보여줄 수 있도록 철저하게 문서화해야 한다. 이런 측면에서 기존 마케팅의 요소인 제품(Product), 가격(Price), 유통(Place), 촉진(Promotion)에 사람(People)을 중심에 놓은 스타벅스의 감성마케팅 전략을 본받을 필요가 있다. 단순하게 보면, 스타벅스는 커피 한 잔 속에 감성적인 문화를 담았다. 우리는 무엇으로 인사담당자를 감동시킬 것인가.

우리는 퍼스널 브랜드에 주목해야 한다. 즉 자신의 이미지를 팔아야 한다. 스타벅스는 고품격 이미지만 갖추고 있다면 가격에는 그다지 신경 쓰지 않는 귀족 소비자들을 타깃으로 삼았다. 스타벅스 홈페이지를 둘러보면 작은 음악회 등 문화이벤트를 열고 있다. 개개인에 맞는 감성마케팅이 중요해진 것이다.

우선 명확한 타깃을 삼아야 한다. 자신이 지원하려는 기업의 홈페이지 등에 직접 방문하여 기업의 이념이나 비전, 마케팅 전략 등을 분석하여 해당 기업 내 자신이 맡게 될 업무를 스스로 이해하고 자신의 장점과 직접 연결할 수 있을 것이다. 이런 기업의 이미지를 알아보는 과정은 인터넷을 통한 구직 활동에서 매우 중요한 역할을 한다. 물론 고객 센터에 전화를 걸어 이것저것 이야기를 통해서 기업의 상황 및 서비스 점검할 수 있다. 또한 신문검색, 전문잡지를 통해서 또한 관련 협회, 기관 등을 통해서 상세한 자료를 알 수 있다.

예를 들어, 삼성생명 홈페이지에 가보면, '올바른 금융문화를 널리 알리겠습니다. 미래를 보는 눈, 세상을 읽는 마음' 이라는 카피 문구를 통해서 더욱더 고객에 가까이 다가가는 느낌이 들도록 홈페이지를 구성하고 있다.

이제 우리는 자신을 판매하는 영업사원이라고 생각해보자. 차별화되고 경쟁력 있는 자신만의 마케팅 전략을 가지고 있어야 한다. 소비자들에게 신뢰와 호기심을 불러일으키기 위한 장치가 필요한 것이다. 서류전형 방식은 1대 1 마케팅 전략(one-to-one marketing strategy) 방식으로 접근해야 한다. 단순히 이력서를 보내더라도 그 기업에 맞는 하나의 이력서를 보내야 한다. 전에 썼던 이력서를 재활용해서는 안 된다.

면접에서는 1대 1 마케팅 전략보다는 관계 마케팅 전략(relationship marketing strategy)으로 승부해야 한다. 단순 거래 관계(customers)를, 연속성을 갖는 단골 고객 관계(clients)로 전환하는 관계 마케팅 전략은 일회성에 치중할 것이 아니라 장기적으로 유지 관리해 나가야 한다. 자신의 직무와 관련 있는 세미나, 강연회, 모임 등을 통해서 먼저 동종업계의 동향 및 인맥 구축을 통해서 신뢰를 구축해 가는 것이 바람직하다.

또한 향기마케팅, 칼라마케팅, 음향마케팅 등 여러 마케팅 기법들에 주목할 필요가 있다. 이를 하나하나 응용하여 자신의 구직활동의 범위를 넓혀 나갈 필요가 있다. 절대로 선약이 없는 상태에서는 방문하지 마라. 사람들이 제일 꺼리는 것은 허락 받지 않고 찾아가는 방식이다. 잘못하면 문전에서 쫓겨날 수도 있다.

기업이 여러 분석기법을 통하여 독특한 자신만의 마케팅 전략을 펼치는 것처럼 개인도 각각의 회사에 맞게 맞춤서비스를 제공하고 기업 만족도를 높여야 한다. 즉, 기업을 감동시킬 수 있는 스토리를 찾아야 한다.

처음부터 위대한 사람은 없다. 귀머거리가 된 베토벤, 장님이 된 바흐, 손가락을 못쓰게 된 슈만은 인간의 한계를 극복했다. 다시 말하자며, 감동 스토리를 통해서 위대한 사람이 탄생하는 것이다.

32 개인 명함이 당신에게는 있는가

"당신은 누구인가? 당신의 이야기는 무엇인가? 당신은 왜 여기에 있는가? 당신은 얼마나 독창적인가? 얼마만큼 변화를 줄 수 있는가? 누가 상관하는가? 이것이 모두 브랜드의 핵심이다"

• **톰 피터스**

직장인들은 만날 때 명함을 주고 받는다. 명함은 그 사람의 얼굴이다. 명함만 봐도 그가 어떤 사람인지 알 수 있다. 명함을 깔끔하게 명함집에 넣고 다니는 사람이 있는가 하면, 지갑에서 한참동안 찾다가 주는 사람이 있다. 명함집에 명함을 넣을 때도 상대편이 보기 편하도록 전달하기 위해서는 오히려 거꾸로 넣는, 세심하게 배려하는 사람도 있다.

대부분 사람들은 명함을 주고 받을 때는 일어서서 간단하게 자신을 소개하면서 명함을 건네받는다. 명함을 받으면 한번 훑어보고 빨리 시선을 떼는 것이 좋다. 그 사람이 민망할 정도로 오래 명함을 뚫어지라고 쳐다보는 것은 예의가 아니다.

명함은 비즈니스의 필수도구이다. 명함은 크게 두가지로 나눌 수 있다. 하나는 회사 명함이고, 다른 하나는 개인 명함이다. 회사 명함은 아무래도 기업 이미지에 의해서 많이 좌우된다. 큰 기업의 명함이면 다시 보게 되고 작은 기업이면, 업무가 어떤 것인지 보게 된다.

이제 회사 명함에서 탈피해서 당신은 개인 명함을 만들어야 한다. 그 개인 명함 속에도 자신의 '퍼스널아이덴티티(PI)'를 담아야 한다. 21세기는 회사의 브랜드보다 개개인의 브랜드가 더 중요시되는 시대이다. '퍼스널브랜드'가 마치 기업이나 상품처럼 브랜드가치가 있고, 그 가치를 극대화시키는 방법에 대해서 논의가 활발하게 되고 있는 추세이다.

언제까지 당신은 평생직업도 무너진 마당에 회사 명함만을 들고서 있을 것인가. 필자는 당장 개인 명함을 파라고 주장하고 싶다. 거창하게 자신의 브랜드가치가 어쩌고, 자산가치가 저쩌고 할 필요 없이 회사가 바뀔 때를 생각하면 개인 명함의 중요성을 깨달을 수 있을 것이다. 회사 이메일로 연락하던 사람, 회사 전화로 연락하던 사람도 끊어질 지도 모를 일이다.

특히 직업이 불안정하거나 없는 사람은 꼭 개인명함을 만들어야 한다. 자신이 아직 직장에 다니지 않는다고 명함이 없다는 것이 말이 되는가. 개인 명함에는 이름, 전화번호, 메일주소, 집 주소, 홈페이지 주소 등을 기본으로 넣는다. 물론 자신의 슬로건이나 비전 등을 적으면 더욱더 좋을 것이다. 대학생이라고 낯선 사람들을 만나지 않는가.

일일이 메모지에 적어 주기 보다는 개인 명함을 주는 편이 깔끔해 보인다. 대학생들은 명함을 만들 때 주의해야 할 것이 개인명함을 만든다고 학교 로고와 학교 이름, 학과만 쓰고 뿌리다가는 낭패를 볼 수 있다. 잘못하면 강사나 교수로 착각할 수도 있기 때문이다.

어느새 온라인에서도 명함이 필요해 졌다. 특히 이메일에는 보내는 편지에 서명이나 전자명함을 첨부할 수 있다. 서명이나 전자명함은 이름, 이메일 주소, 전화번호, 주소, 홈페이지 주소 등의 정보를 포함하는 것이 나중에 연락할 수 있도록 하는 좋은 방법이며, 이메일 명함은 아웃룩 vCard 규격으로 보내면 왠만한 프로그램들 간에 상호 호환이 가능하다.

당신의 개인 명함(名啣)은 성공의 명암(明暗)을 바꿀 것이다. 요즘 들어 자신의 개인 명함에 대해 관심을 갖는 사람들이 늘고 있다. 그렇다고 너무 불필요하게 화려한 명함을 지향하지 않았으면 좋겠다. 오히려 겉만 화려하다는 느낌을 줄 수도 있으니 주의해야 한다. 옛날에는 대나무를 깎아서 적었다고 하는데, 요즘은 종이에 국한하지 않고, 플라스틱, 은명함, 금명함까지 나왔으니 격세지감할 노릇이다. 연예인처럼 자신의 컬러사진을 곁들인 명함도 종종 볼 수 있다.

이처럼 자신만의 이미지를 가질 수 있도록 개인 명함 하나라도 자신을 전달하는 매개체로서 활용할 수 있다. 표정이나 옷차림, 자신감 넘치는 태도 등은 전문지식 못지않게 개인의 자산가치를 높이는 요소이기 때문이다. 처음부터 명함을 만든다고 무리하게 몇천장 뽑지 않는 것이 좋다. 한 사람에게 명함 한 장을 주더라도 솔직하고 성심껏 주는 것이 좋다.

어쩌면 미래에는 당신 이름 석자가 가지고 있는 명함에 의해서 성패를 좌우할 것이다. 자기계발의 키워드는 당신의 브랜드 가치 향상을 위한 노력과 일맥 상통한다. 당신의 이름이 브랜드이고, 당신의 명함은 브랜드마케팅을 하는 선전도구이다. 당신의 열정이 전달되도록 개인 명함을 만들어보라.

인맥관리의 첫걸음 : 명함 교환 방법 7가지

> "자기 자신을 알려거든 남이 하는 일을 주의해서 잘 살펴보아라. 다른 사람의 행동은 나의 거울이다. 또 다른 사람을 알려거든 특히 그 사람을 아껴 주어라. 또 그 사람을 이해하려거든 먼저 자기 마음속을 들여다보아라. 네가 남에게 바라고 싶은 것을 네가 먼저 베풀어라."
>
> -시르렐-

인맥관리의 첫걸음이 바로 명함을 주고 받는 행위이다. 명함을 주고 받는 행위는 차후 다시 만날 수 있는 좋은 기회를 얻게 된다. 하지만, 명함에 낙서를 하거나, 명함에 꾸기거나 해서 명함 교환 방법까지도 모르는 사람이 많은 것 같다.

처음 비즈니스로 만났을 때는 일어서서 악수로 인사를 많이 한다. 악수는 당신에게 적의가 없음을 나타내는 의미에서 시작하여 결속을 의미한다. 악수할 때는 적당한 힘을 주어서 상대방으로부터 스킨십을 통해서 친근함을 표현할 수 있다. 악수를 청할 때는 윗사람이 먼저 청하는 것이다.

1. 명함을 받을 때는 정성껏 받으라

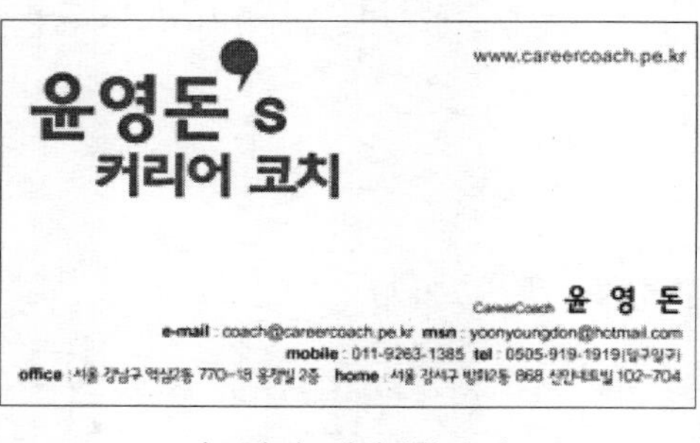

〈그림 1〉 개인명함의 예

인사를 하고 난 후 명함을 주고 받는 것이 좋다. 굳이 명함을 받는 순간 두 손으로 떠받듯이 받지 않아도 된다. 왼손으로 받되, 오른손으로는 같이 주고 받는 것이 자연스럽다. 악수와는 반대로 아랫사람이 먼저 건네는 것이 예의에 맞다. 하지만 여러 사람이 함께 주고 받을 때에는 가장 지위가 높은 사람이 먼저 건넨다. 명함을 받을 때 유의해야 하는 점은 정성을 다해 받는 자세이다. 상대편의 명함은 당신에게 주는 기회의 선물이라고 생각하라.

2. 명함을 받으면서 그때 정리하라

명함을 꺼낼 때에 지갑이나 수첩에서, 또는 주머니에서 꺼내는 것보다는 명함집에 넣고 다니는 것이 좋다. 명함을 받아서 너무 유심히 명함을 쳐다보기 보다는 간단히 훑어보고 자신과의 연관성을 생각한다. 나중에 직업별, 업무별, 개인별 등 용도에 맞게 명함을 분류해서 보관하는데 유리하다.

3. 상대편이 보는 앞에서 낙서하지 마라

인맥관리를 한다고 상대편이 보는 앞에서 명함에다 낙서를 하는 분도 가끔 본다. 상대편에게 물어보지 않고 낙서를 하는 것은 결례일 수 있으므로 유의해야 한다. 아무리 인맥관리가 중요하더라도 매너에 어긋난 인맥관리란 존재할 수 없다.

4. 상대편을 배려해서 물어봐라

명함을 주고 받는 태도 하나 하나가 당신을 판단하는 기준이 될 수 있다. 원칙을 중요시하되, 상대편을 배려하는 것이 매우 중요하다. 가끔 명함을 받고는 한자나 영어로 써서 이름을 잘 모르는 경우도 있다. 그럴 경우에는 상대편에게 양해를 구하고 물어보는 것이 좋다. 또한 악수를 싫어하는 사람에게 손을 내미는 것도 별로 좋지 않으니 꼭 의향을 물어봐라.

5. 자신을 소개할 슬로건을 찾아라

자신의 이름과 소속 회사를 밝힌다. 자신감 있는 목소리로 자신을 소개할 문구를 생각하는 것이 좋다. 자신이 맞는 슬로건을 찾는 것이 제일 중요하다. 필자의 경우, "언제나 도와드릴 당신이 있어… 행복합니다. 윤영돈 커리어코치입니다."라고 소개한다면 명함을 받는 사람이 호감을 갖을 수도 있을 것이다.

6. 명함을 건네는 때 상대편의 가슴 높이로 전달하라

상대편에 같은 위치에서 상대편의 가슴 높이로 이루어지는 것이 좋다. 제스처 역시 가슴높이를 벗어나게 되면 위압감이나 불편함을 줄 수도 있으니 유의해야 한다. 상대편으로 하여금 편안한 자세를 유지시키는 것이 중요하다.

7. 명함을 교환하는 것이 목적이 되지 마라

어떤 사람은 이야기도 없이 명함만 달랑 받고 사라지는 사람이 있다. 명함을 주는 것은 서로 연락을 해도 좋다는 승인의 행위이다. 언제 어떤 이유로 만났는지, 상대방의 인상과 특기 등 자세한 부분을 기억했다가 정리하라. 인맥관리의 첫걸음은 명함을 받는 행위에 머물지 말고 그 사람이 어떤 사람인지를 기억하는 것이다. 소중한 것을 배풀 줄 아는 미덕에서 출발해야 한다는 것을 명심하라.

1. 명함을 받을 때는 정성껏 받으라.
2. 명함을 받으면서 그때 정리하라.
3. 상대편이 보는 앞에서 낙서하지 마라.
4. 상대편을 배려해서 물어봐라.
5. 자신을 소개할 슬로건을 찾아라.
6. 명함을 건네는 때 상대편의 가슴 높이로 전달하라.
7. 명함을 교환하는 것이 목적이 되지 마라.

33 낯선 사람에게 먼저 손을 내밀어보라

"진정으로 누군가의 도움을 받기 원한다면 무엇보다 먼저 자신의 손부터 움직여야 한다"

• **디오도어 루빈**

사람들은 늘 변화를 꿈꾼다. 하지만 실제로 변화하는 사람은 많지 않다. 왜냐하면 낯선 것에 대한 막연한 두려움 때문이다. "떠나라! 낯선 곳으로 그대 하루하루의 낡은 반복으로부터" 고은의 말처럼 낯선 사람들을 만나기 보다는 늘 만났던 사람과 함께 시간을 보내기 쉽다. 어디론가 떠난다는 것은 낯선 곳과 낯선 사람들을 만나는 행위이다.

우리가 세미나에 참석해서 관련 업계 관계자와 명함을 주고 받는 행위 조차도 낯선 사람을 만나는 것과 같다. 이런 행위를 통해서 새로운 사람을 알아가는 것은 매우 중요하다. 당신이 동종 업계 관계자들과 인적 네트워크를 쌓아가는 자체가 당신의 가치를 높이는 행위

이다.

당신은 낯선 사람의 뒷모습을 보면 어떤 생각을 하는가. 낯선 것에서부터 자신의 강점을 찾아야 한다. 먼저 자신의 주변과 떨어지지 않고는 자신의 속을 들여다볼 수 없다. 자신의 정체성을 찾기 위해 많은 사람들이 여행을 택하는 이유도 여기에 있다. 낯선 것들이 어쩌면 당신의 운명을 바꿀 지도 모른다. 당신의 현재 위치에 오르기까지 어떤 전환점이 있었는가? 아니면 단지 주어진 환경에 맡기다 보니 현재 위치에 이르게 되었는가. 현재 위치에서 변화를 생각하고 있다면, 제일 먼저 낯선 세계와 마주 보아야 한다.

낯선 곳에서 사람들을 만나보라. 그리고 낯선 사람들을 배려할 줄 아는 여유를 가져보라. 실제로 타인을 배려하는 사람은 자신도 배려를 받는다고 한다. 우리가 직업을 구하려는 행위를 할 때도 마찬가지이다. 당신이 마음을 열면, 상대방의 마음도 열린다.

한 예로 SPM성공사관학교 서필환 대표는 처음 사람을 만날 때마다 인사를 못하고 있는 사람에게 먼저 손을 내밀고, 따뜻한 격려의 말을 아끼지 않으며, 처음 참석하는 회원들에게는 일일이 손을 잡으며 역량을 강화시키는 모습을 종종 본다. 역삼동 어느 호프집에서 일하다 군대 간 아르바이트 학생까지도 챙기시는 그 열정이 바로 사람을 움직일 수 있는 것이다.

그는 원래서부터 그런 사람이 아니었다. 직장을 다닐 때 고객만족활동 업무를 담당하다 보니 한국능률협회컨설팅과 교류하면서 다들 정보에 대한 공유에 대한 필요성을 알고 있지만 누가 먼저 베푸는 사람이 없었다고 한다. 마침 경기도에서 있었던 한 세미나에 참석한 대기업의 간부 23명이 고객만족활동의 중요성을 인식하고 서로 공유하자는 취지로 대한민국 CS클럽을 만들었고 그를 회장으로 추대했다. 돈도 안 되는 일을 맡았지만 그는 많은 시간을 투자하며 많은 정보를 베푸는 열정을 보여주었다. 대한민국 CS클럽은 회원들의 열성과 연령을 초월하여 참여도가 다른 클럽과 비교가 되면서 2개월에 1회씩 정기모임 및 세미나도 개최할 정도 많은 사람들이 공감하는 클럽으로 성장하고 있다.

사람의 마음을 움직여야 하는 사람에게는 '감동'이 절대적으로 필요하다. 사람의 마음을 움직이려는 사람은 이미지를 부드럽게 해주는 미소와 함께 따듯한 한마디를 잊지 말아야 한다. 당신이 먼저 상대방에게 마음을 열도록 해야 한다. 당신이 마음을 열리 않고 상대방이 다가오도록 내버려두는 것은 큰 실수를 하는 것이다. 당신이 하나를 얻으려 하다가 오히려 열을 잃을 수도 있음을 기억해야 한다.

단순히 자신만 똑똑하다고 성공하는 것은 아니다. 아무리 뛰어난 사람이라도 자신을 알리기 위해서는 서회장처럼 먼저 손을 내밀 줄 아는 여유가 있어야 한다. 그래야만 상대방이 당신을 알아준다. 성공한 프로페셔널리스트란 단순한 외골수적인 스페셜리스트를 의미하지 않는다. 현시대에서는 스페셜리스트면서 남을 포용할 줄 아는 제너럴리스트를 요구하고 있다. 먼저 낯선 사람에게 다가가 손을 내밀어보라. 무언가 당신에게도 변화가 감지될 것이다.

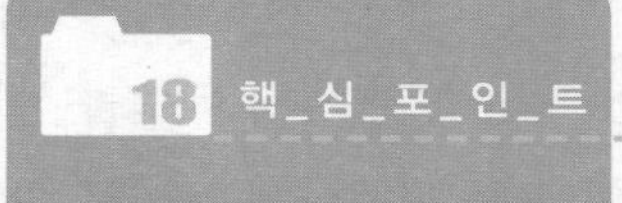

18 핵_심_포_인_트

낯선 사람과 친해지는 방법 7가지

1. 낯선 사람을 만나는 것 자체를 즐겨라

   늘 만나는 사람이 아닌 낯선 사람을 만나는 것 자체를 즐겨라. 그렇게 되면 그 사람을 만날 때 표정이 살아나서 좋은 관계를 발전할 가능성이 있다.

2. 동종 업체 관계자들을 만나면서 새로운 기회를 포착하라

   세미나나 모임에서 만나는 동종 업계 관계자들을 기억하라. 의외로 좁은 업계에서 함께 하는 새로운 비즈니스 기회가 나타날 것이다.

3. 낯선 사람들을 배려할 줄 아는 여유를 가져보라

   낯선 사람을 너무 경계하지 마라. 지나치게 경계하는 것은 좋은 기회를 차단할 수 있다. 낯선 사람들에게도 배려할 줄 아는 여유를 가지도록 노력하라.

4. 자신의 첫인상에 대해서 질문하라

   늘 만나는 사람보다 낯선 사람이 자신의 문제점을 잘 지적하는 경우를 종종 본다. 낯선 사람과 자신의 문제점을 이야기하다 보면 자신에 대한 문제점 파악은 물론 서로 친근하게 느껴진다.

5. 낯선 사람과의 공통분모를 찾아보라

   사실 공통분모를 이야기하다 보면, 같은 성씨에서 같은 지역, 같은 학교 등에서 취미, 특기 등 여러 가지를 찾을 수가 있을 것이다. 이런 공통분모는 서로 이야깃거리가 되며, 서로를 이어주는 하나의 끈이 되어 준다.

6. 약속을 할 때는 약속사항을 정확하게 메모하라

   처음 만나고 특히 두번째 만날 때에 약속사항을 정확하게 기억하라. 또한 첫번째 미팅에서 어떤 이야기를 했는지 적어두어서 읽어보고 가는 것이 그 사람에게 호감을 줄 수 있다.

7. 거리감 있는 호칭에서 친근한 호칭을 바꿔라

   어느 정도의 만남을 통해서 가까웠다고 판단하면 호칭을 바꿀 필요가 있다. 너무 거리감 있는 호칭으로 하여 더 이상 가까운 관계로 발전할 가능성이 적어질 수 있다는 점을 기억하라. 또한 무리한 호칭변경으로 오해 받지 않도록 사전에 허락 받고 변경하는 것이 좋다.

34 당신은 꼭 필요한 사람인가? 당신의 공헌도는?

"당신이 타고난 힘은 당신을 도울 준비가 되어 있다. 도움을 받는 사람보다 도움을 주는 사람이 되어라. 그것은 바로 지배력의 원천이다"

• 그라시안

사람들은 많은 모임에 참석한다. 이곳 저곳 쫓아다니다 보면 많은 조직에 속해 있는 경우를 종종 본다. 가끔 어떤 분과 이야기를 나누다 보면, 미팅 중독증에 걸린 사람이 있다. 이런 분들의 생각은 자신이 참석할 자리가 있다는 데 만족하는 경우가 많다.

결국 참석할 모임이 있고, 불러 주는 사람이 있다는 것에 만족하고 있는 것이다. 필자가 이야기하고 싶은 요지는 그 모임에 자신이 꼭 필요한 사람인가 다시 물어볼 필요가 있다는 것이다.

당신은 당신이 소속된 조직에 무엇을 공헌할 수 있을까를 고민해야 한다. 제너럴리스트에게 단순한 몇 년의 근속이 중요한 것이 아니라 공헌도를 근거로 판단해야 한다. 스페셜리스트에게는 성과를 무척 중요시한다. 하지만 정말 놓치기 쉬운 것이 바로 제너럴리스트 경험이다.

어려운 상황을 잘 극복하고 관리하고 있다면 그 사람의 능력이 어떠한가를 잘 보여주는 하나의 예이다. 그래서 위기 관리 능력으로 인재를 평가하는 방법의 하나로 많이 쓰이는 것이다. 위기를 잘 관리하는 사람에게는 그만큼 많은 기회가 올 것이고, 높은 지위를 부여 받게 될 것이다.

반드시 높은 지위로 올라갈수록 책임이 따르게 된다. 만일 그 사람의 성과(performance)가 유리한 상황에서만 이루어진 것이라면 그 능력을 의심 받기 쉽다. 정작 나중에 위급한 상황에서 어떻게 대처할 것인가를 꼭 생각해야 한다.

성과를 올리는 핵심인재는 공헌에 초점을 맞춘다. 단순히 지금 자신이 하고 있는 일에 머물지 않고 목표 달성을 위해 공헌에 초점을 맞추는 것이다. 핵심인재는 자신이 하고 있는 일보다 더 높은 곳을 지향하고, 목표를 위해 넓은 시각을 확보한다. 공헌에 초점을 맞추는 자체가 바로 핵심인재가 성장하기 위한 요소이다. 대다수의 스페셜리스트가 자신의 능력이나 성과에 비해 공헌도는 매우 낮은 수준인 경우가 많다. 자신의 권리에 집착하다 보면, 의무에 대한 부분을 놓치기 쉬운 것과 같다. 조직이 구성원에게 바라는 것 보다 구성원은 자신이 그 동안 해온 노력에 신경을 쓴다. 구성원들은 결과 보다 노력 자체에 의미를 둔다. 목표 달성에 이르지 못하는 이유가 된다.

예를 들어 홍보 담당자와 그 상사와의 관계를 보자. 홍보 담당자는 보도자료 및 PR 커뮤니케이션을 통해 여러 기자들과 접촉하면서 외근이 잦다. 하지만 그 상사는 외근 해서 업무를 하는지, 개인적인 일을 보는지 알 수 없다. 만일 홍보담당자가 단순히 자기 일만 하는데 몰두한다면, 비록 개인적인 성과가 좋더라도 조직 전체의 성과에 대해 나쁜 평가를 받게 되는 것이다.

피터 드러커가 직시했듯이 구성원이 조직의 목적 달성에 얼마만큼 공헌(contribution)하고 있는가를 심도 있게 생각해봐야 한다. 차츰 기업에서는 경력 개발 시스템인 CDP(Career Development Program)을 통해서 핵심인재 육성을 위해 경력개발계획, 목표관리, 평가, 인사관리 등을 도입해 종합적인 인재 육성책을 전개하고 있다.

직원들이 경력목표 및 개발을 기업에서도 조언 및 원조를 해주며 적재적소의 인사관리를 통해서 개개인의 자질향상에 일정부분 기여하고 있는 것이다. 개인 측면에서 보면 경력관리가 되고, 회사 측면에서는 조직관리가 되는 것이다. 결코 단순하게 구성원의 경력관리가 조직과 배치되는 것이 아니라는 사실이다.

당신은 꼭 필요한 사람인가? 이러한 질문을 통해서 자신이 소속된 기업이나 단체에 얼마나 공헌도가 있는지 생각해봐야 한다. 더 넓게 생각해서 사회 공헌도까지 사고를 넓혀야 한다. 불우이웃 돕기 행사, 고아원 방문행사 등 다양한 자원봉사 활동에 대해서도 생각해야 한다. 최근 기업도 마찬가지로 사회 공헌에 마케팅 하는 이유도 여기에 있다.

이들 기업 이익이 사회에 돌려 줄 만큼 안정권에 올라선 이유도 있겠지만, 거부감 없이 기업 브랜딩 할 수 있는 이유도 있다. 점점 고도화된 사회일수록 개인적 입장에서 자신이 속한 조직에 대한 공헌에 대해 생각하고 봉사하는 마음이 중요해 질 것이다. 지금부터 자신의 공헌도 관리를 시작하라.

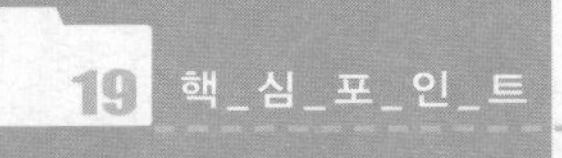

자신의 공헌도를 높이는 방법 7가지

1. 직접 미팅을 줄여라

실제로 만날 이유도 없으면 직접 미팅을 하는 사람이 많다. 효율적인 미팅을 하기 위해서는 단계별로 사전 조율이 끝난 이후에 직접 미팅을 하라.

2. 자신이 속한 조직의 상황을 파악하라

많은 사람들이 개인 주의가 팽배하다 보니 자신이 속한 조직을 등한시하는 경향이 있다. 조직에 대한 민감한 부분까지 알고 있어야 한다.

3. 자신의 공헌도를 생각해봐라

단순히 몇 년 근속했다는 것이 아니라 자신이 속한 조직에 어떤 위치를 차지하고 있는가를 냉정히 살펴보아라.

4. 위기관리 능력을 배양하라

위기를 잘 관리하는 사람에게는 그만큼 많은 기회가 올 것이고, 높은 지위를 부여 받게 될 것이다. 성공하려면 위기 관리 능력을 길러야 한다.

5. 자신의 권리 보다 자신의 의무를 챙겨라

자신의 권리에 집착하다 보면, 의무에 대한 부분을 놓치기 쉬운 것이 많다. 실제 우리사회에서 많은 문제점의 밑바탕에는 권리에만 집착해서 나온 결과가 많다.

6. 노력 자체 보다 결과에 주목하라

자신이 이룩한 결과 자체 보다 자신이 그 동안 해온 노력에 집착하는 경우가 종종 있다. 성과주의에서는 노력만으로 인정 받기 힘들다.

7. 자신의 공헌도 관리를 시작하라

사회가 점점 고도화될수록 개인적 입장에서 자신이 속한 조직에 대한 공헌에 대해 생각하고 봉사하는 마음이 중요해진다. 자신의 공헌도 관리를 하지 않는 사람은 결코 리더가 되기 힘들다.

35 실패를 두려워하기 보다 실패의 확률을 줄여라

"내가 걷는 길은 험하고 미끄러웠다. 그래서 나는 자꾸만 미끄러져 길바닥 위에 넘어지곤 했다. 그러나 나는 곧 기운을 차리고 내 자신에게 말했다. 괜찮아. 길이 약간 미끄럽긴해도 낭떠러지는 아니야"

• **링컨**

많은 사람들이 잘못된 길을 선택한다. 그리곤 때 늦은 후회한다. 우선 내가 어느 위치에 서 있는지 점검해봐야 한다. 우리에게 두려운 것은 바로 지금이 인생의 터닝포인트일지도 모른다는 사실이다.

사람들은 고속도로를 달린다. 무작정 달리다 어느 순간 잠시 휴식을 위해 갓길에 차를 세운다. "휴우~" 길게 한 숨을 쉬었다가 다시 출발하려 할 때, 불현듯 "내가 어디로 가려고 했지" 당신도 되뇌어 본 적이 있는가. 뒤통수 맞을 것처럼 자신의 갈 방향을 잃어버려 어디로 가야 할 지 몰라서 헤맨 기억이 있을 것이다. 고등학교, 대학교, 취직, 결혼 등 정해진 코스를 달리다 보면, 인생 역시 잘못든 길에서 방황하거나 오히려 엑셀레이터를 더욱 밟아 자신의 의지와는 상관없

이 더욱더 다른 쪽으로 어긋난 가속도가 붙은 경우가 있을 것이다.

현재 한국리더십센터 코치로 일하고 있는 권윤구 씨가 그런 경우이다. 그는 연세대 법대를 나와 다시 사법고시를 1차 합격 후 자신의 인생 방향을 바꾼 사람이다. 권 씨는 이렇게 이야기한다. "중학교 때부터 홍콩영화에 빠져 있었고, 고등학교 때는 시문학 동아리와 교내신문 초대 편집부 활동을 했으며, 고3 때 '태백산맥' 전질을 읽고 감격스러워 하던 녀석이 전공을 법학과로 한 것은 아무래도 실수였지 않을까요? 왜 그때 내가 좋아하는 일을 미친 듯이 파고 들어서 공부하고 싶다는 결정을 내리지 못했을까요?" 자신처럼 잘못된 길을 가고 있을 사람에게 자신의 경험을 나눠주고 싶어 한국리더십센터에서 일하고 있는 그는 자기 자신에 대해 매우 만족스럽고 행복해 보였다.

"아침에 눈을 떴을 때, 사랑스러운 아내와 함께 살고 있다는 사실에 언제나 감사하고, 출근길은 흥겹고, 일과시간은 매일 새로운 것을 배우고 제 자신이 조금씩 성장하고 있다는 사실에 즐겁습니다." 자신이 좋아하고 하고 싶은 일을 찾은 듯 보였다. 권 씨처럼 잘못된 길에 들어섰더라도 포기하지 않고 자신의 경험을 토대로 새로운 일을 찾는 것이 중요하다. 이제 권 씨는 자신의 포지션을 찾고 있는 듯 보였다.

많은 사람이 실제로 뛰어 보지도 않고 지레 겁먹어 포기한다. 해볼 만한 일이라면 실패를 두려워하지 말고 도전해보는 것이다. 몇 차례 실패를 하면 어떠한가. 그 실패를 딛고 일어설 준비가 되어 있다면 해볼 만한 도전이라 생각된다. 자칫 완벽하게 하려고 늑장을 부리다가 결국 해보지도 않고 포기한 적이 없는가.

프로야구 최초의 대도(大盜) 김일권 선수를 기억하는 사람은 적을 것이다. 도루 성공을 많이 했던 선수일수록 도루 실패도 많이 했다는 이야기이다. 세상에 100% 성공했던 사람이 어디 있겠는가. 김일권 씨는 원년부터 3년 연속 도루왕에 올랐고 태평양으로 옮긴 89 · 90년에도 타이틀을 거머쥐어 유일하게 5차례나 도루왕에 등극했던 선수이다. 그는 842경기에 출전해 363도루를 성공했다. 프로야구 출범 때부터 5번이나 도루왕을 차지했던 김일권 씨는 현재 삼성 코치로 활동하고 있다. 그가 이야기 하는 도루비법은 도루란 발로 하는 게 아니라 머리와 슬라이딩으로 하는 것이라는 말에 주목할 필요가 있다. 그만큼 상대의 수를 읽는 능력과 슬라이딩 기술이 처음 스타트나 속도 보다 더 중요하다는 말이다.

물론 무모한 도전이 아니라 상대방의 허점을 파고들어서 실패 확률을 줄여서 도전해야 한다. 1986년 8월 21일 삼성전에서 최초의 200도루, 1989년 9월 7일 해태전에서 300도루를 각각 달성했던 김일권 씨는 분명 프로야구 최초의 '대도' 로 기억될 것이다. 한 분야에 전문가로 기억되려면 포기하지 말고 일어나 뛰고 슬라이딩을 할 줄 아는 배짱을 가져야 한다.

20 핵_심_포_인_트

도루에서 배우는 성공 비법 4가지

1. 스타트를 빨리 끊어라

스타트(start)는 자신의 인생 시작점을 좌우한다. 어떻게 하면 투수의 투구 모션을 빼앗아 빠른 스타트를 끊어야 하는지 생각하라.

2. 전속력으로 뛰어라

스피드(speed)는 인생의 중간점에서 큰 힘을 발휘한다. 물론 남들보다 빠른 스피드가 기본이기는 하지만 체력 안배를 하려면 강약을 조절해야 한다.

3. 마지막 피치를 내라

슬라이딩(sliding)는 인생의 종착점에서 승패를 좌우한다. 수비수의 태그를 피해 들어가는 재치 있는 슬라이딩이야 말로 그 사람의 성공 여부를 결정한다고 해도 과언이 아니다.

4. 전체를 읽을 수 있는 센스를 배워라

센스(sense)란 다른 사람과 환경을 이해하는 것이다. 만일 자신만 살고자 도루를 한다면 성공하더라도 팀플레이에 전혀 도움이 되지 않는다. 세상의 트렌드를 읽을 수 있는 센스가 꼭 필요하다.

36 참고 견디는 힘이 더 멀리 뛰게 한다

"참을성이 적은 사람은 그만큼 인생에 있어서 약하다. 한 줄기의 샘이 굳은 땅을 헤치고 솟아 나오듯 참고 견디는 힘이 마침내 광명을 얻게 한다. 하나의 어려운 일을 참고 극복하면, 강한 힘의 소유자가 된다. 고난과 장애물은 언제나 새로운 힘의 근원이다.
그러므로 고난과 장애물 앞에서 결코 낙심하지 말자. 오히려 그것을 딛고 일어서서 더 멀리 바라보자. 그것을 발판으로 하여 더 멀리 뛰자"

• **러셀**

가수 김흥국 씨는 무명 10년 만에 '호랑나비'로 일약 유명인이 된 케이스이다. 무명 10년은 그의 말마따나 가진 건 몸 밖에 없으니 그저 몸으로 때워야 했던 시절들이었고 남몰래 눈물도 많이 훔쳤다. 어릴 때 그는 축구를 좋아했지만 축구화를 살 수 없을 정도로 생활이 어려웠다고 한다. 유명해진 이후 남들보다 축구 홍보에 앞장 서고 월드컵 때도 대대적인 활약을 할 수 있는 원동력이 되었다.

굉장히 낙천적인 소유자인 그는 어떤 고난과 장애물이 와도 참고 견디는 힘을 길렀고 그것을 통해 딛고 일어서고자 노력했다. 이런 원동력이 주위에 어려운 분들을 보면 그냥 지나치지 못하게 했다. 비록 가진 것을 없지만 나누려고 했다. 그가 크고 작은 선행을 베푼 것도 바로 어려움을 누구보다 잘 알기 때문이다.

'호랑나비' 가 뜬 이유는 아마도 그의 천성대로 상식을 깨는 춤과 꾸밈 없이 노래를 불러 편안했기 때문이다. 특유의 허스키한 웃음이 들어간 노래는 원래 의도된 것이 아니라 기분이 좋아 그냥 낄낄거린 것이 녹음되었는데, 콧수염이 그 모습의 일부이듯 "낄낄"거리는 웃음소리도 성공적인 요인이 된 것이다. 그의 얼굴은 항상 웃는 얼굴이다. 오랫동안 억지로라도 웃는 표정으로 살다 보니 얼굴 근육이 그대로 굳어버렸다는 김흥국 씨는 결코 낙심을 모르는 사람이다.

Q. 김흥국 씨를 생각하면 가수에서부터 축구, 불교, 해병대 등 많은 것이 떠오릅니다. 처음 연예인이 된 계기는?

어렸을 때부터 모든 것에 호기심이 많았던 저는, 고등학교에 올라가면서부터 음악에 좀 더 많은 관심을 기울이기 시작했습니다. 그래서 서라벌고등학교 재학시절, 밴드부에 가입하게 되었죠. 엄격한 선배들의 군기를 참아가면서 음악의 묘미를 제대로 느끼게 되었고, 내가 앞으로 쭈욱 해나갈 수 있는 일, 진정으로 내가 잘 할 수 있는 일이 바로 이 음악이구나… 하는걸 깨닫게 됐습니다.

하지만 사회에 나가 전문적으로 음악을 하다 보니 힘든 점도 참 많더군요. B급 그룹의 일원으로 서러움을 맛보기도 했고, 작곡가 사무실에서 허드렛일이나 하며 눈치만 보던 시절도 있었습니다. 그렇게 10여년간의 무명생활을 지내던 어느날, 열심히 노래를 부르며 다니던 끝에 제 노래가 빛을 발하게 되었고 그렇게 인기가수라는 힘든 대열에 낄 수가 있게 되었죠. 오죽하면 '무명가수 무명가수' 해서 제 이름의 호가 혹시 '무명'이 아닐까 할 정도로 기나긴 무명생활의 끝에 찾아온 기회였습니다.

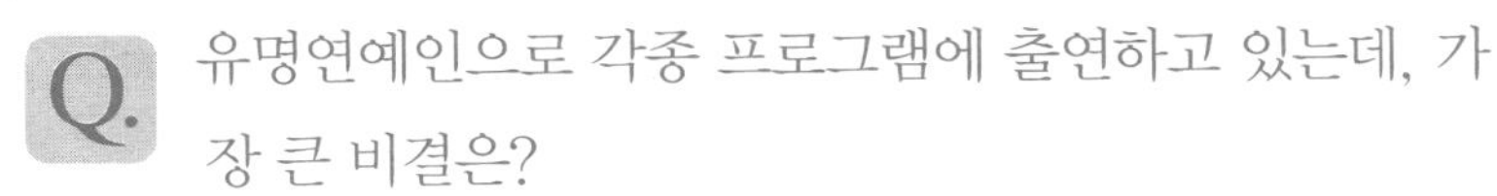

Q. 유명연예인으로 각종 프로그램에 출연하고 있는데, 가장 큰 비결은?

편안함과 솔직함, 이것이 제게 있어 가장 큰 무기이자 장점입니다. 사실 연예인으로 살아가다 보면 카메라 앞에서, 관객 앞에서 자신을 속이고, 포장하고, 돋보이려 노력하고자 하는 충동이 일어나곤 합니다. 하지만 그건 그저 연기일 뿐, 제 진짜 모습은 아니죠. 방송국과 각 가정의 라디오 및 TV까지는 거리가 아주 멀지만 마이크를 타고, 브라운관을 타고, 또 제 목소리를 타고서 진실은 통하는 법입니다.

저도 고생을 했던 사람이고, 평범한 소시민의 한 사람으로서 그저 마음을 통할 수 있는, 그러면서 즐거움을 줄 수 있는 좋은 친구이자 형제, 혹은 동네 아저씨처럼 마음을 다할 뿐이죠. 아, 저 사람도 우리랑 똑같은, 아니 어쩔 땐 나보다도 더 부족한 면도 있는 내 주위의 이웃일 뿐이구나… 하는 동질감이, '김흥국'이란 인간에 대한 호감도를 더 높여주는 것이라 생각됩니다.

Q. 밑바닥부터 시작하는 사람들에게 해줄 말이 있다면?

"쥐구멍에도 해뜰날있다"는 말이 있죠. 하지만 그 쥐구멍도 문이 닫혀있으면 아무리 해가 떠도 그 빛은 들어오지 않습니다. 노력 없이 기다리기만 한다고 해서 해결되는 건 아무것도 없다는 뜻이죠. 가끔 보면, 제대로 된 노력도 하지 않으면서 그저 언젠간 풀리겠지… 하는 안이한 마음으로, 주위에 잘되는 사람들을 보면 운이 좋아 저러겠지… 하는 질투심만 키운 채 하루하루 시간을 버리는 사람이 있습니다. 이런 사람들은 아무리 시간이 흘러 좋은 기회가 찾아온다고 해도 성공할 수 없습니다.

축구할 때도 보세요. 자신의 포지션에서 가만히 서 있는다고, 게임이 풀립니까? 공을 쫓아 이리저리 뛰어다녀야만 볼을 잡을 수 있고, 그래야만 슛을 날릴 수 있는 겁니다. 앉아만 있기엔 세상은 호락호락하지 않습니다. 좀더 넓은 시야를 가지고서 열심히 뛰는 것! 그것만이 좀 더 나은 내일을 위한 지름길일 것입니다.

21 핵_심_포_인_트

김흥국 씨의 퍼스널 브랜드 전략 3가지

1. 솔직하게 접근하라

김흥국 씨의 가장 큰 무기는 솔직함이다. 자신을 속이고, 포장하지 않고 자신의 진짜 모습을 보여주고 노력했다. 가끔 그것이 지나친 애드립으로 주위 사람을 당황하게 하는 것도 사실이지만 평범한 이웃 같은 이미지를 확보하는데 그의 천성대로 꾸밈 없이 솔직하게 접근한 것이 브랜드 전략에 주효했다.

2. 자신이 좋아하는 일을 하라

김흥국 씨는 자신이 좋아하는 축구를 위해 뛰었다. 자연스레 축구사랑모임 회장, 월드컵문화시민예술단 단장, 한.일 월드컵축구대회 안전홍보위원 등 축구에 관련된 직함을 여러 개를 갖게 되었고 축구에 대한 사랑으로 오히려 많은 사람들에게 사랑을 받고 있으며 널리 자신을 알리는 계기가 되었다.

3. 자신의 트레이드마크를 확보하라

김흥국 씨는 콧수염, 너털웃음 등 자신의 트레이드마크(trademark)를 확보하여 동네 이웃집 아저씨 같은 이미지를 굳건히 하였다. 1989년 각종 차트에서 정상을 차지한 '호랑나비'로 일약 '10대 가수'에 선정되는 기염을 토했다.

TV 프로그램 〈일요일 일요일 밤에〉에 나와 결혼 상대자 소개와 태어날 아이의 이름을 '번칠이'로 짓고 임신과 출산의 과정을 공개해 더욱 인기를 높였고, 유행어 '아~응애에요'로 히트를 쳤다. 자신의 트레이드마크를 확실히 대중에게 포지셔닝 하여 그의 방송생명력을 길게 연장시킬 수 있었던 것이다.

37 당신의 직업이 10년후에도 유효한가

"다가올 10년 동안에 성공하게 될 기업은 전반적인 업무방식을 혁신하기 위해 디지털 도구를 활용하는 기업일 것이다"

• 빌 게이츠

온라인 구인구직 사이트인 리크루트 마케팅 팀장인 김지현 씨는 다양한 사이트에 칼럼을 기고하고 컴퓨터와 각종 디지털 활용 서적을 집필하는 테크라이터로 활동하고 있다. 김 씨는 대학 때부터 국내 주요 컴퓨터 잡지사의 컴퓨터 하드웨어, 소프트웨어 분야의 테크라이터로 활동하면서 주로 하드웨어 벤치마크, 리뷰 등의 테스트 참여했고, 그런 경험을 토대로 하여 'PC로 구현하는 홈시어터 길라잡이' '초고속 인터넷 200배 즐기기' 등을 출판했다. 현재는 코리아인터넷닷컴(korea.internet.com)에 '김지현의 디지털 세상' 이라는 주제로 칼럼을 기고하고 있다.

김 씨는 마케터, 테크라이터, 칼럼니스트로 1인 3역을 수행하고 있다. 그는 앞으로 최소한 10년 후에는 더욱더 디지털 기기에 대한 의존도가 더욱 커질 것이라고 전망한다.

처음 테크니컬 라이터로 활동하게 된 계기는?

PC통신의 중흥기였던 1993년부터 컴퓨터에 빠져들면서 컴퓨터 동호회 활동을 통해 많은 정보를 얻었고 전문가들의 도움 덕택으로 남보다 컴퓨터를 빠르게 배울 수 있었습니다. 그러한 도움에 대한 고마움으로 95년부터 PC통신의 컴퓨터 관련 동호회에 초보자들을 위한 강좌를 만들어 게시판에 올렸습니다. 이렇게 게재된 강좌가 큰 인기를 얻게 되었고 출판사에서 강좌를 책으로 만들자는 제안을 받게 되었습니다.

처음 강좌를 만든 것은 지극히 개인적인 열정과 동호회에 대한 고마움 때문이었습니다. 이러한 아마추어적인 강좌를 책으로 출간하자는 제안에 저는 망설이지 않을 수 없었습니다. 저는 컴퓨터를 전문적으로 교육 받은 것도 아니며 책을 출간할 정도로 글재주가 있는 것도 아니었습니다. 하지만 도전의식과 호기심으로 책을 쓰기 시작했으며 처음 출간된 책(미래정보사의 컴퓨터119)이 큰 호응을 얻으며 베스트셀러가 되었습니다. 그 이후 잡지사와 출판사에서 제안이 이어지면서 프로 테크라이터로서 경력을 쌓을 수 있게 되었습니다.

테크라이터로 활동하면서 다양한 기회가 주어지게 되었습니다. 이후 출간된 컴퓨터 조립과 수리에 대한 서적이 다시 베스트셀러가 되면서 KBS 연수원에서 강의 제안이 오게 되었고 그게 인연이 되어 행자부, 정통부 등의 연수원에서 강의로 이어지게 되었습니다. 또한 캠퍼스21에서 온라인 강사로 참여하게 되었으며 이러한 강의 경험이 방송활동까지 이어지게 되었습니다. 즉 도전의식을 가지고 시작한 당돌한 첫 서적집필이 강의, 방송 등의 다양한 경력으로 이어진 것입니다. 처음 무모한 도전을 시작하지 않았다면 그 이후의 경력 또한 만들어질 수 없었습니다.

Q. 현재 취업 사이트 리크루트 팀장이 된 가장 큰 이유는?

1995년부터 프리랜서 생활을 하다가 2000년 1월1일에 회사생활을 하기 시작했습니다. 컴퓨터분야의 책 집필, 강의 등은 평생 부업으로 하기에는 적당하지만 주업으로 하기에는 많은 노력이 필요하고 불안정하다는 생각이 들어 취업을 결정하게 된 것입니다. 게다가 혼자서 하는 프리랜서의 업무보다 회사 내에서 하는 조직적인 업무를 통해 더 많은 기회와 경력을 관리할 수 있다는 생각에 취업을 선택한 것입니다.

테크라이터로서의 경력을 기반으로 콘텐츠 집필 업무를 맡으며 콘텐츠 기획과 웹기획을 경험하면서 인터넷 비즈니스의 실무 경력을 쌓게 되었습니다. 이후 웹기획 팀장으로 이직하면서 웹기획자로서의 경력관리에 성공하였습니다. 그리고 현재의 직장(리크루트)은 이러한 경력관리를 통해 습득된 능력을 100% 보여줌으로써 입사의 기회를 얻을 수 있게 되었습니다. 그리고 웹기획에서 벗어나 웹 마케팅에 대한 경력을 습득하기 위해 부단한 노력과 학습을 통하여 현재의 마케팅 팀장이라는 자리에 앉게 되었습니다. 현재가 아닌 1년, 3년, 10년 후의 저를 목표로 경력관리를 하며 지금의 저를 연마하고 단련하고 있습니다.

현재 직업은 선택하는 기로에 서 있는 사람에게 해줄 말이 있다면?

직업은 결혼, 직장은 연애에 비유할 수 있습니다. 직장은 여러 번 옮기면서 경험을 쌓을수록 좋습니다. 하지만 직업은 평생 가져가야 할 것이기 때문에 처음에 선택할 때 적성과 능력에 맞도록 후회하지 않도록 정확하게 선택해야 합니다. 첫 직장을 선택하는데 너무 까다로울 필요는 없습니다. 연애를 통해 사랑을 알고 이별을 통해 사랑을 배우면서 평생 같이할 배우자를 선택하는 것처럼 직장 역시도 평생 직업을 선택하기 위한 배움터라고 생각해야 합니다.

제가 하고 싶은 것과 할 수 있는 것이 다를 수도 있습니다. 이 두가지가 일치하는 사람은 정말 행복한 사람이겠죠. 하지만 대부분의 사람이 하고 싶은 일과 할 수 있는 일에 차이가 있기 마련입니다. 하고 싶은 일을 선택하면 마음은 편하지만 몸이 고되고 성과가 없기 마련입니다. 할 수 있는 일을 선택하면 일로 인정을 받을 수는 있지만 일을 통해 보람과 행복을 느끼지 못할 수 있습니다. 그러므로 직업을 선택할 때 자신의 능력과 꿈에 대해 고민하고 눈높이를 조절해야 합니다. 그 고민을 하는데 여러 곳의 직장이 도움이 될 수도 있습니다. 평생직장이 사라지고 경력자 위주의 노동시장에서 직장 경력 3년 미만의 신입에게는 여러 직장 생활의 경험이 이러한 눈높이 조절에 큰 도움을 줄 수 있습니다.

당신의 열정과 도전의식을 쫓아라.

김지현(IT 테크라이터, www.oojoo.co.kr)

프리랜서와 직장생활을 통해 얻게 된 커리어(Career)는 일에 대한 열정과 나에 대한 자존심이 만들었다고 해도 과언이 아니다. 자존심은 자신의 능력과 선택에 대한 확신을 내게 주었으며 그 확신을 지키기 위해서는 더욱더 나 자신을 채찍질하고 연마해야 했다. 그 채찍질이 아프고 싫어질 때면 일에 대한 열정이 나를 지탱해주며 앞으로 나아갈 수 있도록 해준 것이다. 즉 내가 현재 종사하고 있는 직업과 일을 사랑해야 하며 나 자신을 믿은 것이 성공적 경력관리에 일등공신이었다고 생각된다.

또한 성공적인 삶과 보람찬 성과의 가장 큰 미덕은 성실함이다. 일을 잘하고 인정받기 위해서는 해박한 지식, 꼼꼼함 그리고 분석력과 판단력 등의 논리적인 이성과 사고도 물론 중요하다. 하지만 성실함에는 당할 수 없다. 꾸준하고 부단한 노력과 끈기는 그 어떠한 지식보다 더 값지고 중요하다. 나는 1995년 테크라이터로 글을 쓰면서 약 5년 동안 20여권의 서적을 집필했고 수 천장 분량의 잡지 기사와 칼럼 등을 기고하였다. 나태함과 순간의 쾌락의 시간보다는 일에 투자한 시간의 성실함이 현재의 나를 있게 한 두 번째의 공신이었던 것이다.

나의 경력관리에 보탬이 된 마지막 미덕은 도전의식이다. 처음 테크라이터라는 직업을 시작하게 된 것, 강의와 방송을 경험한 것 그리고 콘텐츠 기획자, 웹기획자, 마케터 등의 다양한 직종에 도전한 것은 변화를 두려워하지 않고 현재에 안주하지 않으려는 도전의식에서 비롯된 것이다. 물론 너무 잡다한 업무 경력은 자칫 팔방미인보다는 그 어느 하나 잘하지 못하는 방랑자로 비춰 보일 수도 있다. 나의 최종 목적지는 인터넷 사업 기획, 전략 기획자로서의 포지셔닝이다. 이 목적을 위해 콘텐츠 생산과 기획, 웹 기획과 마케팅 등의 다양한 업무 경력을 쌓으며 경력관리를 하고 있는 것이다. 이러한 목적지에 맞는 경력관리 계획을 세웠기 때문에 안정된 현실의 변화에 두려워하지 않고 도전의식을 가지고 과감하게 지금의 나를 깨뜨리고 변화를 쫓았던 것이다.

38 차근차근 밟아서 최고가 되라

"최고의 상태는 최하의 상태에서 생긴다"

• P.시루스

'정보의 달인' 저자 박명수(www.moongchi.pe.kr) 씨는 차근차근 밟아서 지금에 위치가 올라온 입지전적인 인물이다. 고등학교를 졸업 후 IT 기술을 배우기 위해 곧바로 상공부산하 한국정보기술연구원(KITRI) 제 19기에 수료했다. PC통신광고대행사 ㈜키노피아 온라인 광고 기획을 거쳐서 네트워크전문업체 ㈜코리아링크 인터넷사업팀장, 웹에이전시 ㈜홍익인터넷 기획 1팀장 등에서 경험을 쌓다가 웹컨설팅전문업체 ㈜시도우 창업 및 마케팅 이사, 정보통신부 산하 (재)한국DB진흥센터 온라인사업팀장 등 현재 ㈜디지틀조선일보 기획운영부 서비스개발팀 팀장으로 재직 중이며, 현재 서울디지털대학 e경영학부 e마케팅학과 재학 중이다.

Q. 처음 웹 관련 일을 하시게 된 계기는?

1991년 경영정보시스템(MIS)을 개발하던 S/W개발업체에서 프로그래머로 사회생활을 시작했습니다. 요즘에 비해서는 덜하지만, 학력보다는 실력을 조금 더 인정해 준다는 이야기를 듣고 시작한 컴퓨터 관련업무를 하면서, 무엇이든 배워야 한다는 생각을 했습니다.

그러다가 1993년 회사에서 천리안(당시 데이콤 PC-SERVE)에 기업홍보를 위한 포럼을 열었고, 고객들에게 회사에서 개발한 소프트웨어를 다운로드 할 수 있도록 해주고, 각종 문의사항에 응답해 주는 등의 포럼 관리를 제게 맡겼습니다. 그것이 제가 온라인 세상과 만나게 된 첫 인연이었습니다.

그렇게 6개월 이상 PC 통신 포럼을 운영하면서 온라인 세상에 대한 매력을 느껴 갈 때쯤, 회사의 경영 악화로 포럼 서비스를 중지하였고, 저는 보다 더 제대로 PC 통신을 배워보고 싶어서 수소문 끝에 PC 통신에서 유료 회원제 영화 클럽을 운영하며, 온라인 광고를 담당하는 ㈜키노피아라는 회사로 옮기게 되었습니다.

약 6개월에 걸쳐서 쌍방울 다반, 삼성뮤직, 온라인 선거 포럼 등 광고 및 포럼을 운영하다가 무언가 부족함을 느꼈습니다. 아무래도 텍스트 기반의 PC 통신 광고로는 채울 수 있는 그 무엇이 있었으니까요.

당시 광고 기획 업무 외에 인터넷(주로 텔넷)을 이용하여 해외의 영화 VHS나 LD를 구매하는 것이 업무였던 저는 우연한 기회에 모자익(웹브라우저)이라는 프로그램을 알게 되었고, PC통신의 한 서비스로만 알던 인터넷에 월드와이드웹(World-Wide-Web)이라는 발전된 온라인 세상이 있다는 사실을 알게 되었습니다.

기껏해야 색이 들어간 글자로 표현할 수 없던 PC통신에 비하여 사진도 올릴 수 있고, 하이퍼링크도 가능한 웹은 새로운 세상이었습니다. 그래서, 당시 ㈜키노피아의 디자이너였던 선배님과 함께 회사의 홈페이지를 만들어 보게 된 것이죠.

그리고는 아예 1995년 10월, 네트워크전문업체인 ㈜코리아링크에 인터넷사업팀을 꾸려 시작한 것이, 지금까지 웹사이트 구축, 인터넷 광고, 인터넷 마케팅, 웹컨설팅 업무를 해오고 있는 계기가 되었습니다.

고등학교에서 사회로 먼저 나와 차근차근 커리어를 쌓았는데, 그 가장 큰 이유는?

고등학교 2학년 때, 학생회장을 하게 되었습니다. 그것도 각반의 반장들이 뽑는 학생회장이 아닌 전교생이 직접 투표를 해서 뽑는 직선제 학생회장을 하게 된 것이죠. 그러다 보니, 학생 문제에 좀 더 관심이 많았고, 대학 진학 여부에 따라 삶이 달라져야 한다는 사회 풍토가 못마땅했습니다. 이미 2학년 교실에는 대학을 가려는 학생들과 대학 진학을 포기한 혹은 포기 당한 학생들이 나뉘어져 있었고, 오로지 대학을 가려는 학생들을 위한 교육과정에 나

머지 학생들은 거의 버려지다시피 했습니다.

그러다가 마음 먹기를, 내 스스로가 대학을 가지 않고도 사회 생활에서 성공할 수 있다는 모델이 되고자 했습니다. 그래서, 진학을 포기하고 바로 사회에 뛰어 들게 된 것이지요.

그렇게 학교를 졸업하고, 그리고는 학력보다는 실력을 우선시해 줄 수 있는 분야를 공략하기로 마음먹고 전산업무를 배우기로 시작했습니다. 당시 대학교를 졸업해야 들어갈 수 있었던 상공부 산하 전산전문교육기관이던 KITRI(한국정보기술연구원)에 취업 추천을 받지 않는다는 조건으로 들어가게 되었고, 6개월간의 교육을 받음으로써 본격적인 사회 생활을 시작하게 되었습니다.

첫 직장을 선택하려는 사람들에게 해줄 말이 있다면?

취업하기가 하늘의 별따기인 세상이 지속되고 있습니다. 또 그렇게 입사를 한다고 해도 정년까지 일하는 것도 정말 어려운 세상이지요. 즉, 실제로 직장에서 일을 통한 자기 실현을 할 수 있는 시간이 현저하게 줄어들고 있다는 것입니다. 따라서 이제는 예전과 달리 무조건 들어가고 본다거나 다니면서 적성에 맞는 일을 찾아보겠다는 생각은 버려야 합니다.

이제는 첫 직장을 선택하는 것부터가 전략적이어야 합니다. 그러기 위해서 나 자신을 제대로 파악하는 것이 중요합니다. MBTI 테스트를 해보거나 에니어그램 분석을 해보는 것도 좋은 방법이겠지요. 커리어 컨설턴트를 만나서 상담을 해보는 것도 좋은 방법입니다. 그래서 첫 직장부터 원하는 일을 할 수 있는 곳을 선택할 수 있도록 노력해야 합니다. 필요하다면 추가적인 교육을 다시 받아야 할 수도 있습니다.

그렇게 목표하는 업무가 정해지면, 그 일을 이미 하고 있는 이들과 이야기를 많이 나누시길 바랍니다. 요즘 원하는 일을 하는 홈페이지에서 메일 주소를 찾아서 개인 메일을 정중하게 보내볼 수도 있을 것이고, 그 업무를 하는 이들의 동호회나 커뮤니티에 가입해서 이야기를 듣는 것도 방법일 것입니다. 막연한 환상이 아닌 실제 업무를 확인하고 시작하셔야 합니다.

그리고 마지막으로 더 붙이자면, 중요한 것은 일을 할 수 있는 능력과 경험입니다. 첫 직장을 그 분야의 전문가가 모여 있는 안정된 직장에서 시작하는 것이 물론 좋겠습니다만, 그 분야의 전문가가 되자면 오히려 중소기업, 아니 좀 더 열악한 환경에서 시작하는 것이 좋을 수도 있습니다. 시스템화되지 않은 곳에서는 업무영역이라는 것이 따로 없으니, 그 분야의 업무를 두루두루 체험할 수 있으며, 동시에 경력도 쌓을 수 있습니다. 부족하다는 것은 더 나아질 수 있는 가능성이 높다는 뜻입니다. 필요한 것은 그 일을 잘 할 수 있는 능력과 경험을 쌓을 수 있는 기회입니다. 첫 직장에서 대우가 조금 나쁘더라도 더 많은 기회를 얻을 수 있다면, 나중에 모두 보상 받을 것입니다.

여러분, 이제 여러분은 일에 줄을 서야 합니다. 정말로 첫 단추가 중요합니다. 나 자신을 스스로 알고 가장 하고 싶은 일에, 가장 잘 할 수 있는 일에 줄을 서시기 바랍니다. 그것이 여러분의 꿈을 이루어 주는 지름길입니다.

자신의 경력을 쌓아가는데, 핵심이 된 요소는 뭐라고 생각하십니까?

아직 경력을 쌓아가는 중이라 이런 이야기가 어떨는지 모르겠지만, 굳이 이야기하자면 더 나은 미래에 대한 갈구와 새로운 세상에 대한 끊임없는 호기심, 그리고 지금 하는 일에 대한 열정이 중요했다고 생각합니다.

적절한 예일지는 몰라도, 자기가 좋아하는 일을 하며 풍요롭게 사는 사람을 보고 어떤 이는 부러워하고, 어떤 이는 질투를 합니다. 그리고 또 어떤 이는 나도 그렇게 되어 보겠다고 의욕을 불태우지요. 저는 세 번째에 해당합니다. 남들이 잘되면 나도 그렇게 되어야 합니다. 남들이 무언가 새로운 시도를 하기 전에 제가 먼저 시도해야 합니다. 지고 싶지 않은 마음이지요.

현실에 안주해서는 앞으로 나아갈 수 없습니다. 지금보다 더 나은 미래를 늘 꿈꾸며 하루에 한발은 더 나아가야 한다는 생각으로 늘 스스로의 부족함을 체크하고, 많은 멘토를 따라서 달려갑니다.

그리고, 새로운 세상에 대한 호기심을 억누르지 않습니다. 결혼은 해도 후회하지 않아도 후회라고 합니다. 하지만, 많은 이들이 결혼을 하고 후회하는 편이 훨씬 좋다라고 이야기합니다. 마찬가지라고 생각합니다. 남들이 가지 않은 길 혹은 일부 몇 명만이 선택한 길이라 하더라도 그 길을 가고 싶은 호기심이 생기면 충분히 고민한 뒤 가야 합니다. 혹시 막다른 길이라고 하더라도 가보는 편이 미련을 남기지 않기 때문입니다.

마지막으로 현재 하고 있는 일에 대한 열정입니다. 내가 지금 하는 일이 가치 없는 일이라고 생각이 되더라도 일단 하기로 마음 먹었다면 최선을 다하는 것입니다. 주어진 환경에서 최선을 다하겠다는 열정이 없이는 작은 일이나 큰 일이나 이뤄낼 수 없기 때문입니다. 또 열정이 없다면 나아지려는 의지도 호기심도 생기지 않으니까요.

이 세가지가 끊임없이 저를 움직이게 만들고 여기까지 오게 한 기회를 만들어 준 것이라고 생각합니다.

차근차근 밟아서 최고가 되는 방법 7가지

1. 남들이 간 길 보다 나의 길을 찾아라.
2. 실패하거나 늦었다고 포기하지 마라.
3. 간판이나 학벌 보다 능력과 경험을 쌓아라.
4. 하고 싶은 일에 첫 단추를 껴라.
5. 처음 접하는 분야에 대해서는 동호회나 커뮤니티를 활용하라.
6. 남들이 새로운 시도를 하기 전에 먼저 하라.
7. 현실에 안주하지 말고 끊임없는 열정을 품어라.

39 당신의 브랜드를 널리 알려라

"삶이 주는 기쁨은 인간이 맞닥뜨리는 모든 기쁨과 역경에 맞설 수 있게 하고, 그것이야 말로 삶을 가치있게 만드는 것이다"

• **서머싯 몸**

'달과 6펜스' 의 작가 서머싯 몸(Somerset Maugham)이 무명 시절의 이야기다. 책을 출판했으나 책이 팔리지 않자 자비로 이런 광고를 낸다.

"마음 착하고 훌륭한 여성을 찾습니다. 나는 스포츠와 음악을 좋아하고 성격이 비교적 온화한 젊은 백만장자입니다. 제가 바라는 여성은 최근 서머싯 몸의 소설 여주인공와 닮은 여성입니다. 자신이 서머싯 몸이 쓴 소설의 주인공과 닮았다고 생각되는 분이 있다면 지체하지 마시고 즉시 연락을 주십시오."

이 광고를 본 여성들이 그의 책을 샀고, 그는 일약 베스트셀러 작가가 되었다.

자신에게 기회가 오지 않는다고 생각하지 말라. 기회가 오지 않는다면, 기회를 오게 만들겠다는 마음가짐이 중요하다. 예를 들어, 자신이 프로그래머를 지망한다면, 자신의 홈페이지를 직접 구축하고, 유지보수하면서 나름대로 터득한 것을 정리해 여러 매체를 통해 알려라.

자신을 홍보하는 일이야 말로 커리어 업그레이드를 꿈꾸는 사람에게는 필수 덕목이다. 실제로 ASP 프로그래머의 김태영씨는 자신의 홈페이지(http://www.taeyo.pe.kr)를 통해서 실력을 쌓았고 책도 내고 여러 강의를 하고 있다. 이 홈페이지는 이미 한국의 100대 개인 홈페이지에 들 정도 많은 사람에게 알려져 있다.

처음 사이트를 열게 된 계기는?

제가 ASP를 처음 알게 된 것은 1997년 겨울이었구요. 그때부터 개인적으로 ASP가 맘에 들어 공부를 하게 되었죠. 1998년에 저는 한국정보기술원이라는 전문교육센터에서 강사로 일을 하고 있었는데요.

그 당시에는 강의 커리큘럼에 ASP가 존재하지 않아서, 학생들이 별도로 ASP 스터디 그룹을 요청했고 제가 그 진행을 맡아서 ASP 강의를 주말마다 진행하곤 하였습니다. 그런데, 하나 둘 학생들이 늘다 보니 동일한 내용을 반복해서 말하게 되어서, '차라리 이것을 문서로 정리해 두자' 라는 취지로 제 사이트를 만들었지요. 그 당시 사이트는 지금과는 완전히 다른 형태였습니다. 컨텐츠 위주의 가벼운 사이트였고, 내부 네트웍에서만 접근이 가능한 상태였습니다. 시작은 그러한 목적이었죠. 지금처럼 커뮤니티를 구성하게 될 것이라는 생각은 전혀 하지 못했었답니다. 단지, 제가 공부한 내용을 정리해 두는 차원에서 개인 사이트를 만들었던 것 뿐이었지요.

어떻게 보면 홈페이지를 통해서 이름을 알리게 되었는데, 나름대로 비법이 있다면?

특별한 비법은 없습니다. 누구나 자기 사이트가 생기게 되면 사람들이 찾아와주기를 바라고, 찾아온 손님과 이야기를 나누기 원하는 것처럼 저도 그렇게 시작했을 뿐입니다.

단지, 찾아오는 손님들이 프로그래밍적으로 저와 같은 공통 관심사를 가진 사람들이었고, 그것이 ASP였다는 것이 조금 다르겠죠? 강사였기에 나름대로 시간이 여유로웠고, 해서 질문과 답변이 금세 이루어질 수 있었던 부분이 아마도 찾는 분에게는 매력이었던 것 같습니다. 또한, 그 당시 국내에 IT 붐이 일었던 것도 원인이 될 수 있겠죠.

한 2-3년 동안은 거의 하루종일 사이트에 붙어있었던 것 같아요. 하루에 평균 6시간 정도는 사이트 화면을 보고 있었으니까요.

아침 7시부터 잠들기 전인 새벽 2시까지 대부분의 일과를 사이트에 관한 것으로 보냈었습니다. 강좌도 거의 날마다 하나씩 올렸고, 운 좋게도 반응이 상당히 좋은 편이었죠.

덕분에 하루하루 강좌를 올릴 내용을 공부해서, 문서로 정리하여 사이트에 올릴 수 있었고, 그로 인해 제 실력도 나날이 발전할 수 있었던 것 같습니다. 독자들의 격려 덕분이었죠. 그 덕분에 일석이조의 효과를…

벌써 그렇게 산지 5년이 지났네요. 굳이 나름대로의 비법을 말하라면, 꾸준함이라고 해야 할까요? 꾸준히 답변을 하고, 꾸준히 강좌를 쓰고, 꾸준히 사람들과 이야기를 합니다.

프로그래밍을 아직도 잘한다는 생각은 하지 않지만, 혹시나 약간의 우쭐함이 생기려할 때, 스스로 차갑게 저를 대하면서 사이트 친구들에게 뭔가 제가 노력하는 모습을 보여주려 준비를 하곤 했죠. 해서, 사이트도 여러 번 바뀌었고, 그러면서 양적으로도 질적으로도 조금씩 나아진 것 같아요.

제가 무언가 노력하고 있다는 사실을 사람들이 언젠가는 알아줄 거라고 생각해요. 당장은 그 결실이 없다고 해도 꾸준히 하다보면 그 꾸준한 노력을 좋게 봐주는 사람들이 생기고 그들이 언젠가는 제게 큰 힘이 되어준다고 믿고 있습니다. 그렇기에, 대충 대충 사이트를 관리할 수는 없는 것이랍니다. 조금만 시간이 지나보면 노력한 사람의 결과는 티가 나게 되어 있으니까요.

처음 프로그래머에 준비하는 사람들에게 해줄 말은?

즐기셔야 합니다. 그리고, 남의 말에 휘둘리기 보다는 자신의 의지를 강하게 가지셔야 합니다. 무엇을 해도 새로운 일에 도전해서 1-2년 만에 성공하기는 어렵습니다. 프로그래밍을 시작해서 불과 2-3년 만에 다들 성공한다면 누가 이 직업을 선택하지 않겠습니까? 그것은 세상 모든 일이 동일하다고 생각합니다.

스스로를 믿고 꾸준히 노력하면 분명 결과는 옵니다. 주변의 말에.. 주변의 기술에.. 현혹되지 마세요. 프로그래밍은 시간이 지나도 똑같습니다. 크게 달라지지 않아요. 단, 자신의 의지가 조금씩 약해지고 있을 뿐입니다. 그것만 인정하고 다시 처음처럼 노력한다면… 1년 뒤의 여러분의 모습은 지금과는 또 달라져 있을 것입니다.

새로운 기술이 등장한다고 해도… 그 때 뿐입니다. 아주 새로운 것이란 없습니다. 자신이 그것을 받아들이려 노력한다면 말입니다. OS를 탓하거나, 시스템을 탓하는 것은 이미 더 이상 노력하지 않고 쉽게 이익을 얻으려는 자들의 변명이라고 생각합니다. 자신이 처음 프로그래밍을 접했던 때를 생각해 보면, 조금의 지식을 갖추었을 때에 나오는 이기적인 비판들이 한낮 투정에 불과하다는 사실을 깨닫게 될 것입니다. 스스로 약해지려 할 때, 스스로 현실에 안주하려 할 때, 그 때를 현명하게 넘기는 방법은 꾸준함이라고 생각합니다. 힘내세요.

40 자신의 커리어 앵커를 찾아라

"얻어먹는 빵이 얼마나 딱딱하고 남의 집살이가 얼마나 고된 것인가를 스스로 경험해 보라. 추위에서 떨어본 사람이 태양의 소중함을 알 듯이, 인생의 힘겨움을 통과한 사람만이 삶의 존귀함을 안다. 인간은 모두 경험을 통해서 조금씩 성장해 간다"

• 단테

취업전문가 정철상 씨는 다양한 이직 경험을 바탕으로 취업전문가가 된 특이한 이력의 소유자이다. 13가지의 직업경험과 100여번의 면접 경험을 가진 커리어 컨설턴트로 첫직장을 부산 방송국 외신부 기자로 출발했다. 외국계기업을 전전하면서 원래 전공인 영문학이 많이 도움이 되었다고 했다. 1999년에는 꿈에 그리던 KOMS 선정 25대 벤처기업인 인투컴의 해외마케팅 대표로 잘 나가던 시기도 있었다. 어쩌면 어떤 방향으로 나가야 할지 자신도 모르고 있었고 고민도 많이 했던 시기였다.

드디어 그는 자신의 커리어 앵커(career anchor, 인생의 배에 비유해 자신의 경력을 정박해놓는 닻으로 설정하는 것)을 찾았다고 했다. 이후 창원시청 취업정보센터 책임운영자, 국방일보 취업돋보기 칼럼리스트로 활동하면서 이름이 알려졌고, 열린방송 TV취업정보센터 고정 패널출연 등 활동하다가 리크루트 인재개발 팀장 역임하고 현재는 씨큐어넷 HR사업본부 파워잡(powerjob.co.kr)의 운영본부장으로 재직 중이다.

"제가 리크루터로서 활동하면서 보아온 2만 여건에 가까운 이력서에서 제대로 서류를 작성하시는 분은 불과 10%에도 미치지 못하다는 사실을 알고 놀라운 적이 있었습니다."

정 본부장은 자신이 스스로 한 경험을 바탕에다 여러 구직자들에게 해주었던 한두마디씩 드리던 충고나 조언을 모아서 2002년 "한 권으로 끝내는 취업경력관리 노하우"이란 이름의 책으로 발간하기도 하였다.

"입사관련 서류가 그 사람의 능력을 모두 판별할 수 있는 것은 결코 아닙니다. 그럼에도 불구하고 중요한 이유는 서류 전형을 통과하지 못하고는 결코 면접을 보실 수 없다는 단순한 사실입니다."

그의 말에 따르면, 인사담당자가 서류전형의 통과 여부를 판결하는 고작 대략 10~20초 정도의 시간이 걸린다. 이렇게 1차적으로 분류된 서류를 다시 20~30초 가량 본 후에 서류전형의 통과여부를 결정하는 경우가 많다고 한다. 따라서 1시간이면 대략 180명에서 360여명의 이력서를 훑어보고 서류전형 합격자 여부를 분류할 수 있다며, 이 짧은 시간에 인사담당자를 사로잡는 것이 중요하다고 정 본부장은 강조한다. 그러기 위해서는 무엇보다 한 눈에 들어오는 일목요연한 깔끔한 형식의 이력서 양식을 선택하는 것이 중요하다.

Q. 처음 취업 관련 일을 하시게 된 계기는?

졸업전만 하여도 어느 곳이든 한 직장에서 평생토록 열심히 일하겠다는 것이 무지막지한 제 생각이었습니다. 하지만 졸업 후 얻은 방송국 생활을 뜻하지 않게 접게 되자 여러 가지 경험을 해보자 하는 오기가 들었습니다.

대학재학시절 봉제공장의 '시다'(잡다한 잡무를 처리하는 보조업무)에서부터 엔지니어로서의 창업에 이르기까지 13가지의 다양한 직업 경험을 하게 되었습니다. 그동안 기업들의 오프라인 채용광고 형태가 인터넷 채용광고 형태로 서서히 변해갔습니다. 이 과정에서 우연찮게 방문한 채용 관련 업체의 인력모집에 관심이 있어 응시하게 되어 첫인연을 맺게 되었습니다.

제 전공이 영어인데 영어를 잘 못하면서도 좋아했던 이유는 배워도 늘 모르는 것들이 있어서 새로움을 느낄 수 있어 좋아했습니다. 이와 마찬가지로 리크루팅 분야도 늘 배워야 할 새로운 분야들이 많아서 좋았습니다.

특히 나와 같이 다양한 유형의 직업을 경험한 사람에서부터 이제 갓 직장을 시작하는 새내기들에게 좀 더 쉽게 취업을 하고 경력을 관리할 수 있는 방법을 전해주고 싶었습니다. 늘 배운다는 각오로 새롭게 일에 임하고 있습니다.

Q. 이직경험이 취업 전문가로 거듭나게 되신 것 같는데, 가장 큰 이유와 비결은?

아무래도 여러 분야의 전혀 다른 직종에서 근무하다 보니 다소 깊이 없는 지식을 가졌으나 피상적이나마 다양한 분야의 경험을 섭렵한 것이 업무상 큰 도움이 되었습니다.

워낙 많은 면접에서 탈락도 해보고 합격도 해보다 보니 기업에서 원하는 바와 구직자가 원하는 바를 경험적으로 이해할 수 있게 되었고 이러한 직관을 통해서 보다 원할하게 구인, 구직자를 연결하려는 노력에 보탬이 된 것 같습니다.

과거 아르바이트에서부터 현재의 업무까지 어느 것 하나 즐겁지 아니한 일이 없었지만 가장 즐거운 일은 바로 현재의 일인 것 같습니다. 어떠한 업무이든 시작하기 시작하면 3개월안에 기존 경력사원들을 따라 잡는 것을 목표로 하고 일에 매진하였습니다. 그렇게 하나씩 하나씩 직무지식을 넓혀가면서 다음 분야로 넓혀나간 것이 현재의 일에 큰 도움이 된 것 같습니다.

취업 준비하는 사람들에게 해줄 말이 있다면?

힘들더라도 결코 좌절하지 말라고 말씀드리고 싶습니다. 여러분이 누구이든 어떠한 상황에 처해있든 그 상황이 결코 쉬운 상황은 아니라고 생각됩니다. 하지만 여러분이 '할 수 있다' 라는 의지를 가지고 꾸준하게 도전하고 실천해나간다면 취업 그 자체는 결코 어려운 일이 아니라고 생각됩니다. 다만 자신이 좋아하는 일을 하면서 성과를 내고 만족해 할 수 있느냐? 없느냐가 더 큰 문제인지 모르겠습니다. 저는 인생의 긴 마라톤에서 취업은 단지 시작일 뿐이라고 말씀드리고 싶습니다. 좀 더 장기적인 안목을 가지고 쉽게 지치지 않으면서 꾸준하게 해나가는 사람이 결국 승리한다는 점을 명심했으면 합니다.

첫직장을 본인이 원하는 회사와 근무조건으로 취업한 사람이라면 이를 행운으로 여기고 더욱 자신을 갈고 닦아 능력향상에 매진하여야 할 것이며, 만일 첫직장을 본인이 원하는 조건으로 취업을 하지 못하신 분이라면 더욱 좌절하지 말고 두배의 노력을 기울여 실무능력 향상에 노력을 기울여야 할 것입니다.

연공서열의 과거 직업세계에서는 초봉이 중요했지만 능력위주의 현재에서는 첫직장 이후의 경력관리를 통해서 자신의 몸값이 더욱 빛을 발한다는 사실을 잊어서는 안됩니다.

본인이 어떠한 직장이나 업무를 맡더라도 본인이 회사의 주인이라고 생각하면서 비즈니스 전반에 걸쳐 일어나는 보이지 않는 이면을 파악하려는 노력을 기울여야할 것입니다.

그렇게 충분한 자기기반을 닦으셨다고 생각되실 때 과감하게 창업에 도전해보시길 권합니다.

자신의 경력을 쌓아가는데, 핵심이 된 요소는 뭐라고 생각하십니까?

끊이지 않는 도전정신과 성실함 그리고 지속적인 학습력이 제 커리어 관리에 많은 도움을 준 것 같습니다. 또한 성공에 대한 욕구와 욕망이 촉진제 역할을 해준 것 같습니다.

커리어 관리에 있어 성실함은 가장 기본적인 태도라고 생각합니다. 사람들은 성실함만으로는 안된다고 하지만 제 생각은 그렇지 않습니다. 다소 아날로그적인 사고라고 말하실 수 있을지 모르겠지만 정말 성실하다면 어떠한 일이라도 해낼 수 있다고 생각합니다. 다만 말로만 성실하고 행동으로 성실하지 않는 사람이라면 다르겠죠. 물론 당신이 천재라면 성실함은 그리 중요하지 않은 문제일 수 있습니다.

사회의 구조가 갈수록 복잡한 메카니즘을 띄고 있습니다. 따라서 성공에 대한 경로도 다양해진 반면에 그 만큼 복잡해졌다고 볼 수 있습니다. 그로 인해 지속적인 정보 수집을 통해서 자신을 자극하고 변화와 혁신을 추구하려는 도전정신이 어느 때보다 필요하다고 생각됩니다.

늘 좀 더 다른 시각으로 자신과 자신의 비즈니스를 바라보고, 앞으로의 미래를 보면서 뛰어나간다면 좋은 결과가 있을 것이라고 생각합니다.

23 핵_심_포_인_트

서류전형을 통과하는 비법 12가지

1. 먼저 자기 자신을 이해하고 파악하라.
2. 보다 확실한 커리어 목표를 정해라.
3. 막연한 직업이 아닌 세부 직종을 정해라.
4. 시각적으로 한 눈에 들어오는 이력서를 만들어라.
5. 자신의 능력을 충분히 설명하고 보여줘라.
6. 현재 모집중인 기업의 정보를 파악하라.
7. 현재 모집중인 인력의 담당직무를 파악하라.
8. 뺄 것은 과감하게 빼고, 넣을 것은 넣어라.
9. 이력서, 자기소개서와 더불어 기업 포트폴리오를 작성하여 제출하라.
10. 인터넷 채용관련 사이트를 꾸준하게 활용하라.
11. 서류통과는 단지 시작일 뿐 지속적으로 자기계발을 해나가라.
12. 적어도 6개월에 한번씩은 이력서를 업데이트하라.

41 디지털 인맥에 투자하라

"혼자 힘으로 백만 장자가 된 사람은 없다. 주위의 재원, 인맥을 끌어들이지 않으면 안되는 것이다"

• 스티븐 스코트

디지털 인맥이 각광을 받는 시대가 왔다. 인맥 관리가 디지털로 넘어오면서 새로운 경쟁력으로 성장하고 있다. '학연 · 지연보다 강한 디지털 인맥'의 저자 황홍식 씨는 온라인 동호회 활동에 관한한 전문가로 정평이 나 있다. 인터넷에서 경품을 타는 방법을 연구하는 커뮤니티 '프리존' 운영자 황 씨는 백여개의 인터넷 동호회 운영자들이 뭉친 대한민국을 대표하는 시솝클럽(www.sysopclub.com)의 대표운영자로 활동하고 있다. 황 씨는 프리챌 안에 만든 '엑스프리챌'로 프리챌의 동호회 서비스 유료화에 맞선 장본인이며, TV 토론자로 참여할 정도로 커뮤니티에 관한한 전문가이다. 그에게 디지털 인맥에 대해서 물어보았다.

처음 커뮤니티 시솝 일을 하시게 된 계기는?

대덕연구단지에서 연구원으로 지내던 시절 색다른 취미가 하나 있었습니다.

당시, 우리나라에서 막 인터넷이 태동하는 시기라서 벤처들이 우후죽순처럼 생겨서 사이트 프로모션을 위해 각종 경품을 걸고 이벤트를 했었죠. 그런 사이트에서 이벤트로 내걸은 경품을 가끔씩 타는 것을 취미로 삼다가 우연히 커뮤니티를 만들어서 10위내에 들면 10만원을 준다는 얘기를 듣고 웹피(www.weppy.com)라는 사이트에 프리존(freezone)"이라는 이름으로 국내 최초로 경품동호회를 만들게 되었습니다.

초창기엔 관리에 소홀하고 신경을 쓰지 않다가 우연한 기회에 이색동호회로 방송을 타게 되면서 동호회는 유명세를 타게 되고 온라인과 오프라인을 거쳐 다양한 활동을 하게 됨으로서 최고의 경품동호회로 성장하게 되었습니다. 이를 계기로 솔로동호회, 친목동호회, 안티동호회, 비즈니스동호회 등 다른 커뮤니티도 운영하게 되었고, 커뮤니티에 대한 관심을 가지면서 커뮤니티연합모임을 개설하여 커뮤니티를 연구하게 되었습니다.

현재 직업과 좋아하는 일이 일치하는데, 가장 큰 이유와 비결은?

지금 다니는 회사보다 훨씬 많은 고액연봉을 제시하면서 기획 일을 맡아달라는 회사가 있었습니다. 하지만, 저는 커뮤니티가 좋아서 동호회 활동을 열심히 했고 커뮤니티에 미치다 보니 커뮤니티를 할 수 있고 나의 끼를 마음껏 발산할 수 있는 곳으로 선택했습니다. 자신이 가장 즐겁고 신나게 살맛나게 일할 수 있는 곳, 그것은 바로 자신이 하고 싶은 일을 하는 것입니다.

철없던 학창시절에 친구들이 '커서 무엇이 되고 싶은가?' 하고 물어보면 곧잘 '나는 거지가 되더라도 국내최고의 거지가 될 거다' 라고 자신 있게 말한 적이 있었습니다. 하지만, '거지왕김춘삼' 이란 책을 읽고 나서 한 분야에서 최고가 되는 것은 쉬운 길이 아니라는 것을 알았습니다. 약 8년간 몸 담아왔던 환경공학도의 꿈을 버리고 서울로 올라와서

과연 나는 지금 이 시점에서 무엇을 해서 한 분야의 최고가 될 수 있을까? 과연 내가 남들보다 뛰어나게 잘 하고 있는 것은 무엇인가?라는 질문을 스스로 해보았습니다. 그 정답은 의외로 쉽게 나왔습니다. 바로 커뮤니티였죠. 그때부터 '커뮤니티분야에서 최고가 되자' 라는 목표를 세우고 틈만 나면 다양한 동호회 모임에 나가고 커뮤니티에 관한 자료수집과 더불어 동호회 시숍들을 모으고 커뮤니티에 관한 세미나 등을 가지면서 커뮤니티와 함께 인생을 즐기고 있습니다.

디지털 인맥에 투자하는 방법을 알려주신다면?

디지털인맥이란 인터넷이란 공간을 통해서 알게 된 인맥을 말

합니다.

즉, 오프라인 상에서 친구소개나 어떤 자리를 통해서 알게 된 것이 아니라 자신이 관심 있는 분야에 온라인으로 정보와 지식을 공유하면서 자연스럽게 알게 되는 인맥을 말하는 것입니다.

디지털인맥에 투자하려면 우선, 자신이 무엇을 하고 싶은지 어떤 인맥을 가지고 싶은지를 파악해야 합니다.

우리가 앞으로 몇 년을 더 살지 모르지만, 자신이 좋아하는 분야에 평생 같은 취미를 가진 사람들과 함께 한다는 것은 무엇보다 행복한 일일 것입니다.

디지털인맥을 형성하기에 가장 좋은 방법은 인터넷동호회의 오프모임에 참가하는 것입니다.

동호회는 크게 비즈니스, 엔터테인먼트, 친목의 3가지로 나눌 수 있는데, 이중에서 자신이 하고 싶은 분야의 동호회 중 온라인과 오프라인에서 가장 활발한 동호회에서 활동하는 것이 가장 쉽게 디지털인맥을 형성 할 수 있습니다.

동호회를 선택했으면 그 동호회의 목적과 회칙에 맞게 가입인사를 하고 온라인에서 자신을 부각시켜야 합니다. 나를 잘 표현하는 것이 디지털인맥을 쌓은 데 가장 시발점입니다. 온라인뿐만 아니라 오프라인에서 자신을 크게 부각시키는 법을 개발하고 시간을 내어서 참여를 하십시오.

디지털인맥은 아주 쉽게 만들 수 있습니다. 그리고 자신이 선택한 분야의 친밀도와 참여도에 따라서 인맥의 수와 깊이가 결정되게 됩니다. 모임에는 항상 능동적인 자세를 가지고 자주 참여해야 좋은 디지털인맥을 만들 수 있습니다.

즉, 자신의 입맛대로 맞춤형 인맥을 형성할 수 있는 거죠. 단, 여기에서 조심할 것은 자신이 선택한 모임에서 흥미를 잃거나 불량회원으로 인해 정체성을 잃었더라도 포기하지말고 자신과 코드가 비슷한 인맥들을 찾아서 학습과 즐거움과 인맥을 형성하는 3박자를 고루 갖추도록 부단히 노력해야 합니다.

앞에서 동호회를 3가지로 분류했는데, 디지털인맥을 형성하기 위해서도 비즈니스, 엔터테인먼트, 친목이 적절하게 결합된 형태를 이루어야만 좋은 결과를 창출할 수 있습니다. 오프라인만 강해서도 안되며 온라인에서 컨텐츠를 함께 공유하고 오프라인 이벤트도 적절히 곁들이면서 친목을 쌓아갈 때 자신도 모르게 다양한 분야의 지인들을 얻게 되는 것입니다.

24 핵_심_포_인_트

디지털 인맥을 만드는 방법 10가지

1. 자신이 가장 가까이 하고 싶은 사람을 설정하라

자신이 가장 하고 싶은 일이 무엇이며, 어떠한 목표를 정하고 그 목표에 달성하기 위해서는 어떻게 해야 하는 가를 정해야 한다. 우선 주변에서 가장 가까이 하고 싶은 사람을 결정하는 것이 중요하다.

2. 효과적인 스케줄을 통해서 시간활용을 잘 해야 한다

자신의 목표가 정해졌으면, 그 목표를 달성하기 위해 효과적인 스케줄을 작성해야 한다.

3. 직접 만나서 배워라

학습에는 여러 가지 방법이 있다. 그 중 가장 확실한 방법은 바로 직접 체험하는 것이다. 전문가와 가까워 질수록 자신의 실력은 자기도 모르게 향상될 것이다.

4. 지속적으로 도전하라

이세상에 공짜는 없다. 공짜경품을 타기위해서도 부단히 노력해야만 고수가 될 수 있다. 지속적으로 노력하라.

5. 자신의 개성을 발휘해라

자신의 끼와 재치는 어떤 분야에서도 응용할 수 있다. 자신만의 색깔과 코드를 발휘하라. 트렌드는 가까운 곳에서 탄생한다.

6. 자신만의 작품을 만들어라

자신이 관심 있는 분야에 대한 모든 것을 메뉴로 구분하여 저장을 하고 일기장을 써듯이 자신만의 창작물을 자꾸 만들어 보라.

7. 앞을 내다보고 크게 봐라

인생을 넓고 크게 보라. 바로 앞에 닥칠 일에만 급급하지 말고 5년 10년을 보고 '나는 잘될 것이다' 라는 희망을 가지고 웃으면서 즐겁게 일을 하라.

8. 디지털 인맥을 쌓아라

학연지연이 지배하던 인맥의 시대는 갔다. 자신의 꿈을 이루기 위해 넓은 세상의 다양한 디지털 인맥들을 만들어 보라.

9. 자신만의 무기를 가져라

'나는 이것만은 자신 있다.' 사회생활하면서 무기가 없는 사람은 왕따 당하고 도태되기 쉽다. 자신만의 무기를 개발하라.

10. 성공한 자신을 그리며 자신감을 가져라

가장 중요한 게 자신감이라 생각한다. '나는 할 수 있다' 라는 자신감을 잃게 되면 중도하차 하기 마련이다. 성공한 자신을 그리며 힘차게 전진하라.

42 감동이 사람을 발전시킨다

"남을 설득하려고 할 때는 자기가 먼저 감동하고, 자기를 설득하는 데서부터 시작해야 한다"

• **칼라일**

네덜란드 작가 행크 뮐더의 작품으로 깔끔하게 꾸며진 카페크렘은 고급스러운 분위기에서 맛있는 케익을 저렴하게 먹을 수 있는 곳이다. 전체적으로 아이보리 컬러로 현대적이면서도 편안하고 단아하게 꾸며져 있는 이곳은 프랑스 르 꼬르동 블루 출신의 베이커들이 모여서 만든 곳.

카페 크렘에서 커피나 음료를 주문하면 케익이 무료이다. 종류도 한가지만 있는 것이 아니라, 10가지나 된다. 그것도 냉장고에 들어있는 케익이 아니라, 주문하면 바로 데코레이션을 해주는 싱싱한 케익은 물론 아이스크림도 직접 만든 것이고, 앞으로는 커피 로스팅도 직접하실 계획이시라고. 이대 앞 번잡한 거리에서 재즈 음악과 함께

편안하게 차와 함께 고급 케익을 즐길 수 있다. -푸드스타일리스트 석소연

신촌역 카페 크렘(Cafe Creme) 김한민 대표는 특이하게도 독문학과 나와서 빵을 무척 좋아하는 사람이다. 지나 베이커리, 파리 플라자 아테네 호텔, 크라운베이커리 연구소, LA 세뉴 베이커리 등에서 근무한 경험을 바탕으로 현재 차를 마시면 빵을 무료로 주는 카페를 창업해 성공적인 경영을 하고 있다.

김 대표는 베이커리 트렌드와 자신의 컨셉이 맞물려 창업을 시작할 때가 되었다는 확신이 들었다. 베이커리 업계도 새로운 바람이 불기 시작했다. 기존의 카페(cafe)와 베이커리(bakery) 그리고 음식이

가미된 카페 베이커리(cafe bakery)가 자리잡기 시작한 것이다. 그는 직접 케이크와 아이스크림을 만들고 고품질을 케이크와 아이스크림을 저렴한 가격대에 즐길 수 있게 서비스하는 아이디어로 출발했다. 다리품을 팔아가며 가게자리를 본격적으로 찾아 다녔다.

우여곡절 끝에 젊음의 거리, 이대 앞에 지금의 장소를 얻을 수 있었다. 전철역 출구, 그 많은 사람들의 시선 앞에서도 죽어버렸던 장소였다. 한곳한곳 아웃라인을 짜고 등 하나하나 그의 손길이 닿지 않은 곳이 없다. 한달여 공사 끝에 지금의 모습을 드러내기까지는 너무도 많은 사람들의 관심과 열정과 도움이 깃들여져 있다. 쇼케이스에 채워지는 제품들 하얀 접시 위에 고객이 직접 고른 케익을 꺼내어 데코(deco)를 하고 그 맛에 감동하고, 매장분위기와 음악에 감동하고… 한번 온 사람들이 또 다른 친구들을 소개하고 어려서부터 음악에도 심취해있던 그는 특히 카페 크램 분위기에 맞는 재즈 CD를 많이 구비해 놓았다. 음악에 이끌려 들어오는 사람들도 많아졌다.

그는 이 모든 것이 즐겁다. 사람들은 의아해한다. '이렇게 주고도 남아요?' 그러면 '남는게 없죠. 곧 문 닫을 거 같아요.' 라고 웃으며 대꾸한다. 카페 크램은 직접 만든 케익과 아이스크림 쿠키를 차, 커피와 함께 따뜻한 사람과 할 수 있는 공간이다. 예약모임을 받아 프랑스 요리를 선보이기도 한다. 샌드위치와 샐러드도 선보일 예정이다. 하나하나 제품 런칭을 시키며 좀 더 현실화 되는 꿈들 이를 위해 박차를 가할 것이다.

처음 빵에 관심을 갖게 된 계기는?

'너 요리사가 되는 게 어떠니? 정말 너의 재주는 아까워…" 외국친구들, 특히 제과와 음식문화가 발달한 유럽, 일본친구들이 저에게 한 말이었습니다.

영국에 어학연수를 갔었을 때 일입니다. 지금은 한국도 흔한 일이지만 알다시피 외국에는 파티를 즐겨 합니다. 저는 그때마다 우연치 않게 음식을 준비했고 그것을 준비하는 것이 기뻤습니다. 어학연수 자금을 마련하기 위해 일했던 중식집 아르바이트도 매우 도움이 되었습니다. 단순 호기심이었지만 주방장님에게 요리를 배우는 것도 재미있었고, 누군가에게 무엇을 해주는 것도 저에겐 너무나 행복한 것이었습니다. 이 일이 저의 생업이 될 줄은 몰랐습니다.

대학에서 과는 달랐지만 음악과 연극에 심취해 있던 저는 더 많은 문화와 어학을 배움으로써 연극연출에 한걸음 나아가고자 갔던 어학연수였건만 저의 끼와 재주가 다른 곳에 있음을 느끼게 된 계기였습니다. 더 나아가 일본친구가 저를 일본으로 초청을 하게 되었습니다. 그 당시 일본의 제과업계의 현실을 본 충격은 제가 갈 길을 짐작케 했습니다. 알다시피 일본은 차문화와 베이커리가 우리나라 보다 일찍이 발달되어 있었습니다. 특히 프랑스 제과를 일찍부터 흡수, 발달시켜 그 시기에 우리나라는 미비했던 카페

문화가 발달되어 있었습니다.

이런 문화가 곧 우리나라에서도 널리 퍼질 것이라는 예감, 그 미래와 저의 끼가 합쳐진다면? 하는 생각에 저는 당장 한국으로 돌아와 제과요리학원을 등록했습니다. 물론 처음부터 제과 학원 문을 들어서기는 쉽지 않았습니다. 저는 당시 대학생이었고 그 학원에서조차 그리 반기는 눈길은 아니었습니다. 하지만 저는 거기서 저의 능력을 인정 받았습니다. 그리고 여기서 머무를 순 없었다. 더 발전된, 전문화된 그런 곳이 필요했습니다. 그래서 저는 프랑스 전문 제빵학교인 꼬르동블루(Le Cordon Bleu)로 향하게 되었습니다.

프랑스, 미국 등 베이커리 하시다가 특색 있는 카페를 운영하고 있는데 가장 큰 이유와 비결은?

제 카페를 오픈 한 지는 어제 같습니다. 한국에서의 다년간의 베이커리 기업생활을 접고 미국의 베이커리를 하고 있을 때였습니다. 미국에는 알다시피 스타벅스나 베스트 시애틀, 커피 빈 같은 프랜차이즈 카페가 많은데 비해 정말 그들이 좋아하는 곳은 작은 카페들입니다.

특히 시애틀의 한 유명한 카페를 보고 저는 또 한번의 충격을 받았습니다. 차가 맛있어서, 케익이 특이해서 손님들이 그 카페를 찾는 것이 아니었습니다. 그곳은 카페와 손님들과의 커뮤니케이션 장소였습니다. 손님에게 한번 더 관심을 갖는다는 것, 다시 왔을 때 반가운 모습으로 손님들과 친분을 쌓아간다는 것… 아무리 자본주의가 발달되어 돈이면 무엇이든 할 수 있는 미국이라 해도 카페는 단순히 차만 마시는 곳이 아니었습니다. 서로가 서로의 소중함을 알고, 정이 오가는 이야기 꽃을 피우는 것…그것이 카페의 본질인 것이었습니다. 그런 곳을 우리나라에도 정착시키려 들뜬 마음으로 귀국을 했습니다.

호텔과 대기업 수준의 베이커리 업계에 있으면서 모은 데이터를 토대로 저는 케익을 카페에 납품하기 시작했습니다. 그러면서 우리나라 사람들이 선호하는 케익, 빵 등을 연구했습니다. 제가 직접한 케익과 차로써 사람들을 기쁘게 만들고 싶었습니다. 그리고 제 카페에서 그것과 함께 손님들과 정을 나누고 싶었습니다. 그래서 제 카페를 오픈하게 되었습니다.

저는 자신 있었습니다. 저의 케익은 정말 맛있다고…. 그리고 손님들이 저에게 감사하다는, 정말 맛있었다는 쪽지를 받을 때 마다 가슴속에 감동의 물결이 밀려온다. 그 뿌듯함… 제가 바라는 것이 이루어지고 있는 순간을 저는 지금 느끼고 있습니다.

Q. 창업을 꿈꾸는 사람들에게 해줄말이 있다면?

우선 뭐니뭐니해도 공부해야 합니다. 저는 처음부터 창업이 목표는 아니었습니다. 제가 손수 만든 케익이 손님들에게 어떤 반응을 보이고 어떤 기쁨을 주는지를 보고 싶었습니다. 그래서 가지고 있는 모든 제 노하우를 퍼부었습니다. 빵이건 케익이건 패션이건 모든 것에는 일정한 흐름이 있습니다. 그것을 위해 공부해야만 합니다.

한번 배움으로써 끝나는 게 아닙니다. 또한 앞서 나아가야 합니다. 제과업계는 아직도 보수적입니다. 새로운 것을 출시하려 애쓰지 않는 게 지금의 현실입니다. 하지만 앞서나가야 합니다. 무모한 시도가 아닌 다져진 노하우와 생생한 데이터를 확보하는 그런 노력을 발판으로 나아가야 합니다. 그래야 시장이 보이고 앞서 나아갈 수 있습니다.

마지막으로 감동을 주어야 합니다. 커피나 차도 마찬가지입니다. 남들과 똑같이 누구나 가지고 있는 차나 커피를 팔고 싶은가? 아닙니다. 커피를 마시는 게 아니라 팔려면 커피의 역사도 알아야 하고 그것을 더욱 맛있게 끓이는 법도 알아야 하고 어느 케익에는 무슨 차가 어울리며, 이 차는 왜, 어디에 좋은지도 알아야 합니다. 한 예로 카페에 감기 손님이 오셔서 차를 시키는데 감기에 좋은 카모마일 티를 권했습니다. 국화과에 일종인 카모카일티가 약리작용이 있을 것이라는 판단 하에… 그리고 그 손님에게 한 장의 글이 쓰여진 쪽지를 받았습니다. 감기 때문에 코가 막혔었는데.. 차를 마시고 한결 나아졌다는 그런 짤막한 글…. 감동이 사람을 발전시키고 사람을 모으게 합니다.

25 핵_심_포_인_트

성공적인 창업을 하기 위한 4가지 방법

1. 한발 앞서기 위해 끊임없이 공부하라

끊임없이 공부해야 한다. 모든 것은 유행이 있다. 베이커리 또한 그렇다. 한발 앞서 나아가서 현실을 볼 수 있어야 한다. 그러기 위해선 공부해야 한다. 차를 하나를 팔려면 그 차가 어떻게 어디서 나오며 어디에 좋은지를 알아야 하고, 커피를 대접하려면 커피가 어느 온도에서 볶아져서 어떻게 끓여지는지도 알아야 한다. 냄새 하나로써 그 맛을 알 때까지 공부, 또 공부해야 한다.

2. 고객의 마음을 읽는 연습을 하라

고객의 마음을 읽어야 한다. 고객이 원하는 것이 무엇인지 항상 고객입장에서 생각하고 고객에게 물어봐야 한다. 내가 좋아하는 것을 남들이 좋아할 것이라는 그런 생각은 버려야 한다. 끊임없이 질문하는 자세는 서비스의 필수조건이다.

3. 남들이 안하는 것에 매달려라

남들이 안하는 것을 해야 한다. 난 아직도 새벽마다 빵을 굽는다. 보통 다른 베이커리는 빵을 구울 때 자연숙성을 시키지 않는다. 시간이 많이 걸릴 뿐더러 대량으로 하기에는 어려움이 많기 때문이다.

프랑스가 왜 빵이 맛있는가? 장인정신이 아직도 이어져 내려오기 때문이다. 남들이 귀찮다고 어렵다고 안하는 것을 해야 한다. 난 프랑스의 그 장인정신을 배워왔기에 실천하고 있다.

4. 진정 가치있는 일에 부지런해라

부지런해야 한다. 다들 아침에 일어나서 일을 한다. 하지만 그들보다 더 일찍 더 질을 높여 일을 해야 한다. 부지런히 책을 읽고 연구해야 한다. 좋아하는 것을 해야 한다. 뭔가 끊임없이 할 수밖에 없는 것은 그것을 좋아하기 때문이라고 생각한다.

내가 이 일을 좋아할 수밖에 없는 것은 내가 사랑하는 나를 사랑하는 가족들을 위해 요리를 한다는 것이다. 그러면 발전 할 수 밖에 없지 않을까? 나는 노는 거 자체가 일이다. 케익을 굽는 것도 아이스크림을 만드는 것도 나의 재미이며 노는 것이다. 그게 진정으로 가치 있는 일이라 생각된다.

43 자신의 몸에 맞는 세컨드잡을 찾아라

"인내는 집결된 끈기다. 인내는 평온을, 성급함은 후회를 가져온다. 강한 인내심은 정신의 숨겨진 보배다. 인내는 희망을 갖기 위한 기술이다. 인내는 인간의 제2의 용기다. 어떠한 일이든지 견딜 수 있는 사람은 무슨 일이든지 해낼 수 있다. 행운은 끈기 있게 기다리는 사람에게 온다. 인내의 뿌리는 써도 그 열매는 달다"

• **아비세브론**

자유기고가로 유명한 투잡스커뮤니케이션(http://www.twojobscom.net) 운영자 정혜원 씨는 현직 잡지기자로 활동 중이다. 그녀는 평소 본업 외에도 글을 청탁 받고 외고를 쓰는 경우가 많다. 일이 늘어나 혼자 처리할 수 없게 되자 주변 지인들에게 원고를 넘기고 일정 부분 수수료를 받던 중, 좀더 전문적인 방법을 고민하다가 사이트 개설을 추진했다. 사람을 만나고 글 쓰는 일을 좋아해 대학시절 교지 편집장으로 활동하기도 했던 그에게 가장 적합한 직업이다.

요즘 부업 차원에서 일을 찾는 투잡스족들도 적지 않다. 정 씨는 인터넷 칼럼을 쓰거나 직접 여가를 즐기며 할 수 있는 일을 선택한다. 입소문이 나서 일거리가 몰릴 때도 본업에 피해를 주어서는 안된다고 주장한다. 실제로 부업을 하면서 좋은 점은 돈을 벌어서 여가를 충분히 활용할 수 있다는 점이다.

Q. 처음 직업을 선택하게 된 계기는?

저는 현재 다양한 직업을 가지고 있습니다. 그리고 직업이란 생계에 진정으로 도움이 되는 수익을 가져야만 의미가 있다고 생각합니다. 그러한 의미에서 저는 그리고 다른 사람들은 저를 기자 혹은 자유기고가, 액세서리 디자이너로 부릅니다. 글 쓰는 일과 액세서리 제조 이 두 가지가 저의 직업인 셈입니다.

직업의 의미로서 글을 쓰기 시작한 것은 2000년부터였습니다. 모 신문사에 기자로 입사하면서부터죠. 4년간의 대학생활을 고스란히 교지편집실에서 살았다고 해도 과언이 아닐 정도로 그 생활을 열심히 했던 것이 '기자'에 대한 꿈을 꾸게 만들었던 것이죠. 지금은 생각이 좀 달라졌지만

액세서리 기획 및 제조, 판매를 시작한지는 얼마되지 않았습니다. 현재 아주 미약한 판매가 이루어지고 있습니다. 액세서리 제조 일을 시작하게 된 계기는 좀 복잡합니다.

글을 쓰는 일이란 수입이 참으로 정확치 않습니다. 2001년 1월경이었습니다. 네트웍 마케팅에 관한 도서 대필을 의뢰 받았는데

결국 이 책을 내지 못하는 일이 생겼습니다. 그 이유에는 여러 가지가 있겠지만 저에게로부터 시작된 가장 근본적인 이유는 '네트웍 마케팅에 대한 신념의 부재' 입니다. 저는 인간의 진정한 노동이 결합되지 않은 채 가치만 생겨버리는 네트웍 마케팅의 개념을 부정합니다. 정당하지 못하다고 생각합니다. 그러면서도 이 대필을 맡았으니 일이 잘 진행될 일 없죠. 그때부터 생각했습니다. 제가 진정으로 가치 있다고 생각하는 글만 쓰기 위해서는 글 외의 경제적 받침이 필요하다는 생각을 했습니다.

어렸을 때부터 액세서리에 관심이 많았습니다. 그러다 문득 직장인들의 근무환경에도 무난히 어울리는 액세서리를 만들고 싶은 생각이 들었고 이를 실행에 옮긴 것입니다.

자유기고가와 투잡스 전문가로도 활동하고 있는 것으로 알고 있는데….

저는 글을 쓰는 사람입니다. 기자나 자유기고가나 사람 만나고 글 쓰는 것은 매한가지이기 때문에 자유기고가를 저의 세컨드잡(Second Job)이라고 부르는 것은 어쩐지 좀 그렇습니다. 이제는 기자가 아니라 저를 글을 쓰는 사람으로 규정합니다. 기자가 처한 노동 환경에 대해 잘 알고 계실지 모르지만 몇몇 일간지와 주간지를 제외하고는 우리 나라의 언론사 환경은 열악합니다. 정당한 노동의 대가는 꿈도 꿀 수 없습니다.

그러나 저는 글을 쓰고 싶었습니다. 기자가 아니고서 글을 쓴다는 것은 소설가나 시인처럼 배고픈 일인 줄 알았습니다. 하지만 이제 저는 글을 쓰는 사람으로서 다양한 글의 세계를 만납니다.

투잡스 전문가라… 가끔 수익도 내지 못하면서 명함에 거창한 직함을 적고 다니는 사람들을 보게 됩니다. 글쎄요… 제가 투잡스 컨설턴트로서 수익을 내기 시작하면 그렇게 부르는 것이 어울리겠죠. 지금은 그저 지인들을 투잡스족으로 변신시키는데 관심을 가지고 활동하고 있을 뿐입니다.

투잡스 전문가가 된 가장 큰 이유는?

저의 직업은 투잡스 전문가가 아닙니다. 투잡스 전문가로서는 어떤 수익도 발생하고 있지 못하기 때문입니다. 하지만 투잡스에 대해 고민하는 사람들에게 여러 가지 조언을 해 주고 있습니다. 이제까지는 주로 오프라인을 통해 이런 일들을 해 왔지만 앞으로는 다음카페 투잡스 커뮤니케이션 등의 온라인 커뮤니티를 통해서 하고자 합니다. 어떻게 수익을 얻을지는 여전히 고민입니다. 하지만 그 때가 되면 투잡스가 아니라 쓰리잡스가 되겠군요.

투잡스 컨설턴트 혹은 커리어 컨설턴트가 되고자 하는 이유는 쓰고 싶은 글을 쓰고자 했던 저의 욕망이 저를 투잡스족으로 만든 것처럼 경제적인 이유 등 다양한 이유로 투잡스족이 되고자 하는 사람이 분명히 있을 것이라고 생각하기 때문입니다. 저의 경험과 지식을 그런 사람들과 공유하고 싶습니다.

저는 지난 4년간 CIO Magazine Korea의 기자로서 각 대기업의 많은 중역들을 만났습니다. 그들이 어떤 커리어를 가지고 있는지 어떻게 생활하는지를 비교적 가까이에서 다양하게 봐 왔다고 생각합니다. 경영을 모르면 좋은 커리어 컨설턴트가 되긴 어려울 것이라고 생각합니다. 경영이란 결국 회사가 가지고 있는 자산을 기업 가치가 극대화 되는 쪽으로 재배치 하는 활동이기 때문입니다.

투잡스로 살아가는 핵심적인 방법을 알려주시면?

자기 몸에 맞는 세컨드잡를 선택하는 것과 시간 관리가 투잡스족에게 가장 중요한 덕목이라고 생각합니다. 저의 경우에는 제 몸에 맞는 세컨드잡를 선택하는 데는 성공했지만 시간 관리에서 가끔 돌이킬 수 없는 실수를 하고는 합니다. 제 나름의 조언을 한다면 세컨드잡은 현재의 직업과 연결 지어 할 수 있는 것으로부터 시작하는 것이 좋다는 것입니다. 제가 기자에서 자유기고가로 확장했지만 타이틀만 다를 뿐 제가 글을 쓰는 사람임에는 변함없는 것처럼 말입니다.

물론 전혀 다른 분야에서 성공한 투잡스족들도 있습니다. 제 친구 중에 IT쪽 컨설턴트로 일하는 친구가 있는데 퇴근시간이면 살사 강사로 변신합니다. 95년인가 우리 나라의 살사 인구가 미천했을 때 취미 삼아 살사를 시작했었는데 이제 취미가 세컨드잡이 되었습니다. 이 때 중요한 것은 자신의 취미나 흥미와 무관하지 않은 것을 선택해야 한다는 것입니다. 돈 때문에 세컨드잡을 한다면 얼마가지 않아 지칠 것입니다. 월급이 나오면 아쉬운 것이 없으니까요. 또 시간을 쪼개는 일이 그다지 만만치 않습니다. 갚아야 할 카드값이 왕창 남아 있거나 하면 또 모르죠. 시간관리. 이것 또한 중요합니다. 플랭클린 플래너가 좋겠네요. 퍼스트잡(First

Job), 세컨드잡 관련 스케줄은 물론이고 개인적인 스케줄까지 하나의 다이어리를 통해 관리해야 합니다. 어느 것 하나 소중하지 않는 것이 없기 때문이죠. 또 그렇게 해야 관리하기도 쉽습니다.

투잡스족은 영업활동을 할 시간이 현저히 적기 때문에 지인들에 의한 영업활동이 이루어지는 경우가 많아 개인적인 스케줄이 매우 중요합니다. 그래서 저는 아는 사람, 보고 싶은 사람 한꺼번에 모이는 모임을 가끔 만듭니다. 그 사람들 역시 나름의 휴먼 네트웍을 만들 수 있어 이런 모임을 좋아합니다. 이때는 반드시 모임 주제가 있어야 합니다. 그래야 관심사가 비슷한 사람끼리 집중해서 만날 수 있기 때문입니다.

1. 현재의 직업과 연결 지어 할 수 있는 것으로부터 시작하라.
2. 자신의 취미나 흥미와 무관하지 않은 것을 선택해야 한다.
3. 일 관련 스케줄은 물론 개인 스케줄까지 하나로 통합하여 관리하라
4. 한꺼번에 여럿이 만날 수 있는 휴먼네트웍을 만들어라.

제3단계

커리어패스 키포인트

Career Path Keypoint

“성공한 사람의 커리어패스를 유심히 보라”

제 1단계는 개인이 도달하고 싶은 미래의 경력지위(Career Position)에 초점을 맞춘 것이라면, 제 2단계에서는 구체적으로 선택하는 과정인 경력계획(Career Planning)을, 경력지도(Career Map)에 그리는 행위에 초점을 맞춘 것이다. 제 3단계는 경력경로(Career Path)를 먼저 겪어보았던 사람들의 이야기를 엿듣는 시간이다. 이제껏 그렸던 경력지도가 과연 현실적으로 가능한 것인지 확인해보는 순간이기도 하다. 경력개발(Career Development)은 개인적인 경력계획을 달성하기 위하여 어떤 생각으로 지금까지 실행해왔는지 함께 실제적으로 검토하는 과정을 의미한다.

인생에서 성공한 사람들은 나름대로 굴곡이 있다. 그 굴곡은 그냥 이루어진 것이 아니라, 피나는 땀과 노력으로 그려진 것이다. 그 굴곡이 바로 커리어패스이다. 나름대로 확고한 위치를 차지하고 있는 사람들이 어떤 식으로 자신의 커리어패스를 만들어가는지 엿보는 것만큼 경력개발에서 좋은 것은 없다. 먼저 경험해보았던 선배들의 커리어패스를 참고함으로써 많을 힌트를 얻게 될 것이다.

중년이 된 다음에 젊었을 때의 소원이나 희망을 실현시키려 하는 사람은 자신에게 부질없는 기대를 거는 것이다. 사람의 인생이란 10년마다 달라지는 나름대로의 운명이 있고 희망이나 요구가 있기 때문이다.

–괴테–

Part 4

10년 후 당신은 무엇을 할 것인가?

Career Goal

44 당신은 어떤 사람으로 기억되고 싶은가

나는 오래 전에 만났던 최고의 치과의사에게 다음과 같은 질문을 한 적이 있다.
"당신은 어떤 사람으로 기억되기를 원하십니까?"
그는 다음과 같이 대답했다.
"나는 내가 치료한 환자들이 죽어서 병원 안치대에 누웠을 때 사람들로부터 '이 사람은 정말 최고의 치과의사에게 치료를 받았군'이라는 말을 들을 수 있기를 바랍니다." 그 치과의사가 자신의 일을 하는데 있어 가졌던 이런 태도는 시간만 대충 때우면서 아무도 눈치채지 못하기를 바라는 사람들과 비교했을 때 너무나 큰 차이를 보인다. 나는 지금도 여전히 그 질문을 계속 하고 있다. "나는 어떤 사람으로 기억되기를 바라는가?" 이 질문은 우리 각자를 스스로 거듭나는 사람이 되도록 이끌어준다.

• **피터 드러커의 '프로페셔널의 조건' 중에서**

당신은 다른 사람에게 어떤 모습으로 기억되기를 바라는가. 적어도 이런 종류의 생각을 하지 않았다면 지금부터 생각해야 한다. 우리는 남이 자신을 좋게 생각해주기를 마음속으로 바란다.

아무 생각 없이 혹시 바라고 있지 않는가 되짚어 생각해봐야 한다. 자신이 어떤 목표를 세우고 그 목표를 이루기 위해 계획을 세우고 실천하기보다는 그냥 그때그때 자신에게 주어지는 일을 해 내기도 벅

차다는 생각을 한다.

누가 당신을 이렇게 기억해주기를 간절히 바랬던 적이 있는가. 어떤 사람이 부정적인 이미지로 기억하고 있다면 불쾌한 일이고, 어떤 사람은 당신에 대해 좋은 기억을 갖고 있다면 매우 즐거운 일일 것이다.

훌륭한 사람이 되는 방법은 당신이 매일 아침이면 깨어서 자신이 어떤 사람으로 기억되기를 바라는지를 적어보는 것이다. 그리고 자신이 생각했던 그 사람이 되기 위해 하나하나 실천하는 것이다. 자신에 대한 미래상(未來像)은 현재를 살아가는 우리에게 매우 중요한 역할을 한다.

인간관계를 맺고 있는 사람들의 이름을 기억해 보라. 어떤 사람은 이름만 생각해도 불쾌하기도 하고, 어떤 사람은 기분이 좋아지기도 한다. 남들이 자신을 떠올렸을 때 어떻게 비춰지길 바라는가. 타인에게 호감을 갖게 하는 중요한 한 가지 방법은 그 사람의 이름이나 표정, 행동방식 등을 기억하는 것이다. 물론 사람들에게 좋은 기억을 남기려면 그 사람에게 좋은 표정을 보여야 한다.

항상 웃은 인상을 갖고 있는 사람이 좋은 인상으로 기억되고 있는 것은 누구나 안다. 하지만 우리나라 사람들의 미간은 평상시를 보면 웃음이 가득하기 보다는 항상 굳어있는 경우를 많이 본다. 사람은 표정을 연출하기 위해 얼굴 근육 총 44개 중 겨우 12개만을 사용한다고 한다. 사람은 12개의 얼굴 근육만으로 약 7,000가지 이상의 표정을 연출할 수 있으며, 여기에 손동작을 합치면 약 10,000가지의 표정을 만들어 낼 수 있다.

또한 1분을 웃으면 30분 휴식을 취한 효과가 있다고 하니 이것저것 하기 싫을 때에는 넋 놓고 실컷 웃는 것이 좋은 방법이다. 어떤 사람에게 기억되는 이미지는 그 사람의 외모, 행동표현, 성격에 의해서 이루어진다고 한다. 하지만 저장된 이미지에서 보다 중요한 것은 억지로 만들어낸 웃음이 아니라 사람에 대한 믿음이다.

누구나 12월이 되면 연초 세웠던 목표들을 헤아려 보고 다음해에는 어떤 일을 할까 궁리하곤 한다. 지난 한해 동안 내가 무엇을 했지… 지난해 이력서와 올해 이력서에 무슨 차이가 있지… 올해 만난 사람 중에 기억 나는 사람은… 내년에는 무슨 계획을 삼지… 등등 여러 가지 생각이 겹친다.

지금 현재 시점에서 인생을 한번 반추한다는 취지에서 자신이 이 세상을 떠났을 때 다른 사람들에게 어떻게 기억하기를 바라는지 적어보면 어떨까.

45 10년 후 내 모습을 그려보자

"이것이 바로 나의 생각이다 하고 제대로 내놓고 말할 수 있는 자기 나름의 생각을 갖는 데는 10년의 세월이 걸린다"

• A. 카뮈

우리 주변에는 다양한 직업이 있다. 하지만 직업도 생명력이 있어 생겨났다 없어진다. 10년이면 강산도 변한다는 속담도 있듯이 과연 내가 속해 있는 직업이 10년 후에도 존재하고 있을까. 생명력을 잃어가는 직업들에서 눈을 돌려 새로운 직업을 찾거나 아니면, 서로 관련성이 있는 유망한 직업을 찾아보는 등 다각적인 노력을 기울여 나가야 한다.

먼저 당신이 갖고 있는 능력을 하나로 묶는 통합, 다른 시각으로 전환하고 변신하는 노력도 해야 한다. 그렇다고 당신의 변화를 즉흥적으로 추진하지 말고, 신중하고 차분하게 계획하고 진행해 나가야 한다. 필자가 말하고 싶은 것은, 우리 모두 나아가야 할 '큰 그림'

(Big Picture)을 그리자는 것이다. 가슴에 품을 수 있을 정도로 장래 포부를 가다듬고 단계별로 진행해 나가자는 뜻이다. 5년 후에는 어떤 사람이 되어 있을까, 10년 뒤 내 모습은 어떻게 바뀌었을까 되새겨보고 냉철하게 자신에 대한 큰 그림을 점검해야 한다.

장래포부는 넓은 마음으로 큰 그림을 그리는 것에서 출발해야 한다. 직업을 구하기 전에 큰 그림을 먼저 그려보자. 큰 그림이란 직업을 잘 구하기 위해서 요리 조리 따져 보는 것이다. 이 그림이 잘 그려지면 하나하나 계획을 세워 직업을 구하는 것이다. 만일 큰 그림도 없이 무작정 직업을 구하러 나서면 실패하기 쉽다. 무언가를 실제적으로 실행하기 위해서는 큰 그림이 필요하고, 그런 다음에 세부적인 그림을 그리는 것이 중요하다. 대부분의 사람들은 세부적인 그림만을 가지고 직업을 구하려는 경향이 있다. 당신이 큰 그림을 그릴 수 있도록 장래에 대한 생각을 정리할 필요가 있다.

혼돈된 일상에서 완전히 이해되고 완전히 준비될 때에만 움직인다면 당신은 아무것도 할 수 없을 지도 모른다. 평범해 보이는 것에도 호기심을 갖고 의외로 좋은 아이디어는 평범한 일상에서 나온다는 점에 유의해야 한다. 다른 사람의 말에 귀 기울이고 다른 사람에게 배울 자세를 갖고, 사소한 부분에 얽매이지 말고 큰 그림을 그리도록 하자.

장래포부는 향후 자신의 인생설계 부분으로 매우 중요한 내용이다. 자신이 장차 추구하고 싶은 것이 무엇인지에 대한 자기연구가 우선 되어야 한다.

자신의 포부 수준이 단순히 황금빛 미래만 나열하는 것이 아니라,

구체적으로 자기가 선택한 업종에 대한 목표성취나 개발을 위해 어떠한 계획을 가지고 있다는 것을 언급하라. 어떤 경력사원도 처음 입사하면 그 회사에서는 신입사원이 된다는 것을 상기해야 한다.

> 인간의 가장 아름다운 모습은 자신의 적성에 맞는 일에 열정과 에너지를 쏟고 있을 때라고 생각합니다. 10년 후 팀을 리드하고, 회사를 리드할 수 있는 신뢰와 존경의 위치에 서있는 제 모습을 확신하면서 언제나 아름다운 모습을 보여드리겠습니다. 언제나 신입사원의 마음가짐으로 배우고 노력하며 잠재능력을 깨우는데 몰두할 것이며, 정거장 없이 변화를 겪는 시대의 흐름에 역행하지 않고 저 역시 발전에 가속도를 붙여 제 이름 석자만으로 빛을 내는 진주 같은 인재가 되겠습니다.
>
> 예) 신입사원의 장래포부

어떻게 보면 당차게 보일 수 있고, 좋은 인상을 줄 수도 있지만 인사 담당자나 회사측의 입장에서도 자기 회사와 관련된 장래포부를 접했을 때, 더 호감이 가는 것이 사실이다. 가능하면 지원하고자 하는 회사와 관련한 장래희망과 포부를 작성하시는 것이 좋다.

다시 한번 강조하지만, 자신의 포부와 비전을 구체적으로 제시하라. 기업이 자기소개서를 통해 파악하고 싶어하는 것 중의 제일 중요한 하나가 지원자의 발전가능성, 잠재 능력, 장래성 등이다. 인사담당자들은 장래포부를 잘 작성한 사람은 업무에 임할 때 매사에 적극적이며 열의를 갖고 있다고 판단한다. 자기 나름대로의 목표가 있으면 이 목표를 향해 나아갈 열정을 갖추고 있기 때문이다. 따라서 입사 희망하는 기업의 업종, 특성을 고려해 자신의 포부와 비전을 명확히 제시하고, 입사 후 자신의 꿈을 이루기 위해 어떠한 자세로 임할 것인지 등을 구체적으로 설명하는 것이 좋다.

> 저는 전문성을 갖춘 엔지니어가 되고 싶습니다. 특히, LCD 분야에서 기술을 익혀 기회가 된다면 세계 최대의 LCD생산업체인 귀사에서 꿈을 키워 전문 기술자가 되고 싶습니다. 제가 가진 능력을 최대한으로 발휘할 수 있는 기회가 주어지기만을 기다리고 있습니다. 새로운 기회가 눈앞에 와 있는 지금! 저의 이런 다짐을 해 봅니다. 책임감 있고 성실한 직원으로서, 저를 선택하시는 것을 절대 후회 없게 만들 것입니다.
>
> 예) 전문가의 장래포부

먼저 장래 희망과 포부를 밝히는 것이 좋다. 또한 막연한 일반론을 펼치는 것보다 희망회사와 연관이 있는 내용들을 함께 기술하는 것이 좋다. 희망회사의 업종이나 특성 등에 자신의 전공 또는 희망을 연관시켜 자기소개서의 지원동기를 구체적으로 밝혀준다. 이를 위해서는 평소 신문이나 사보 또는 기타 자료 등으로 해당기업에 대해 미리 연구해 두는 것이 좋다. 앞으로의 포부를 말할 때는 "열심", "최선을 다해"라는 막연한 표현보다는 일단 그 회사에 입사했다는 가정 아래 목표 성취와 자기계발을 위해 어떠한 계획이나 각오를 갖고 일에 임할 것인가를 구체적으로 언급하는 것이 좋다.

뚜렷한 목표의식이 없는 지원자는 단순히 취업을 위해 지원했다는 인상을 주기 쉽다. 평소에 짧게는 3년 후 자신의 모습, 길게는 10

년 후 자신의 모습 등을 나름대로 설계해서 현실성 있게 목표를 잡고, 그 목표를 수행하기 위한 실행 전략 등을 세워두어야 한다. 먼저 장래에 대한 전략을 세워두었다면, 자기소개서 작성시 자신의 비전을 보다 명확히 제시할 수 있을 것이다.

10년 후 내 모습은 결국 내가 어떤 미래상(未來像)을 갖고 오늘을 살아가는 데에 대한 결과라는 사실을 잊지 말자. 이제 종이 한 장을 펴고 거기에다 10년 후 내 모습을 그려보는 것은 어떨까.

46 당신의 경력 일지를 작성하라

"습관이란 인간으로 하여금 어떤 일이든지 하게 만든다"

• **도스토예프스키**

자신에 대한 경력관리에서 가장 중요한 것은 차곡차곡 쌓아두고 보관하는 습관이다. 당신은 이제 커리어 업그레이드(career upgrade)를 위해서 이력서와 자기소개서를 써야 한다. 하지만, 만일 그 동안 적어놓았던 업무실적이나 프로젝트 등의 메모가 없다면, '잃어버린 기억' 을 찾아내야 한다. 막상 마음이 급할수록 쉽사리 떠오르지 않을 것이다. 시간이란 한정되어 있고, 당신이 방만하게 시간을 관리했다면, 지금부터 다시 시작하는 것이다. 당신에게 제일 소중한 시간은 바로 지금 이 시간인 것이다.

당신이 소중히 여겼던 것을 떠올리면서 마음을 정리해보자. 우선 책상 위에 아무렇게나 흐트러진 볼펜, 신문, 컴퓨터 모니터에 아무렇게 붙인 포스트잇 등 잡다한 것을 떼어 내자. 다시 정리를 해보는 것이다. 쓸데없이 자리를 차지한 것들을 제거해야 한다. 신문은 자신의 업무와 관련된 것은 스크랩을 해두거나 필요 없는 것이라면, 버려야 한다. 마찬가지로 컴퓨터 바탕화면에 있는 파일이나 폴더 역시 제거해야 한다. 자신이 저장하기 쉬운 내문서(MyDocument)에 저장하는 것도 좋다.

자신의 외근이나 휴가 중에 중요한 파일을 찾는다고 전화 걸어서 귀찮게 하는 일을 미연에 방지할 수 있을 것이다. 틈나는 대로 책상이나 컴퓨터를 확인하여 자주 쓸모 없는 것들을 정리하라. 정리할 때에는 파일의 수를 줄이고, 하나의 파일에 더 많은 내용을 포함시키는 것이 좋다. 큰 파일이라도 찾는 시간이 작은 파일을 여러 번 클릭 하는 것보다 더 줄어들 것이다. 또한 분류를 해서 폴더 안에 담아 놓는다면, 폴더가 마치 목차(index)의 역할을 해서 찾기가 쉬울 것이다.

필자가 정작 하고 싶은 말은 경력 일지를 작성해보라는 것이다. 남들이 하찮게 여기는 일들을 하나하나 적어서 기록하는 것이다. '내가 왜 그 회사에서 떨어졌지' 하며 속상해 하지 말고, 그 회사에 간 시간이나 질문들을 떠올리고 답변했던 말들을 적어놓는 것이다. 한 번 실패는 병가지 상사(兵家之常事)라는 말이 있다. 하지만, 두 번 실수는 적어도 용납하지 말자. 그렇기 위해 자신만의 일지를 작성하는 것이다. 서류전형을 보았으면, 어디에 언제 이메일로 접수했고, 통보 날짜는 언제고, 면접 시기는 언제라는 것을 적어두자. 물론 회사의 정보도 자세히 적어놓는다면, 나중에 효과적으로 이용할 수 있다.

많은 인사담당자의 이야기를 들어보면, 한심하기 짝이 없는 구직자들이 많다는 것이었다. 예를 들면 면접 보라고 휴대폰으로 연락하면, "어디요? 무엇 하는 회사인데요?"하고 되묻는 경우가 많다는 것이다. 아니 자신이 원서를 접수해놓고도 그 사실마저 잊어버리고는 무슨 취업을 바라고 있냐는 것이 요지였다.

막상 실직을 당하거나 취업이 되지 않는 나날이 길어지면, 당해보지 않은 사람은 모를 정도로 답답하다. 하지만, 실제로 발로 뛰어서 알아보는 사람을 찾기 힘들다. 우선 실직을 감추고 도피하려는 경향을 띈다. 그럴수록 더 적극적인 자세가 중요하다. 장기간의 실업으로 도서관이나 집에 있지 말고 발로 뛰어라. 자신 없으면 도움을 받는 것도 생각해볼 여지가 있다. 인터넷을 모르면 인터넷을 아는 주위사람을 찾아서 물어볼 수도 있다.

방송이나 신문에서는 자포자기한 자발적 실업자가 늘고 있다고 한다. 그것은 무작정 오지 않는 기차역에서 기차를 기다리는 것과 같다. 과감하게 뛰어들어야 한다. 규칙적으로 공원에 나가서 운동도 하고 도서관에서 사색도 하고 "올해는 나의 휴식년이다!" 선언도 하자. 한해 쉰다고 세상이 어찌 되겠냐는 포부로 적극적인 의지를 보여줄 필요가 있다.

늦게 일어나고 수염도 깎지도 않고 동네에서 서성거리다가 아는 사람이라도 만나면 '실업자가 되었군' 손가락질 받는 것 같아 나가기도 어려운 사람이 있다고 하니 하는 말이다. 만일 회사를 다녔으면 동사무소에 가서 실업자 수당도 알아보고, 건강보험도 어떻게 되었나, 무료 교육은 어디에서 있나, 찾아 다녀야 한다. 실직은 아무도 도와줄 수 없다. 자신만이 극복할 수 있는 자신의 문제이다. 사회 경험이 없는 예비실업자는 더욱더 위축되기 쉽다. 그럴수록 위축되지 말고 뛰어야 한다. 관악산이든 도봉산이든 가까운 산에 가서 혼자만의 시간을 보내면서 "내가 과연 잘 할 수 있는 것은 무언가" 곰곰이 되돌아본다면, 분명 길이 있다고 필자는 믿는다.

이제 다시 되돌아 와서 당신은 자그만 경력이라도 보관해야 한다. 몇 명이 언제부터 언제까지 일을 했으며, 어떤 성과가 있었는지 기록하라. 그리고 당신은 어떤 부분을 담당했는지 구체적으로 적어놓아야 한다. 회사와 별도로 당신의 경력 업무 일지를 자신에 맞게 갖고 있어야 한다. 물론 당신이 끼고 다니는 일반적인 다이어리도 좋다. 프로젝트에 대한 당신의 권한 책임을 분명하게 적어야 한다. 당신은 프로젝트의 아우트라인을 분명하게 그려야 한다. 당신이 모든 일을 다했다고 속일 생각을 말라. 단순히 몇 보 앞에 있는 이득을 탐해서는 안된다. 너무 상세한 업무까지 적을 필요는 없지만 당신의 기억을 도와 줄 정도는 되어야 한다.

입사 이후 제일 중요한 것은 자신의 업무 파악이다. 통념상 꼭 해야 할 일과 하지 않아도 되는 일이 있다. 당신은 우선 해야 할 일을 능숙히 해야 한다. 어느 정도 능숙하다 싶으면, 그때 하지 않아도 될 일을 찾아 해야 한다. 정말 경력관리의 핵심은 바로 여기에 있다. 자신이 많은 일을 할수록 경력이 올라간다고 생각하면, 일이 즐겁지 않겠는가.

현대사회는 직업정신이 투철한 사람만이 살아남을 수 있다. 당신은 믿고 맡길 만한 사람인가.

기업에서는 빌트인(built-in)된 사람을 구하지, 그 회사에서 인재를 키우려는 곳은 점점 사라지고 있다. 기업에서는 자기분석이 뛰어난 사람을 필요로 한다. 그래서 더욱더 개인경력관리가 중요해지고 있는 것이다.

47 직장인이여! 자기계발 계획서를 작성하라

"당신이 뭣으로 바쁜지 얘기해 주면 당신이 어떤 인물의 사람인지 나는 곧 알아맞힐 수 있다"

• **요한 볼프강 폰 괴테**

당신은 뭐하는 사람인가? 누구나 이런 질문을 받게 되면 당황하게 된다. 혹시 자신이 무엇을 해놓았는지 평가하려는 말로 들릴 수도 있다. 자신의 정체성이 무엇보다 중요하다. 특히 직업에 대한 정체성 없이 일을 하는 것은 능률뿐만 아니라 자신의 커리어 관리에 큰 오점을 남길 수도 있다. 따라서 직업의 정체성을 점검하기 위해서 자신만의 시간이 필요하다. 나의 실력이 정확하게 어디쯤에 있는가. 나의 경쟁 상대는 누구인가. 10년 뒤 나의 모습은 어떻게 바뀠었을까. 냉철하게 자신에 대해서 점검해야 한다. 이런 계획을 세우는 것 중에서 '자기계발계획서' 라는 것이 있다.

예를 들면, 캐나다 임페리얼 상업은행(Canadian Imperial Bank

of Commerce, 약칭 CIBC)에서는 모든 직원이 입사 직후 자기계발 계획서를 작성해야 한다. CIBC은행은 직원들의 자기능력에 대한 평가와 바람직한 능력에 이르기 위해 자기계발 계획서를 작성하고 이를 달성하도록 유도하고 있다. 이와 같은 자기계발 계획서에 대한 평가결과는 곧 인사나 임금 책정 등의 보상 시스템을 통해 철저히 피드백되고 있다. 어떤 직무에서 뛰어난 성과를 발휘하게 만드는 개인이나 조직이 갖고 있는 특징적 요소를 체계적으로 도출하여 모델화한 역량모델(Competancy Model)을 만들 필요가 있는 것이다.

몇몇 대기업에서는 실제로 임직원들로 하여금 자기계발계획서를 제출 받고 있다. 외국 기업들은 이미 직원이 작성한 자기계발계획서 이행실적을 인사고과에 반영하고 있다. 리더십 과정에서도 의식과 행동의 혁신이나 목표성취를 위해 중요시 여기는 것은 바로 자기계발계획서 작성 과정이다. 자기계발계획서를 작성해봄으로써 목표를 분명하게 시각화하고, 직장목표를 설계하여 미래에 대한 성공적 활동을 강화시켜 주는 프로그램으로 이용하고 있다.

경력관리의 핵심은 사람들에게 자신감을 심어주는 것이다. 여기서 제일 필요한 것이 자기진단이다. 효율적으로 일자리를 찾기 이전에 자기 능력을 충분히 드러내 제대로 평가받는 것이 성공적인 경력관리에 빼놓을 수 없는 요소이다. 경력자에게 중요한 점도 항상 자기계발을 위해 노력하는 것이다. 그 하나의 방법으로 필자는 자기계발계획서를 작성해 활용해보라고 권하고 싶다. 자기계발계획서를 통해 자기 진단을 하고, 자신의 경력개발을 위해 모든 열정과 능력을 다해 최선을 다할 때 비로소 고용자도 알게 되는 것이다.

48 경험은 한 순간에 얻어지지 않는다

"높은 낭떠러지를 보지 않고서야 어찌 굴러 떨어지는 근심을 알고, 깊은 연못에 가지 않고서 어찌 빠져 죽는 근심을 알겠느냐? 큰 바다를 보지 않고서야 어찌 빠져 죽는 근심을 알겠느냐? 큰 바다를 보지 않고서야 어찌 풍파에 시달리는 근심을 알겠느냐?"

• 공자

무슨 말을 하든지 구체적인 경험을 바탕으로 이야기하도록 노력해야 한다. 자기소개서를 쓸 때에도 마찬가지로 어떤 일이 있더라도 구체적인 경험을 바탕으로 작성하라. 자기소개서를 작성할 때 저지르기 쉬운 실수중의 하나가 자신을 좀더 멋지게 드러내기 위해 추상적으로 쓰는 것이다. 자신도 모르는 영어나 한자어를 동원해서 자기소개서를 작성하는 것은 어리석은 짓이다. '알지도 못하는 말' 보다는 '효과적으로 전달하기 쉬운 말' 을 쓰는 것이 좋다.

자기소개서란 쓰는 자기 자신의 의도가 나타날 때에 효과적으로 의미를 전달할 수 있기 때문이다. 따라서 인사담당자가 자기소개서를 읽고 '이 사람 괜찮은데' 라는 느낌이 들 수 있도록 효과적으로 전달하기 위해서는 자신의 경험을 바탕으로 구체적인 자신을 묘사해야 한다.

> 어려서부터 아버지 어깨 너머로 전자제품을 고치는 일을 배웠습니다. 두꺼비집 확인하는 법, 형광등 갈아 끼우는 방법, 지하실 전기선 연결하는 일 등을 손수 하시는 아버지를 도와 드리면서 어느새 저 혼자서도 척척 해낼 수 있게 되었습니다. 추운 겨울엔 아버지 대신하여 자동차에 시동을 걸어 공회전을 시켜놓곤 했습니다. 눈썰미가 좋은 편이라 뭐든 한 번 본 것은 고칠 수 있었고, 유선전화기 개조, TV수리, 라디오 수리 등 간단한 일을 하면서 제 능력을 발휘하며 성장했습니다.
>
> 예) 유년 시절 에피소드를 잘 활용한 예

사실적인 표현들은 읽은 사람에게 오랫동안 기억의 잔상을 남길 수 있다. 유년 시절에 기억이 남은 이야기, 자신의 성격을 부각시킬 수 있는 에피소드, 가족들과 관련이 있는 이야기, 자신의 인생에 있어서 전환점을 가져다 준 계기 등을 구체적으로 작성하고 각 사건들이 어떻게 자신에게 영향을 미쳤는지를 설명해 줘야 한다. 또한 자신이 가졌던 취미나 자의식 등이 자신을 어떻게 변화시켰으며 현재 자신의 관심분야와는 어떤 상관관계가 있는지 등을 구체적으로 기술해야 한다.

자신이 체험한 이야기로 채워진 자기소개서는 다른 사람과 차별될 수 있는 경쟁력을 확보할 수 있다. 체험은 자기의 것이기 때문에, 개인적인 체험 보다 좋은 소재가 되는 것은 없다. 자신 있게 내놓을 수 있는 체험을 토대로 자기소개서를 작성해야 한다. 비슷한 경험을 했더라도, 그 경험에 대해 보는 관점이나 느끼는 점은 사람들마다 천차만별이다. 그 체험의 순간들은 자기 자신이 기록한 메모나 일지 등을 통해서 자기소개서 작성의 소중한 소재가 되는 것이다.

각자의 인생이 모두 제각기 다르듯이 자기소개서 또한 각기 달라야 한다. 저마다 서로 다른 독특한 경험들을 했을 것이고, 자기를 소개함에 있어 뭔가 특별난 얘깃거리가 있을 것이다. 바로 그 평범치 않은 얘기들을 자기소개서에 다루어야 한다. 예를 들어, 봉사활동의 경험이나 아르바이트 경험, 여행경험, 해외연수 등을 다루게 되더라도 남들과는 좀 다른 관점으로 작성하도록 노력해 보자.

자신의 개성과 함께 강력한 인상을 심어줄 있도록 일반적이거나 평범한 이야기보다는 자신의 뚜렷한 장점 또는 강한 의지를 내보일 수 있는 구체적인 내용 위주로 작성한다. 자기소개서도 일종의 '자기홍보' 이므로 다소 특이하고 눈에 띄는 문구도 필요하다. 제목과 중간 소제목을 활용해서 광고카피처럼 보다 인상적으로 접근해야 한다.

자기소개서의 힘은 바로 그 사람의 잠재력에서 나온다. 단순히 자기소개서를 아무렇게나 쓴다는 것은 쉽다. 하지만 성공적인 자기소개서를 쓰기 위해선 부단한 노력이 필요하다. 필자는 하우라이팅(http://www.howwriting.com)이라는 경력개발사이트를 운영하면서 느낀 점이 있는데, 지원자들이 자기소개서를 너무 안일하게 생각한다는 것이다.

이런 자기소개서 작성은 어렸을 때부터 조기교육을 해야 한다. 훌륭한 자기소개서 교육은 어려서부터 자기 자신에 대해 깨닫고 글쓰기의 기초를 단단히 하는 데에 매우 중요하다. 자기소개서는 단순히 글쓰기에 그치는 것이 아니라, 자신과 타인과의 커뮤니케이션을 하는 도구의 역할을 한다. 잘못 작성된 자기소개서는 인사담당자와의 정보교류를 단절시킬 뿐만 아니라 컴퓨터 앞에만 앉아 지원자를 판단하기 때문에 능력 있는 인재임에도 불구하고 서류전형에서 떨어질 수 있는 구조적 모순을 일으킬 수 있다. 아무리 말을 잘하고 책을 많이 읽는다고 해도 자기소개서를 잘 작성하지 못하면 인사담당자와의 커뮤니케이션을 못하게 되는 것이다.

두말 할 필요 없이 자기소개서 쓰기의 바탕은 땀이라는 체험으로 이루어지는 것이다. 필자는 직접 자기소개서 한편이라도 정성껏 써서 누군가에게 보여주라고 조언하고 싶다. 자기소개서는 타인에게 보여주면서 더욱더 값진 긴장을 갖게 될 것이다. 현실적으로 혼자서 쓰다 보면 주관적으로 빠지기 쉽다. 남의 비판을 듣고 무엇이 잘못된 것은 아닌지 다시 되돌아보는 것, 그 자체가 많은 진전을 가지고 올 것이다. 그러나 너무 성급히 가려 하지 말자.

자기소개서를 잘 쓰기 위해서 우선 자신의 경험이 묻어 나오도록 자기소개서 쓰기를 해야 한다. 자신의 경험이 우러나온 자기소개서를 보면, 사람들이 그 맛을 알아차린다. 그래서 자기소개서 쓰기는 경험이 중요하다. 한 마디, 한 마디 쓸 때는 비록 달팽이처럼 힘겹게 움직일지라도 신중하게 쓰자. 구체적인 경험이란 한 순간에 얻어지는 것이 아니다. 자신의 실력이 느는 것을 체감하기란 쉽지 않을 것이다. 차츰차츰 쌓여 어느 한 순간 봇물 터지는 향상될 것이라고 믿는 것이 최선의 방법이다.

49 전략이 성공을 부른다

"위대한 사람들은 모두 훌륭한 전략을 가지고 있었고 회의석상에서 그들은 늘 가장 뛰어난 조언과 충고를 했다. 즉, 지혜자가 훌륭한 조언자였고 전략가였던 것이다. 또한 그들은 젊은 사람들에게든 늙은 사람에게서든지 조언과 충고를 받아들이는데 있어서 편견을 갖지 않았다. 조언을 종합한다는 것은 결정에 깊이를 더해 주고, 판단에 공정성을 가져다준다. 조언과 충고를 택할 때는 객관적이어야 한다. 자신의 왕권을 남용했던 그대의 왕들처럼 압제적인 사람이 되어서는 안 된다. 사려깊은 조언자들을 통해 배운 바를 활용한다는 것은 참으로 총명한 일이다. 요컨대 좋은 충고와 조언을 구한다면 당신은 결국 실패와 파국을 맞지 않을 것이다"

• **그라시안**

같은 상황임에도 불구하고 보는 관점에 따라 다르게 판단한다. 얼마전 노무현 대통령 재신임 문제를 두고도 모건스탠리증권은 '그렇게 위험한 도박은 아니다' 는 제목의 보고서에서 "노무현 대통령이 재신임에 성공할 경우 보다 강력하고 안정적인 지도력을 발휘할 수 있고 의회에서도 많은 의석을 차지하게 될 것"이라며 "재신임에 실패한다면 이는 대중이 대체 세력을 찾았다는 의미인 만큼, 어느 경우에도 경제적으로나 정치적으로 큰 혼란은 없을 것"이라고 밝힌 반면, 골드만삭스는 "내년 4월까지 정치적 무능력 상태가 지속될 경우 소비와 기업투자가 위축돼 한국 경제의 회복이 더뎌질 수 있다"며 "최근의 단기적 상승랠리가 내년 2분기까지 지속될 것으로 보지 않으며, 종합주가지수 840에 이르면 매수 포지션에서 벗어나라"고 밝힌다.

자기소개서도 마찬가지이다. 보는 사람에 따라 달라질 수 있다는 말이다. 하지만 성공하는 자기소개서, 실패하는 자기소개서 표현방법은 있는 법이다. 필자의 경험을 바탕으로 쓴 자기소개서 표현법 10가지를 제시한다. 경력자기소개서를 쓰는 데에 많은 참고가 되기를 바란다.

28 핵_심_포_인_트

성공하는 자기소개서 표현방법 10가지

1. 낡은 자기소개서는 미련 없이 버려라.
2. 경력에 맞는 아우트라인을 작성하라.
3. 목적을 드러내지 말고 논리적으로 기술하라.
4. 구체적인 경험을 바탕으로 살을 붙이자.
5. 과장하지 말고 적절한 수사를 쓰자.
6. 장문 보다 단문 위주로 쓰자.
7. 자신 있는 테마를 선택해보자.
8. 각 항목별로 분석해보자.
9. 핵심키워드를 뽑아내자.
10. 맛깔스러운 타이틀을 달아보자.

29 핵_심_포_인_트

실패하는 자기소개서 표현방법 10가지

1. 난잡하게 쓴다.
2. 감상문처럼 쓴다.
3. 짜맞추기 식으로 작성한다.
4. 유치하게 작성한다.
5. 자만심으로 쓴다.
6. 낙서처럼 쓴다.
7. 격언 및 사족을 단다.
8. 불명확하게 서술한다.
9. 추상적인 표현을 한다.
10. 오자 및 탈자가 많다.

50 발상의 전환은 틈새에서 출발한다

"가장 간단한 아이디어들을 사용하는 것은 천재가 하는 일의 핵심이다"

• **찰스 페가이**

창의적인 생각은 때론 엉뚱한 곳에서 시작한다. 창의적인 생각을 하기 위해서는 평범한 생각에서 벗어나 새로운 관점, 다양한 시각으로 사물을 바라봐야 한다. 이전의 고정관념에서 벗어난 다른 새로운 생각을 뜻한다. 새로운 생각을 하기 위해서는 먼저 자기 주변 세계에 관심을 가지고 자그마한 경험에서 출발해야 한다.

예를 들면, 자기소개서를 작성할 때 소위 '겉멋' 만 든 현학적 표현만을 쓴다면 설득력을 얻기 힘들다. 드라마 '허준' 을 쓴 작가는 한의원을 다녔던 경험이 좋은 작품으로 이어졌다고 회고한다. 자기가 직접 겪은 일을 중심으로 쓴다면, 반은 성공한 것이다. 우리도 눈을 씻고 주위를 살펴보자.

세상속에 힘든 일이 아닌 것은 없습니다. 어떤 좋은 일도 직업이 되어 일이 되면 힘들다고 합니다. 그러나 그 힘든 일을 하면서도 견딜 수 있는 일! 그것이 진정 자신이 사랑하는 일이 아닐까요? 길지 않은 기간이었지만 서비스 교육을 받으며 진정한 서비스가 무엇이며 사람들 속에서 웃음을 지을 수 있는 곳에서 일하고 싶단 생각을 가지게 되었습니다.

예) 평범한 자기소개서

위의 예는 흔히 볼 수 있는 자기소개서로 평범하다. '세상속에 힘든 일이 아닌 것은 없다' 라는 일반적인 전제를 깔고, 서비스 교육을 통해서 진정한 서비스를 배울 수 있었다는 평범한 결론을 맺고 있다. '창조적 자기소개서' 란 발상의 전환에서 출발한다. 아름다운 말을 꾸미는 데 시간을 투자하는 것이 아니라, 자신이 어떤 경험을 들려줄 것인지 생각해야 한다.

처음 요리의 어려움은 조절에 있습니다. 물론 맛도 조절에 의해서 이루어집니다. 호텔 고객의 의중을 정확하고도 분명하게 표현해내는 것도 중요하다고 할 수 있으나 어떤 부분에 있어서는 요리의 재치도 매우 많은 부분을 차지할 수 있다고 생각합니다. 이런 면에서 보면 저는 Y호텔에서 일을 하는 동안 고객의 의중이나 요리의 재치에서 무척 고민을 하면서 보냈으나 일에서는 어느 정도 인정을 받았습니다. 특히 사내 2000년 최우수사원을 뽑혀서 수상했을 때의 감격은 아직도 생생합니다. 물론 말 못할 어려움이 많았지만, 세계적인 Y호텔에서 요리를 할 수 있었던 것은 저에게 매우 큰 기회나 다름없었습니다.

예) 창의적인 자기소개서

요리를 경험해본 사람만이 적을 수 있는 것을 들려주어야 설득력이 있는 것이다. 직접 경험했던 직무와 관련된 이야기를 통해서만 창의적인 자기소개서를 쓸 수 있다.

또한 문장은 간결하고 명확한 표현을 주로 써야 한다. 평범한 자기소개서의 예와 같이 "그 힘든 일을 하면서도 견딜 수 있는 일! 그것이 진정 자신이 사랑하는 일이 아닐까요?"라고 되묻는 것은 좋지 않다. 뭐니뭐니 해도 문장은 알기 쉬어야 한다. 간결하고 명확하게 표현해야 한다. "세상속에 힘든 일이 아닌 것은 없습니다"라고 하는 것보다는 "처음 요리의 어려움은 조절에 있습니다"라고 많은 사람들의 뇌리에 맴돌게 할 것이다.

자신의 직무와 관련된 요리를 내세워 자신이 체득한 경험을 들려주려고 할 때, 독창적이고 참신한 자기소개서로 빛을 날 때가 있다. 이런 경우에 바로 '함축성' 이란 말을 쓴다. 남들이 안 하는 쪽에 서서 치밀하게 접근하는 경우이다. 하지만 자칫하면 독창적인 것이 아니라 엉뚱함으로 전락하지 않도록 주의해야 한다. 그 우를 범하지 않으려면 적어도 자기소개서의 기본에는 충실해야 한다. 여기서의 기본이란 자신의 업무 분석력을 보여주는 것이다.

'평범한 자기소개서' 의 예는 자신만의 독특한 경험이 묻어나지 않는다. 하지만, '창의적인 자기소개서' 의 예는 'Y호텔 사내 2000년 최우수사원' 이면서, '고객의 의중을 파악할 수 있는 재치 있는 요리전문가' 라는 것을 말하고 있다. 창의적인 발상의 전환은 이와 같은 자그마한 경험이나 경력에 의해서 출발해야 한다.

51 자그마한 일부터 자부심을 갖자

"우리는 모든 것을 빼앗겨도 견딜 수 있지만, 자부심만은 빼앗기면 견딜 수 없다"

• **윌리엄 해즐릿**

우선 자신이 하고 있는 일부터 챙겨야 한다. 비록 당신은 지금 하고 있는 일이 작고 보잘것없는 일처럼 느낄지도 모른다. 하지만 지금 하고 있는 그 하찮은 일이 바로 경력개발의 출발선이라는 생각을 잊어서는 안된다. 자신이 해왔던 그 일을 계기로 새로운 일자리가 생기는 경우도 많다. 물론 어떤 일을 하든지 보람을 느끼며 자부심을 갖는 것이 매우 중요하다. 우리가 찾고 있는 경력개발방법은 멀리 있는 것이 아니라, 현재 이순간부터 달라져야 한다는 마음가짐에서 출발해야 한다. 우리가 일을 하면서 느꼈던 스트레스, 일에 대한 시간안배, 일에 대한 집중도에 대해서 깊이 생각해보아야 한다.

능력이 있다고 생각하는 사람에게 책임 있는 일이 주어지지 않을 때 자신이 하는 일을 평가절하하면서 '내가 이런 하찮은 일을 하고 있어야 되나' 하는 마음을 갖고 있지 않았는가 되짚어 보아야 한다. 자그만한 일에 자부심을 갖고 한다는 게 얼마나 중요한가. 자신이 주위사람에게 어떻게 보여질까. '직장인'이 아닌, '직업인'으로서 자신이 직장과 사회에 어떤 존재로 매김해야 할까를 진지하게 생각해야 한다. 자신이 오랫동안 자기 업무에서 쌓은 노하우가 있고 실제로 회사에서 뚜렷한 성과를 내고 있다면 더욱더 자그만한 일부터 전문가로서 인정 받을 수 있도록 노력해야 한다.

자그마한 일부터 정성을 기울이는 것이 필요하다. 어떤 인사담당자들은 자기소개서를 3번 이상 정독한다. 그 행간을 읽다 보면 잘된 자기소개서는 유려하게 쓰는 것이 중요한 것이 아니라, 어떤 내용을 담고 있느냐가 더 중요하다는 말이다. 좋은 글은 자신의 생각을 정확하게 전달하는 데 의미가 있다.

자신의 능력과 경험을 토대로 어떤 이익을 줄 수 있을 지 끊임없이 상대방에게 이야기해주는 것이 좋다. 전문적 지식을 갖고 있으면 회사에게 어떻게 활용했을 때, 유용하게 쓰일 것이라는 것을 제시해야 한다. 실제로 일을 하다 보면 자신의 전문분야가 아닌 다른 분야의 일을 맡게 될 경우도 있다. 이런 경우에는 자신의 역량(Competency)이 균형적으로 관리되어야 한다. 물론 상황이 정리가 되지 않아 여러 일을 맡게 된 경우라도 자신의 역량에서 할 수 있는 것이라면, 우선 들어주는 편이 좋다. 이런 황당한 경우를 사전에 막기 위해서는 자신의 핵심역량에 대한 아우트라인을 잡아가야 한다.

우선 핵심역량은 자신에게 알맞게 설계가 중요하다. 자기계발을 검증하기 위해서는 항상 상대방의 시각에서 분석하고 판단하는 사고가 필요하다. 실전 가능한 방법으로는 같은 입장에 처해 있는 구직자들과의 대화를 하는 방법이 중요하다. 여러 사람들과의 대화를 통해서 객관적인 평가를 내릴 수 있을 것이다. 자신의 경력관리에 대한 문제점을 다시 한 번 점검해 본다. 수시채용의 경우 그 회사에 꼭 필요한 소수인원만 뽑아서 취업 경쟁률이 점점 높아질 것이다. 기업들은 당장이라도 현장에 투입할 수 있는 사람을 원하므로 3년 이상 경력직들을 선호한다는 점도 유념해야 한다.

아무리 대표이사라 할지라도 자그만 일부터 자부심을 갖고 일을 해야 한다. 전문가에게 중요한 것은 단순한 경력의 연차가 아니다. 경력 몇년이란 단지 지나온 과정에서 생성된 껍데기일 뿐이다. 실제로 경력이 화려한 사람일수록 껍데기를 베껴보면 실력이 없는 경우가 많다. 실제로 자신의 한계를 느끼고, 그 한계를 극복하려고 노력하는 자세, 그것이 제일 중요한 것이다. 그 한계를 깨닫는 순간 당신은 정말로 달라질 것이다.

52 자신을 객관화하라

"자신의 의견을 밝힐 때는 객관적인 태도를 취하라. 자기 기분에 대해 책임을 지고 자신이 원하는 것을 구체적으로 밝혀라. 자신의 의사를 관철시키는데 성공할 수도 실패할 수도 있다. 성공했을 때는 주변상황을 통제하고 원하는 것을 얻을 수 있다는 점을 보여 준 것이 되고, 실패했을 때는 실패한 기분을 밖으로 표현하고 나면 씁쓸함이 좀 나아질 것이다"

• 앤드류 매튜스

객관적인 서술을 하기 위해서는 우선 자기소개서를 읽는 사람의 입장에 서야 한다. 자기소개서는 자신의 이야기를 하는 것이지만 남을 이해시키기 위한 글이기도 하다. 따라서 자신이 좋아하는 소재와 단어, 주관적인 시각과 주장을 피하고 타인도 이해할 수 있는 선에서 거부감이 없는 내용을 다루어야 한다.

예를 들면, 자신의 알고 있는 전문적 용어를 총동원해 가면서 자기실력 포장에만 신경 쓴 자기소개서를 볼 수 있다. 하지만, 이런 자기소개서는 대부분 인사담당자로 하여금 핵심적인 내용을 알려주기 힘들다. 단지 어려운 전문용어만 쓴다고 해서 실력을 알아주는 것은 아니다. 실제로 여유를 갖고 상대편의 입장에서 일반적으로 통용되는 용어를 써야 이해하기 쉽다는 사실을 상기하자.

자기소개서는 말 그대로 자기를 소개하는 글이지만 주관적 성격의 글이 아니다. 자기를 드러내는 데 있어 자기 주관에 휩싸여 서술하는 것은 설득력을 지니기 어렵다. 비록 자신의 이야기라도 논리적이고 객관적으로 서술해야 한다. 자기 자신을 객관적으로 제시할 수 있을 때 읽는 사람에게 공감은 물론 신뢰감을 줄 수 있다.

> 대학에서 화학을 전공한 것은 제 이름 석자를 걸 수 있는 향수를 만들어 보겠다는 포부에서 시작됐습니다. 대부분의 대학학문이 실제 이론과 응용이 조금씩 상이하듯이 제가 배운 것들이 아직까지는 부족하지만 좀 더 노력하고 열심히 지식을 쌓아 꿈을 실현하겠다는 의지는 항상 제 가슴에 담고 있습니다. 비록 제가 아직 능력은 부족하지만 어떠한 일이라도 잘 해낼 수 있습니다.
>
> 예) 주관적인 포부

"꿈을 실현하겠다는 의지는 항상 제 가슴에 담고 있습니다"라는 말에서 의욕이 앞서 자칫 감정에 치우쳐버린 주관적인 자기소개서로 비춰질 수 있다. 채용에서 중요한 것은 '지원자의 의지' 라지만, 무조건적인 자기희생이 아닌 창조적 의지를 더 선호한다는 점을 간과하지 말아야 한다.

> 저는 SOC(Social Overhead Capital)분야에서 전문성을 갖춘 엔지니어가 되고 싶습니다. 특히, 석유화학, 에너지, 환경시설, 산업플랜트 등 플랜트 전 분야에 걸쳐 설계와 시공을 익혀 기회

가 된다면 해외무대에 도전하고 경험을 쌓아 세계굴지의 건설업체로 성장하는 귀사에서 꿈을 키워, CM(Construction Management) 전문가가 되고 싶습니다.

예) 객관적인 포부

위의 예는 '어떤 일이든지 다 하겠다'는 주관적인 포부가 아니라, '자신이 전문적인 엔지니어로서 경험을 쌓고 싶다'는 객관적인 포부를 보여주고 있다. 이와 같이 주관적인 시각이나 주장을 담기보다는 다른 사람이 이해할 수 있는 객관적인 내용을 담아야 한다. 또한 전문용어를 불가피하게 쓰게 될 경우에는 영문약자만 쓰지 말고, 전체 스펠링(spelling)을 다 써서 알 수 있도록 해주거나 부연설명을 해야 한다.

지원자들의 대부분이 자신의 입장만을 고수하다가 낭패를 보는 경우가 많다. 자기소개서를 쓰면서, 자신을 객관화시켜 서술한다는 것은 말처럼 쉽지 않다. 너무 자신의 장점을 부각시키려고 하다 보면 정작 지원한 직무와는 상관 없는 이야기를 늘어놓기가 쉬워 초점이 흐려질 수도 있다. 아마도 자기 자신에게 딱 맞는 일자리를 준비해둔 회사는 없을 것이다. 따라서 '자신을 객관화하라'라 함은 철저하게 자신에게서 떨어져서 자신을 바라보는 것에서 출발해야 한다.

53 당신의 핵심역량은 업데이트 되고 있는가!

"자기 힘을 최대한 발휘해서 스스로 역량이 있는 인재임을 나타낼 수 있는 사람이 대접받는 게 오늘날 샐러리맨 사회의 엄연한 현실이다"

• 나카타니 아키히로

당신의 핵심역량은 무엇인가? 많은 직장인들에게 자신의 핵심역량에 대해 말해보라고 하면, 이것저것 나열하기에 바쁘다. 핵심역량(core competence)이란 단순히 일을 열심히 하는 것이 아니라 다른 경쟁자들 보다 우월한 능력, 기술 등 경쟁에서 우위를 점할 수 있는 힘을 말한다.

우선 많은 것 중에서 제일 핵심이 될 만한 것을 메모하는 습관을 갖는 것이 중요하다. 자신의 시장가치를 구체적인 숫자로 매겨보는 것이다. 항상 자신의 시장가치에 대해서 생각해야 한다. 어제에 주가가 높았다고 오늘까지 주가가 높을 이유는 없다. 부단한 자기 탐색을 통해 명확하게 자기 핵심역량을 스스로 집어낼 수 있어야 한다.

예를 들어 소니의 소형화 기술, 캐논의 정밀기계기술광학기술, 월마트의 강력한 물류시스템 등이 각 기업의 핵심역량이다. 따라서 기업은 이러한 핵심역량을 발견하고, 그것을 새로운 기술이나 서비스 등과 연계시켜 다각화하는 핵심역량 경영을 통하여 독특한 기업문화와 경쟁전략을 찾아내 키워나가고 있다.

기업의 핵심역량 뿐만 아니라 개인의 핵심역량에 대해서도 생각해야 한다. 특히 개인의 커리어패스(Career path)에 대한 생각도 바꿔야 한다. 과거에는 한 직장에 머무르면서 승진해 나가는 것이 좋은 케이스이었으나 이제는 기업이 원하는 인재의 모습은 자기 자신의 고유성을 확보하면서도 다재다능한 '멀티플레이' 인력으로 바뀌고 있다.

말이 쉽지 자신의 핵심역량을 찾기는 쉽지 않다. 좀더 쉽게 자신의 뿌리에 대해 생각해보는 것이다. 마치 나무의 뿌리가 나무의 핵심역량이듯 말이다. 다시 말해 가장 핵심적인 노하우를 필요로 하는 부문이 바로 핵심역량이라고 할 수 있다.

예를 들어 스포츠 용품은 더 이상 제조산업의 범주에 속하지 않는 패션산업으로 변화하고 있다. 따라서 핵심역량은 디자인이다. 하지만 스포츠 용품을 생산하는 어느 기업도 반드시 디자인만을 비교우위에 두지 않는다. 비록 스포츠 용품의 핵심역량이 디자인이라 할지라도 각 기업이 갖고 있는 경쟁력은 각각 다르게 나타날 수 있다. 그것을 파악하는 것은 물론 쉽지 않다.

이렇듯 최근 들어 '핵심역량' 이란 용어가 중요한 키워드로 등장하고 있다. 역량 중심의 교육과정, 역량 중심의 채용 및 발탁, 역량 중심의 보상이라는 개념이 매우 활발하게 전개되고 있다. 조직들은 '직무' 라는 개념을 21세기에 필요할 '핵심역량' 으로 대체하고 있다. 핵심역량은 조직에서의 인적 자원에 대한 새로운 패러다임을 제공할 것이다.

핵심역량은 조직에서의 직무분석 안고 있는 문제점을 극복하기 위하여 대두되었다. 급변하는 직무에 대처하기 위해서 노력하기보다는 오히려 직무를 수행하는 데 필요한 기능과 핵심역량을 가지고 있는 개별 개인에게 초점을 맞추는 것이 유리하다고 판단한 것이다. 이러한 맥락에서 핵심역량 접근법은 실제로 직무를 수행하는 사람에 초점을 둔다.

이제는 1만명 먹여 살릴 수 있는 '핵심인재 1명' 이 필요한 시대이다. 불확실성이 높아질수록 기업들은 변화에 신속하게 대처해야 살아남을 수 있다. 그 변화에 대처할 수 있는 핵심이 바로 핵심인재를 발굴 육성하는 것이다. 한 예로 삼성의 이건희 회장이 '핵심인재' 의 중요성을 강조하고 있고, LG는 최고경영자(CEO)로 육성하는 '글로벌 인재경영론' 을 강조하고 있다.

하지만 핵심인재에만 부각하다 보면, '천재육성론' 으로 변질된 가능성이 있다. 아직 연공서열 방식에서 완전히 벗어나지 못한 기업들이 많은 우리 기업 현실에서 핵심인재육성에 대한 부작용에 유의해야 한다. 천재 1인만을 위한 것이 아니라 내부 조직원을 두텁게 하는 것이 관건이다. 물론 성적에 초점을 두기 보다는 경험이나 창의력, 사회성 등 능력에 대한 편파적인 견해에 대해서도 벗어나야 한다.

이제 기업의 운명은 핵심인재에 달려 있다. 그러기 때문에 당신은 자신을 기업의 명품으로 키워나가야 한다. 잠자고 있는 잠재능력을 키워서 일깨워야 한다. 당신의 잠재능력은 무엇이고, 개선할 점은 없는가를 스스로에게 되물어보아야 한다. 당신은 얼마나 자신의 능력을 발휘하고 있는가.

당신의 핵심역량은 지속적으로 업데이트가 되고 있는가. 어제의 당신과 오늘의 당신은 조금이라도 달라져야 한다. 어제의 이력서와 오늘의 이력서가 변한 것이 없다면 다시 한번 위기 의식을 가져야 한다. 핵심역량이라고 너무 거창하게 생각할 것 없다. 다른 사람과 비교우위에 있는 핵심부문에 역량을 집중함으로써 경쟁 우위를 확보해 나가는 것이 매우 중요하다.

54 자기소개서의 핵심은 무엇인가

"인생의 의미는 생각하는 것만으로는 발견되지 않는다. 좀더 구체적 상황으로 당면하는 도전에 자신을 내맡김으로써 발견되는 것이다. 지금 여기에 그대 자신을 내놓으라. 그대에게 주어진 상황, 현재라고 하는 이 시간에다가 그대를 내놓으라. 그렇게 하면 그대에게 의미가 보일 것이다"

• **빅톨 프랭크**

무엇보다 자기소개서의 핵심은 입사지원 동기다. 자신이 그 기업에 얼마나 관심을 가져왔으며, 입사를 위해 무엇을 준비해 왔는지 얘기한다. 또 자신이 이미 입사했다는 가정하에 나만의 청사진을 제시토록 한다. "뽑아주기만 하면 열심히 일하겠다"는 진부한 표현은 삼가는 것이 좋다. 입사 지원동기를 구체적으로 밝혀라.

지원하고자 하는 회사의 특성도 파악해 놓아야 한다. 그러기 위해서는 평소에 관심을 갖고 신문이나 인터넷을 통해 지원하고자 하는 회사에 대한 정보를 수집해 둘 필요가 있다.

지원하려는 기업의 업종이나 특성에 맞게 지원 동기를 서술해야 한다. 회사의 업종, 경영이념이나 철학, 인재상, 창업정신, 비전 등과 연결시켜 이야기를 시작하는 것이 좋다. 자신이 추구하는 철학, 비전 등을 회사의 특성과 구체적으로 비교해 입사지원동기를 밝히는 것이 좋다. 동기가 확실치 않으면 성취의욕도 적을 수밖에 없기 때문이다. 자신과 지원하고자 하는 회사에 대한 충분한 분석을 바탕으로 자신의 가치관과 기업에서 바라는 인재상이 이러 이러한 점에서 유사하기 때문에 지원했다고 설득력 있게 설명해야 한다. 또한 자신의 전공과 희망 등과 연결시켜 지원 동기를 명확히 밝히는 것이 중요하다.

특히 회사의 인재상과 자신을 연결하라. '입사하고 싶은 이유'를 쓸 때는 회사가 추구하는 기업상과 인재상을 연결해 설명하면 좋은 인상을 심어줄 수 있다. 주윗사람이나 선배의 소개, 학교 교수님의 추천 등이 있을 수 있겠지만, 단순한 소개에 의해서 지원했다고 하기보다는 더 명백한 지원동기를 필요로 한다.

> 귀사에 꼭 입사하고 싶습니다. 저에게 소중한 기회를 주신다면, 귀사의 기대에 한치도 어긋남 없이 최선을 다하며 성실한 모습을 보여드리겠습니다.
>
> 예) 막연한 지원동기

막연한 지원동기는 표현이 다소 미흡하다 해도 지원자의 간절한 마음을 전달해줄 수 있다. '성실한 모습'으로 '최선을 다하겠다'는 지원자의 마음이 자신이 왜 그 회사에 들어가야 하는지 분명한 설명을 해주는 것은 아니다.

추천할만한 방법은 자신의 적성과 비전을 제시하는 방법이다. 취업하고자 하는 기업에 대해서 조사하여 그 기업의 업종이나 특성에 맞게 지원동기를 기술한다면 좋을 것이다.

지원하는 회사에 대해서는 최소한의 정보라도 수집하는 것이 좋다. 지원 업체 정보는 인터넷을 통해 알아보거나, 전화로 뭘 하는 회사인지 간략하게라도 물어볼 수도 있다. 일단 업체가 무슨 일을 하고 어떻게 수익을 얻는 회사인지를 파악하고, 그 업체에 입사했을 때를 가정해서 자신이 맡게 될 일에 대해서 생각해 보는 성의가 필요하다.

> 대학에 다니는 동안 많은 경험을 쌓은 것이 좋겠다는 생각이 들어 과외, 패밀리 레스토랑, 학원강사, 고객자료입력, 마케팅보조 등의 많은 아르바이트를 접해보았습니다. 2002년 2월부터 현재까지 ㈜하우라이팅에서 광고대행업무를 담당하면서 실무 경력을 착실히 쌓아오고 있던 중 귀사의 공채시험을 응시하게 되었습니다.
>
> 예) 구체적인 지원동기

자기소개서는 사실적이고 구체적인 정확한 정보가 뒷받침되었을 때 가치가 높아 보인다. 희망업무는 이미 지원동기에서 언급한 것처럼 전공이나 적성을 살리기 위해서나, 또는 평소 그 업종에 대한 관심과 연구가 있었다면 좋을 것이다.

지원동기에서는 타겟을 명확하게 언급해주셔야 한다. 대부분 기존에 보관한 일기나 일지 등을 보면서 자신의 경력사항에서 최대한 빠트리지 말고 처음부터 들어가도록 한다. 왜냐하면 구체적 언급이 없으면 장황한 글이 되기 쉽기 때문이다.

성격과 전공, 희망업무가 적절하게 일치하는 것이 좋다. 자신의 성격과 희망업무 등이 일치할 때 효과는 더 커진다. 고등학교 때부터 수학경시대회에서 우수한 성적을 거두었는데, 대학교는 인문학부로 지원했다고 한다면 일관된 인상을 주기 어렵다.

전공이나 희망업무가 중도에 바뀌었다면 그 계기를 설득력 있게 풀어 써 자신의 가능성을 보여주는 것이 좋다. 특히 분야를 변경했을 때에는 그 부분에 대한 명확한 설명을 해줘야 한다. 공대를 나온 어떤 기술사는 30대 중반의 나이에 인생의 전환을 위해 변리사 공부를 시작했다. 그가 변리사 공부를 시작했을 때는 기술경력이 무려 12년이었다고 한다. 기술경력 12년이면 능력을 제대로 발휘할 나이인데도 불구하고 인생의 진로를 변경해야 할 이유는 무엇이었을까. 그는 기술사를 인정해주지 않는 사회풍토 때문이라고 역설한다. 왜 30대 중반에 인생의 방향을 바꾸어야 했는지, 그 원인을 설명하면서 아무리 노력해도 기술자로서 성공할 수 없는 사회구조 때문이었다고 주장하는 그의 이야기는 설득력이 가지고 있다.

만약 채용된다면 어떻게 잘 적응할 수 있는지, 자신의 목표를 실현하기 위해 어떠한 준비와 노력을 해야 할 지를 먼저 설계하고 있어야 한다. 이를 자기소개서에 반영했을 때 그 사람을 채용할 확률이 더 높아질 것이다.

55 자신의 일을 진심으로 존중하라

"자신의 처지보다 자신을 과대평가하는 사람은 건방진 사람이고, 자신의 처지보다 자신을 과소평가하는 사람은 비굴한 사람이다"

• 아리스토텔레스

사람들은 누구나 자신에 대해 냉정하지 못하다. 자신의 처지에 대해서 정확하고 냉정하게 평가하는 사람은 극히 드물다는 것이다. 많은 사람들이 "나는 이래서 안돼!", "나는 저래서 못해!" 등 자신에 대해서는 냉정히 평가하지 못하고 있다. 그 중에서도 시절이 어수선할수록 주눅드는 사람이 늘기 마련이다. 위축된 마음을 쉽게 풀리지 않는다. 그래서 자신이 하고 있는 일을 하찮게 생각하고 있는 경우도 많다.

통계청의 조사에 따르면, 취업을 했더라도 절반이상(51.7%)의 젊은이들(20~24세)은 자신이 다니고 있는 직장에 만족하지 못하고 1년 안에 그만두는 것으로 조사되었다. 반면에 35~39세 연령층은 1

년 취업 유지하는 비율(68.6%)이 오히려 10.6%로 높아 지고 있다. 취업난에도 불구하고 20대 직장인들은 취업 후 현재의 회사에 만족하지 못하고 이직을 꿈꾸고 있는 것이다. 경제가 어려울수록 버텨나가기가 힘들다며 불안해하는 샐러리맨들은 행복이 가득한 직장을 찾아 훨훨 떠나고 싶다. 심리학적 용어로 이른바 '파랑새증후군'이 확산되고 있는 것이다. 현대사회의 발 빠른 변화에 적응하지 못하고 직장에서 훌쩍 떠나 파랑새를 찾아 떠나지만 그렇게 찾던 파랑새는 결국 자신 마음 속에 있다는 옛말을 가슴 깊이 새길 필요가 있다.

최근 대기업 최연소 이사 나이가 20대 후반이라는 점에 신문을 보는 사람이 분통을 터뜨리는 모습을 본다. 어떤 사람은 그 나이에 신입인데, 이사라니 하면서 말이다. 한치 앞을 내다보기 힘든 자신의 미래를 생각하면 정말 까마득하기 때문이다. 그렇다고 "나는 이제까지 뭐했지"라고 자책할 필요는 없다. 비록 멀리 돌아왔더라도 돌아오면서 보고 듣고 했던 것이 얼마인데 굳이 자신을 깎아 내릴 필요까지는 없다.

"내가 과연 할 수 있을까?" "나에게 이 직업이 맞을까?" 우리들은 해보지도 않고 지레 겁을 먹는다. 그러면서도 남의 성공했다면 부러워 정작 자신의 일에 대해서 존중하는 사람을 찾기 힘들다. 성공한 사람들의 대부분이 바로 자신의 일에 대한 존중감으로 가득 찬 사실에 우리는 주목해야 한다.

남의 떡이 커 보인다고 하지 않는가. 세상이 어수선할수록 마음을 차분히 가라앉히는 것이 매우 중요한 것 같다. 직장인들의 대부분은 지긋지긋한 직장생활을 하고 있다고 생각한다. 그런 생각을 하는 한 그 사람의 어떤 파랑새를 찾아도 결국 그 지긋지긋함에서 벗어나기 힘들 것이다.

파랑새를 찾는 방법은 밖에서 찾을 것이 아니라, 자신의 안에서 찾아야 한다. 제일 먼저 퇴근 후 집에 돌아와서 가만히 자신을 되돌아보는 시간을 꼭 갖는 것이 좋다. 짧게는 2004년 시작과 함께 마음 먹었던 일이 얼마나 이루어졌는지, 또한 얼마나 실행했는지, 되돌아 볼수록 더욱더 침잔하는 마음을 가눌 수 없을 지도 모른다.

마치 내가 무엇을 해왔는지 주마등처럼 아쉬움만이 가득 찰 것이다. 나름대로 열심히 한 일도 있고, 새로운 사람들도 많이 만났지만, 가슴 한 구석에서 부족함이 느껴질 것이다. 혹시 겉모습만으로 사귄 것은 아닌지 진정으로 그들을 마음속으로 받아들였는지, 또는 그들이 나를 받아들였는지 생각해볼 일이다. 당신은 넘쳐나는 명함, 기약도 없는 인연에 도망치고 싶을 지도 모른다.

내가 다니는 현재 직장에서 내일부터 짤린다면, 과연 나는 무엇을 할까?

현재 실직자의 마음은 참참함을 가눌 수 없을 것이다. 설마 설마 했는데, 실직할 줄을 예상하기 힘들었을 것이다. 한없이 가슴이 무거워지고 한편으로 시원섭섭할 지도 모른다. 자신을 되돌아보다 보면, 왠지 다른 사람들보다 나만 뒤쳐져 있다는 초조함이 엿보일 것이다. 누군가에게 의지하려고 하지만 그리 쉬운 것은 아니다. 어디에 기댈 곳이 아무 곳도 없다는 것을 깨달았을 때, 스스로가 초라해지기 쉽다.

현재 우리는 너무나 자신을 하찮은 존재라고 생각하고 있는지도 모른다. 여기서 벗어날 수 있을 때 같이 고민하는 동료를 만날 수 있을 것이고 당신의 일에 매진할 수 있을 것이다. 진심으로 자신의 일에 존중하는 마음을 가져보자! 이제 발 닦고 세상을 끄고 나를 정리해보자. 제발.

56 경력에 맞는 아우트라인을 작성하라

"기회가 눈앞에 나타났을 때, 이것을 붙잡는 사람은 십중팔구는 성공한다. 뜻하지 않은 사고를 극복해서 자신의 힘으로 기회를 만들어 내는 사람은 100 퍼센트 성공한다"

• **데일 카네기**

기회가 왔는데 놓치는 경우가 많다. 실례로 지원할 곳을 찾았는데, 아직 서류준비가 되지 않아서 접수조차 못할 낭패가 간혹 있다. 이런 경우 무작정 인터넷 서핑을 하거나 생활정보지 등을 뒤진다고 뾰족한 수가 나오는 것이 아니다.

자기소개서를 처음 쓸 때 놓치기 쉬운 것은 아우트라인을 정하지 않고 무작정 자기소개서를 써서 처음부터 다시 작성해야 할 정도로 엉망이 되는 경우가 많다.

실상 자기소개서라는 것은 작가적인 재능이 없어도 누구나 잘 쓸 수 있는 글이다. 하지만 자기소개서에 대한 부담감을 갖고 있는 것이 큰 문제이다.

필자는 자신의 커리어를 제대로 형상화하지 못한 경우의 대부분이 부담감 때문이라고 생각한다.

아우트라인(outline)은 머리에서 구상된 것을 실제로 그림으로 간단하게 나타내는 것을 말한다. 아우트라인을 그리는 방법은 적당히 자신의 편리에 의해서 달라질 수 있다. 아우트라인은 일정한 형식을 갖출 필요가 없는 오직 자신이 쓰기 위해 낙서한 메모 같은 것이다. 머리 속에서 어떤 내용을 담아야겠다고 어느 정도 구상이 되면 곧바로 아우트라인을 그리는 것이 좋다. 자신이 쓸 내용을 구체적으로 도식화하는 것이 다른 사람에게 쉽게 읽힌다는 사실을 인지해야 한다. 물론 어떤 사람은 아우트라인을 머리로만 하는 사람이 있는데, 그것보다는 실제로 메모지에 간단하게 나마 적어두는 것이 나중에 전체적 얼개를 잡는 데에 유효하다. 섹션(section)의 배치와 내용, 표현의 효과 문제, 증명서류 등 아주 세밀한 부분까지 기록할 수 있다.

자기소개서가 체계적인 구조로 갖기 위해서는 성급하게 자신을 자기소개서에 담으려고 하지 말아야 한다. 먼저 자신의 데이터를 체계적 구조로 파악해야 한다. 데이터를 일관성 있게 체계화하는 방법은 그리 쉽지 않다. 경력이 많을수록 체계적인 구조 설계가 필수적이다. 처음 기획단계에서 자기소개서 체계 구조를 튼튼하게 하기 위해서는 경력에 따라 아우트라인을 달리 작성해야 한다.

자기소개서 스타일은 체계적 구조 전체에 반영해야 하며, 융통성 있게 자신의 단점을 보완해야 한다. 경력이 따라 스타일을 고르는 방법은 다음과 같다.

1. 경력이 적은 신입인 경우

학력 위주의 자기소개서를 작성하는 편이 좋다. 일반적으로 국내에서 많이 쓰이는 형태이다. 신입 섹션으로는 지원동기, 장래포부, 학력사항, 특기사항, 성장과정, 성격의 장단점 등이 있다. 주의해야 할 것은 섹션의 배치에 유의하자. 신입의 경우에는 앞서 이야기했듯이 나열식으로 읽은 사람들의 집중력을 분산시킬 수 있는 요소를 제거해야 한다. 신입의 경우라면, 포커스(focus)를 지원동기와 장래포부에 두어야 할 것이다. 특히 경력이 적다 하여 아르바이트나 봉사활동 등의 경험을 적지 않는 것은 바람직하지 않다.

2. 근무처가 너무 많은 경우

자신이 여러 번 이직을 해서 근무처가 많은 경우에는 자기소개서를 작성하기가 참 난처할 때가 많다. 우선 일일이 근무처를 나열한 필요가 없다. 왜냐하면 이력서에 대부분 근무처가 나오므로 자기소개서는 자신의 업무 중심으로 작성한다.

경력 섹션으로는 지원동기, 장래포부, 경력사항, 학력사항, 특기사항, 성격의 장단점 등이 있다. 먼저 경력을 업무 중심으로 정리하고 나중에 연대순으로 학력을 붙이는 방법이 좋다. 물론 이 경우에는 주의해야 할 것은 인사담당자로부터 신뢰를 얻기 위해서 좀더 업무에 대해 상세하게 이야기하는 것은 좋은데, 일반인이 알 수 없는 전문적 용어는 될 수 있으면 피해야 한다. 섹션 배치에 있어서도 최근 업무에 초점을 맞추고 이전의 업무를 모아서 간단히 요약하는 방법이 좋다.

3. 근무처가 한 곳이거나, 적은 경우

자신이 평생직장이라고 생각하던 곳에서 퇴출당했을 경우, 많은 사람들이 낙심하기 쉽다. 이런 사람은 특히 자기소개서를 작성할 재료가 없다고 생각한다. 다른 사람에 비해 근무처가 한 곳이거나 적은 경우에는 근무처 위주로 작성할 때에는 비약해 보이기 쉽다. 따라서 업무 중심으로 쓰되, 비슷한 직무끼리 모아서 작성한다. 업무는 돋보이기 위해서는 성과 위주로 작성해야 한다. 자신이 관련했던 업무 중심으로 자기소개서를 작성한다. 그곳에서 많은 업무를 경험한 경우에는 비슷한 업무를 모아서 쓴다. 아무리 많아도 업무는 5항목 이내로 해야 한다. 그래야 읽은 사람이 부담을 느끼지 않고 읽을 수 있다.

4. 근무처가 많지만 같은 업종인 경우

같은 업종이지만, 경력 관리를 위해 여러 근무처를 옮겼던 사람인 경우에는 일반적으로 많이 쓰이는 '연대기식 자기소개서' 를 쓰면 된다. 우선 같은 업종 회사에 취직하려는 경우에는 '연대기식 자기소개서' 를 쓸 것인지, '역연대기식 자기소개서' 를 쓸 것인지 결정해야 한다. '연대기식 자기소개서' 가 순차적인 연대로 경력을 적어가는 방식이라면, '역연대기식 자기소개서' 는 역순으로 최근 경력을 먼저 적어가는 방식이다. 만일 타업종 회사에 취직하려는 경우에는 그냥 근무처가 많은 경우와 비슷하게 업무 중심으로 자기소개서를 작성해야 한다는 것에 주의하자.

5. 최근 경험한 직무가 이전의 직무만큼 매력적이지 않은 경우

구관이 명관이라고 새로 옮긴 직무가 자신에 맞지 않는 경우가 더러 있다. 이럴 경우 다시 자기소개서를 작성하려면 애를 먹기 십상이다. 이런 경우에는 최근 경험한 직무를 최대한 간단히 요약하면 된다. 또한 직무 중심으로 자기소개서를 작성하고 연대순으로 약력을 붙이면 최근 경험한 직무가 눈에 띄지 않도록 할 수 있다.

앞서 살펴본 바와 같이 경력이나 근무처가 많고 적음에 따라 자기소개서의 전체적 형태를 잡을 수 있다. 이런 아우트라인을 잡는 것은 성공적인 자기소개서를 쓰기 위해 이제 한 발을 내딛은 것이다. 아우트라인을 세우는 것은 굉장히 유익한 일이다. 자기소개서를 돋보이게 하는 키포인트는 바로 틀을 짜는 것이기 때문이다. 하지만 틀을 짜기 전에는 신중을 기해야 한다. 아우트라인 작성은 구성에서 첫 단추를 끼는 것과 같다. 자신의 경력에 비해 자기소개서 형식을 잘못 맞추면 자신을 왜곡시킬 수 있기 때문에 각별한 주의를 요한다.

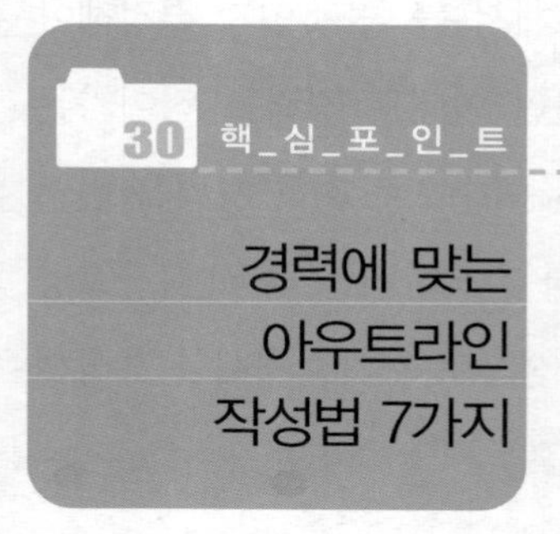

1. 머리 속에서 구상이 되면 곧바로 휘갈겨 써라.
2. 휘갈겨 쓴 내용을 우선 알기 쉽게 도식화하라.
3. 도식화한 구조에 논리적인 체계를 잡아라.
4. 자신을 돋보이게 할 수 있도록 틀을 다시 짜라.
5. 신중하게 첫문장을 선택하라.
6. 읽기 좋게 단락별로 배치를 바꿔라.
7. 마지막으로 세밀한 표현부분까지 검토하라.

57 인생의 후반전을 어떻게 뛸 것인가

"우리는 상상외로 많은 힘을 가지고 있다. 그러므로 어떤 것이 불가능하다고 말하는 것은 핑계에 불과한 것이다"

• 프란코이스 로체포우콜드

우리는 어떻게 세컨드 커리어(second career)을 준비하고 있는가. 현재 퍼스트 커리어(first career)는 언제 위태로울지 아무도 모르는 상황이다. 평생 직업이라는 개념도 무너진 지 이미 오래다. 은퇴 연령이 점점 젊어지고 있는 것이 현실이다. 경력 전문가들은 세컨드 커리어를 준비하라고 하는데 현실적으로 어떻게 준비하라는 것인지 모를 때가 많다.

S사에 고졸 기능공으로 입사했던 손용규(36) 씨, 그는 장애물밖에 없었던 삶을 살아온 사람이다. 초등학교 시절 선생님이 가방을 챙겨주시고 글도 못 읽은 바보는 집에 가라며 교실 밖으로 밀어내셨다. 유년시절 신문배달부 생활했던 차가웠던 새벽공기를 그는 기억한다.

고졸 기능공으로 박스를 나르며 걸레질을 하며 젊은 날을 보냈다. IMF시절에는 그가 다녔던 회사는 문을 닫았고 신혼의 단꿈을 꾸었던 전세집이 경매로 넘어가자 전 재산 4천만원도 날렸다. 이것이 전반전 시합을 끝낸 손용규씨의 성적이다.

그는 언제나 성공과는 거리가 먼 환경 속에 머물고 있었다.

지금부터가 후반전이라고 이야기하는 그는 이렇게 말한다.

"인생이라는 경기장에서는 퇴장이란 없습니다. 성적과 관계없이 누구나 죽을 때까지 시합을 해야 하는 것이 인생 경기입니다. 최종 경기결과는 후반전을 끝내야 알 수 있습니다. 따라서 경기가 끝나기 전에 포기하지 말아야 합니다."

그에게는 포기라는 단어가 없는 듯 하다. 그는 30세에 야간 대학을 들어가면서 후반전을 위한 하프타임을 가졌다. 세상이 어떻게 돌아가고 있는지를 면밀히 분석하기 시작했다. 시대마다 직업의 트랜드가 있고 흥하고 망하는 직업이 있다는 것을 알게 된 그는 철저히 지식근로자가 되기 위해 노력했다. 그렇게 30세에 시작한 공부가 이제 박사학위를 목전에 두고 있다.

그의 후반전 직업은 "자기경영 컨설턴트"라는 특이한 직업이다. 밑바닥부터 시작했으니 자신의 힘겨웠던 전반전 사례가 그 위력을 발휘하기 시작한 것이다.

"처음 강연을 시작할 때는 아무도 저를 알아 주지 않을 것이라는 판단을 했죠. 그래서 처음 2년간은 무료강연을 다녔습니다. 누가 저를 초청하겠어요? 그래서 무작정 사회복지관을 찾아 다니며 사회복지사들에게 기업교육을 접목하기 시작했습니다."

이런 자원봉사 사례가 그가 근무하던 회사에 알려지면서 일약 사내 전문강사 넘버원이라는 스타덤에 오르게 하였다.

회사에 다니면서도 그는 명함을 두 가지를 갖고 다녔다. 그렇다고 투잡스족처럼 또 다른 수입원을 두고 있었던 것은 아니다. '자신의 이름'을 브랜드라고 생각하고 명함을 만들어 늘 꿈을 이루겠다는 신념으로 그는 생각하고 행동했다. 그 덕분에 재직 중이던 회사에서 올해의 신지식인으로 선정되어 300만원의 포상금을 받았다. 꿈을 만들어 가는 그의 모습에 당시 L부회장께서 박수를 보내며 주신 상금이었다.

'자기경영컨설턴트 손용규'라는 신장개업 간판을 내걸고 정들었던 지난 10여년간의 직장생활을 마쳤다. 그가 근무했던 S사와는 파트너십 관계를 유지하며 지난 1년간 임직원의 리더십교육을 아웃소싱 해왔다. 퇴직 이후 이런 관계가 유지될 수 있었던 것은 그 자신이 다른 직원에게 모범이 되었기 때문이다. 그가 그 회사의 생산직 기능공에서 지금은 컨설턴트가 되었다는 소식은 한동안 많은 직원들에게 도전적인 자극제가 되었다.

작은 외모를 가진 리틀자이언트 손용규, 그에게 후반전 경기 소감을 물어 보았다.

"어찌 보면 지금도 직업만 바뀌었을 뿐 과거처럼 연장선에 살아가고 있는지 모릅니다. 다만 어제와 오늘이 다른 것은 내 인생을 내가 그려 놓은 지도대로 걸어가고 있는 것이 여간 행복하지 않습니다."

우리는 얼마나 후반전을 준비하고 있는가. 전반전에 소모된 체력으로 과연 후반전을 뛸 수는 있을 것인가. 다시 한번 후반전에 대해서 고민해야 한다. 적어도 후반전에 뛸 수 있는 실력을 비축하라는 말이다.

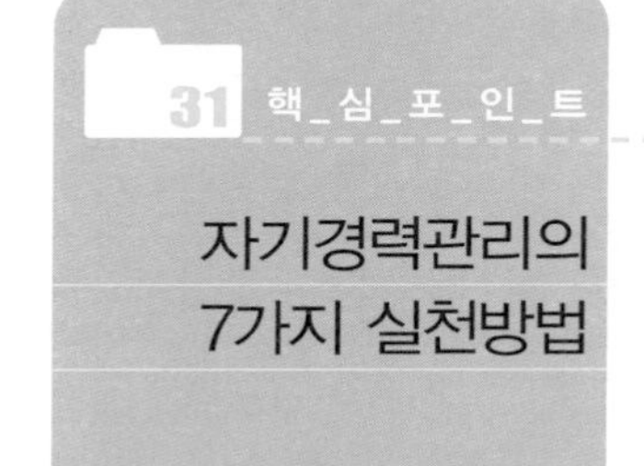

1. 공부하는 샐러던트로 거듭나라

아침형이든 저녁형이든 샐러던트가 되어야 한다. 샐러던트'(Saladent)는 직장인을 뜻하는 샐러리맨(Salaryman)과 학생을 뜻하는 스튜던트(Student)의 합성어를 말한다. 끊임없이 학습하는 직장인은 미래가 보인다.

2. 자신의 멘토를 찾아라

멘토를 경영하라. 자신에 맞는 스승을 만나야 한다. 그 분에게 조언을 구하고 충심으로 그분을 섬기라.

3. 자신의 목표를 액자로 만들어라

목표를 정해 놓고 살아라. 앞으로 10년 뒤에는 뭘 먹고 살지를 고민해야 한다. 목표는 1년, 5년, 10년 후의 세가지가 목표가 있어야 하며 가장 잘 보이는 곳에 액자에 넣어 두는 것이 좋다.

4. 자신의 브랜드를 키워라

홈페이지를 만들고 브랜드를 알려야 한다.

5. 커뮤니티의 리더가 되어라

커뮤니티의 운영자가 되어라. 지식경영을 생활화하고 팬을 만드는 것이 좋다.

6. 자신의 이름이 들어간 저서를 만들어라

자신의 저서를 만들어라. 자신의 책은 가장 높은 점수를 받을 수 있는 자기경력이다.

7. 인맥들과 주지적으로 공유하라

이메링 서비스를 실시하라. "OOO의 아침편지"와 같이 주기적으로 자신이 알고 있는 인맥들에게 지식을 공유하라.

58 인생의 마라톤, 어디쯤 왔습니까?

"희망이 없으면 노력도 없다. 희망이 없는데, 노력할 사람이 어디 있겠는가. 노력하는 데는 다 그만한 이유가 있는 것이다. 목표 없이 일하는 사람은 없다. 골인지점 없이 달리는 마라토너는 없다. 희망을 먼저 가지자. 그리하면 자연히 노력하는 사람이 될 테니까"

• **사무엘 존슨**

우리는 인생을 흔히 마라톤에 비유한다. 인생의 긴 여정과 그 어려움이 마라톤과 비슷하기 때문이다. 필자는 실제로 며칠 전에 마라톤을 뛰었다. 힘들어 완주를 포기할까 몇 번을 생각하면서 많은 생각을 했다. 나중에는 종아리 근육이 경련이 일어나고 한발한발 걷는 것도 힘들었다.

마라톤에서는 한걸음 한걸음 내딛는 것 자체가 고통이다. 그래서 힘든 오르막길에서 많은 사람들이 포기한다. 조금 가면 좀더 쉬운 내르막길이 있을 지 모르는데, 그 고비를 넘지 못하고 포기한다. 골인(goal-in)하려면 정확한 목적지로 향한 출발이 있어야 한다. 미래를 예측할 수 있다면 얼마나 좋을까. 하지만 우리는 미래를 정확하게 예측하기는 힘들다. 그래서 안개 속에서 헤매는 기분일 때가 많다. 과연 내가 가고 있는 코스가 맞는 것일까 고뇌하게 된다.

자신이 선택한 코스에 대한 확신이 없는 사람은 완주가 불가능하다. 많은 사람은 정작 뛰어보지도 않고 자신의 재능이 없음을 탓하는 경우가 있다. 황영조 선수는 누구나 인정하듯이 재능 면에서 화려한 마라토너로 기억하는데 비해, 이봉주 선수는 화려하지는 않지만 자신의 싸움과 이기기 위해서 부단히 노력한 사람으로 기억한다. 황영조는 스피드 능력이나 심폐 기능, 강한 발목 등 좋은 재능을 갖고 있는데 반해, 이봉주는 마라토너로서 치명적인 평발에 왼발이 오른발보다 5㎜나 긴 짝발이다. 이봉주는 심지어 '달리는 종합병원' 이라고 불릴 정도로 열악한 신체조건을 갖고 있다.

하지만 그에게는 자신이 선택한 마라토너라는 직업에 대한 강한 확신이 있었다. 또한 그는 타고난 능력에 의해서 성공한 선수가 아니라 오직 노력에 의해서 정상에 오른 선수이다. 92년 올림픽 대표 선발전에서 넘어져 도중 탈락했던 그는 포기하지 않고 피나는 자기와의 싸움에서 애틀랜타 올림픽에서 은메달을 따낸다. 황영조 선수가 마라톤 직업에서 다른 직업으로 떠날 때, 이봉주 선수는 끝까지 포기하지 않았다. 황영조에 비해 타고난 재능은 뒤지지만 오랜 세월 자신을 가다듬은 끝에 한국최고기록, 보스턴마라톤 우승, 아시안게임 2연패 등 황영조의 업적을 뛰어넘을 수 있었다.

진정한 마라토너는 자신과의 싸움에서 이기는 사람이다. 내 자신은 인생의 마라톤에서 어디쯤 왔는가. 처음 시작하는 단계인가. 아니면, 반환점을 돌았는가. 마라톤은 무엇보다 자신의 능력에 맞게 거리와 속도를 조절해야 한다. 인생의 코스를 선택할 때도 마찬가지로 자신의 능력에 맞게 코스를 선택해야 한다. 자신의 실력은 하프코스에 적합한데 굳이 풀 코스를 고집하다가 무리한 레이스로 슬럼프에 빠지게 된다. 풀 코스를 뛰려면 철저하게 준비가 선행되어야 한다. 실제 마라톤에서처럼 단계별로 5km, 10km, 하프 마라톤(21.0975㎞), 풀코스(42.195km) 등 여러 차례 도전하여 실력을 쌓은 후 한 단계씩 거리를 늘려 가는 것이 자신의 능력을 극대화시킬 수 있다.

욕심처럼 한방에 크게 키울 생각을 하지 말아야 한다. 실력이란 결코 한꺼번에 점프할 수 없다. 우리는 험난한 인생의 마라톤에서 성공하기 위해서는 성공한 사람의 피와 땀을 기억해야 한다. 성공 뒤에는 정상을 향한 의지와 피나는 땀과 노력이 숨어 있다.

59 당신은 얼만큼 열정이 있으십니까?

"그대의 마음속에 식지 않는 열과 성의를 가져라. 당신은 드디어 일생의 빛을 얻을 것이다"

• **괴테**

영화 '택시 드라이버'를 보면, 비자트가 이런 말을 한다 "너도 알다시피, 인간이 한 직업에 종사하다 보면 그 직업이 그의 모습이 되는 거야." 직업이 우리의 모습이 될 정도로 우리는 열정을 가져보았는가. 사람을 움직이게 하는 원천이 되는 열정은 다른 데에서 나오는 것이 아니라 자기 자신 안에서 나오는 것이다. 이런 행동이야 말로 그 자체가 큰 감동을 주는 것이다.

당신은 얼만큼 열정이 갖고 있는가. 혹시 쉽게 포기하고 털썩 주저앉아 있지 않는가. 당신은 얼마나 당신의 열정을 스스로 느껴보았는가. 누구나 처음 자신의 일에 열정을 쏟았던 기억이 있을 것이다. 그동안 잊고 있었던 초심의 열정을 되살려 보자. 당신은 현재 직장에서 일을 할 때도 열정이 샘솟듯 쏟아져 나오는가. 열정은 다른 사람에게 온전히 전해져야 열정으로 인정 받을 수 있는 것이다. 많은 사람들이 자신의 일을 하면서도 짜증내고 신경질 내고 다투는 경우를 종종 본다. 내가 과연 나의 일을 얼마나 소중하게 생각하는지 다시 한번 생각해보아야 한다. 자신이 고객일 때와 자신이 직원일 때가 입장이 다른 것이다. 그러고도 남들과 다르게 살기를 바라는가. 남들과 다르게 살고 싶다면, 열정을 다해서 타인에게 자신의 열정을 전해라.

CEO들의 성공스토리를 보면, 의외로 어려움을 열정으로 극복한 경우가 많다. 난독증을 알아서 학습능력이 현저히 떨어졌음에도 불구하고 CEO들로 성공한 케이스로는 사무자동화 회사인 킹코스의 창립자 폴 오팔리아, 인터넷닷컴을 운영하는 쥬피터 미디어의 앨런 메클러 등이 있다. 킹코스를 세운 오팔리아는 알파벳을 몰라 학창시절 때 낙제를 한 인물이다. 난독증과 집중력 결핍증세를 동시에 앓았던 그는 사무실에 가만히 앉아 있을 수가 없을 정도로 정상적인 사무직 업무를 할 수 없었다. 그래서 궁리 끝에 그는 사무실 밖에서 이뤄질 수 있는 사무실 업무에 관심을 갖고 이곳 저곳을 돌아다녔다. 그런 자신의 경험을 구현한 것이 사무자동화(OA) 회사인 킹코스다.

또한 쥬피터 미디어의 CEO인 앨런 메클러도 학창시절 책을 읽지 못했다. 그러나 스포츠는 좋아해 신문의 스포츠면을 탐독하면서 읽는 능력을 키워갔다. 명문 콜롬비아 대학에 들어갈 수 있었던 것은 자신의 장점인 운동 재능이 다른 사람에 비해 워낙 뛰어났기 때문이다. 메클러는 비즈니스의 흐름을 꿰뚫는 탁월한 재능을 갖고 있다. 전 세계 인구 중 5명중 1명 꼴로 어떤 형태로든 학습능력장애를 갖고 있는 사람들이 있다. 이들은 성취욕이 강한 사람들에서 그 비율이 더 높지만 그들은 자신의 강점을 찾기 위해 부단히 노력하고 때때로 일찍 발견함으로써 성공한다.

앞에서 이야기한 CEO들의 열정은 그 자체로 위대하다. 열정은 종종 주위의 사람들에게 전파되어 전체 분위기를 바꿔버리는 위력이 있다. 진정한 정열이란 자신을 조절할 줄 아는 미덕까지도 갖는 역동적인 힘을 말한다. 이 세상에 열정 없이 이룰 수 있는 것은 아무 것도 없다.

우리가 들어가고자 하는 회사가 어디에 있는지 알았다면 이제 헤매지 않아도 될 것이다. 어디에 있는지 모르기 때문에 찾는 것이다. 우리가 찾고자 하는 것을 찾을지 못찾을지 아무도 모른다.

열정은 아름다움을 더욱더 아름답게 만든다. 열정은 무엇인가에 미치는 것을 뜻한다. 열정은 너무나 뜨겁기에 주위에도 전달되며, 열정을 지닌 자는 눈빛이 살아있다. 그리고, 결국은 한계를 초월한다. 당신의 삶은 지금 훌륭하다고 생각하며 열정으로 가득 차 있는가. 그렇다면 그 열정을 느끼는 당신은 행복하다.

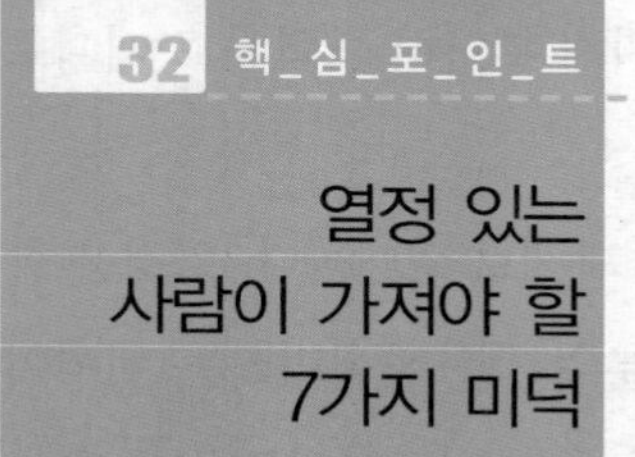

32 핵_심_포_인_트

열정 있는 사람이 가져야 할 7가지 미덕

1. 어디로 향하고 있는지 주지하라

"중요한 것은 우리가 지금 어디에 있느냐 보다는 어디를 향하고 있느냐이다"라고 독일의 철학자 괴테는 말한다. 열정을 다하기 전에 내가 나아야 할 방향을 세우고 나아가라. 절대로 초라한 목적에 열정을 쏟지 마라.

2. 힘들겠지만 실패를 받아들여라

자신이 실패했다는 것을 받아들이는 것조차 힘든 사람이 많다. 열정 있는 사람일수록 상처 받기 쉽다. 실패를 있는 그대로 받아들여 아파해야 한다. 그래야만 그 실패의 그늘에서 진정으로 벗어날 수 있다.

3. 장애물 앞에 더욱더 강해지는 열정을 보여줘라

진정한 열정을 갖고 있는 사람일수록 많은 난관이나 장애물까지도 열정으로 녹여버린다. 장애물이 있을수록 오기가 생기게끔 노력하라. 열정을 갖고 있는 사람일수록 쉽게 포기하지 않는다.

4. 자신 보다 약한 사람에게 넉넉함을 보여줘라

자신 보다 힘이 약하거나 부족하다고 생각되는 사람에게 넉넉함을 보여줘라. 비록 지금 자신에게 금전적인 손해가 있더라도 차후에 그 일이 당신을 더욱더 빛나게 할 것이다.

5. 실속만 챙기는 이익을 멀리하고 자신의 일에 매진해라

너무 자신의 실속만 챙기려 하지 마라. 넘어진 사람에게는 이유를 묻지 말고 도와줘야 한다. 당신이 내민 작은 손이 당신과 그 사람에게 큰 선물이 될 것이다.

6. 흔해빠진 이야기 보다 독특한 이야기를 하라

해병의 구호를 보면, "아무나 해병대원이 될 수 있다면 나는 해병대를 택하지 않았을 것이다"라는 말이 있다. 누구나 할 수 있는 것이라면 아예 하지 마라. 독특한 자신의 열정을 키워라.

7. 작지만 큰 선물을 해라

세상에 선물을 싫어하는 사람은 없다. 그러나 너무 부담되지 않게 꼭 주려는 직장 동료에게 필요한 선물을 하라. 받은 분을 고려하지 않은 선물은 안 한 것보다 못할 수 있으니 주의하라.

60 당신은 당신에게 얼마나 투자하고 있는가?

"프로가 된다는 것은, 당신이 하고 싶어하는 모든 일들을, 당신이 하고 싶지 않은 날에 하는 것을 의미한다"

• 줄리어스 어빙

당신은 당신에게 얼마나 투자하고 있는가? 많은 사람들이 자기계발에 대해 많이 투자한다고 생각하는 것 같다. 시간을 투자하든, 비용을 투자하든 일정부분 자신에 투자하고 있다고 심리적으로 위안을 삼고 있다. 하지만 실상을 그렇지 않다. 마치 전혀 투자를 하고 있지 않으면서도 수익을 바라고 있는 꼴이다. 투자란 한마디로 리스크를 안고 하는 것이다. 진정한 성공을 원한다면, 궁극적인 인생의 목표를 향하여 자신의 모든 자원을 투자할 용기가 필요하다. 은퇴 후에도 삶의 질을 유지하려면 투자는 필수적이다.

자신에 대해 투자하기 앞서 자신의 위치, 자신의 방향, 자신의 변화속도 등에 관심을 가져야 한다. 그럴 경우, 당신은 과거보다 훨씬 합리적인 방법으로 자신에 대한 투자를 관리한다면 최대의 성과를 끌어올릴 수 있다. 자기계발투자는 당신의 가치와 이익을 극대화 시키고, 지속적인 변화에 적응할 수 있도록 도와준다. 성과 목표를 달성하기 위해서는 프로세스 과정과 비용을 최대한 끌어올려야 한다. 자기계발에서 제일 중요한 것은 바로 민첩성이다. 급변화하는 환경에 적응할 수 있도록 민첩성을 길러야 한다. 그러기 위해서는 경쟁자가 얼마나 빠르게 변화하고 어디로 향하고 있는가를 아는 것이 매우 중요하다.

'자기계발투자' 란 일종의 보물찾기와 같다. 보물이 어디에 있는지는 아무도 모른다. 오직 보물을 숨겨놓은 사람 밖에는… 그렇기 때문에 보물이 어디에 숨겨 있을 것인지 직감을 통해서 보물을 찾아야 한다. 그럼에도 불구하고 자기계발에 있어서 자신을 남(broker)에게 맡길 것인가.

다른 사람이 자신을 좌지우지하기를 바라는지 않는다면 이 순간 당신은 스스로 자신에게 투자하라. 그리고 절대로 모르는 것에는 손대지 말아야 한다. 투자에 대한 복잡한 이론을 다 접어두고 자기계발에 시간을 투자하는 방법 7가지를 가슴 속에 새기기 바란다.

1. 처음에는 자투리 시간을 이용하라

자기계발에 투자하는 시간을 처음부터 많이 투자하려고 하지 말라. 한꺼번에 너무 많이 하려다가 오히려 큰 리스크가 발생할 가능성이 짙다. 일단 자투리 시간을 이용해서 자신에 투자하는 것이 유리하다.

2. 성과가 나면, 그 성과물을 기록하라

자투리 시간을 이용해서 자신에 투자하다 보면, 성과가 나기 마련이다. 그 성과를 일일이 꼭 챙겨라. 그 성과가 보물이라고 생각하고 하나하나 소중히 다루어라. 보물을 만드는 기간은 5년이면 충분하다.

3. 꼭 자신의 성과물이 필요한 곳을 찾아라

일단 그 성과를 만든 다음에 그 성과가 제일 잘 먹힐 만한 곳을 찾는다. 투자 대비 수익이 나기 마련이다. 분명 눈치 빠른 사람은 그 성과가 보물이라는 것을 대번에 알아 차릴 것이다.

4. 한가지 이익 보다는 여러가지 이익을 우선하라

리더가 될수록 시간에 쫓길 수 밖에 없다. 반드시 시간을 절약해야 한다. 자신이 손에 쥘 수 있는 시간을 정말로 아끼고 아껴서 사용하라. 그리고 꼭 그 시간을 사용할 때는 항상 시간 대비 수익을 생각하라. 그렇기 때문에 시간을 쓸 경우에는 꼭 한 가지 이익보다는 여러 가지 이익을 우선해야 한다.

5. 나 혼자 하려 하지 말고 남과 함께 하려고 하라

성과를 만드는 것은 나 혼자만이 하는 것이 아니다. 남에게 손을 빌리는 것 또한 투자이다. 자신의 가치를 높이기 위해서는 다른 사람에게 일임하는 요령도 필요하다. 모든 일은 시기를 놓치면 평생 후회한다.

6. 요행수를 바라지 말고, 분산 투자하라

한번에 과정을 생략한 결과만을 얻으려 하지 말라. 요행수를 바라는 것은 투자가 아니다. 쉽게 얻을 수 있다고 생각하는 곳에는 반드시 그만큼의 위험이 도사리고 있다. 자신에 대해서도 분산투자를 하라.

7. 뉴스, 문화 등 트렌드를 유심히 관찰하라

반드시 투자는 부지런한 사람이 성공한다. 수시로 자기 투자에 대한 수익을 평가하라. 수시로 새로운 트렌드에 맞춰 교체하는 것도 중요하다.

세상 흐름을 모르면 아무것도 할 수 없다. 자신에게 맞는 다양한 정보지(情報紙)를 보라. 세상물정을 모르면서 자신에 투자하는 것은 매우 위험한 일이다. 따라서 시대의 움직임을 잘 알면 자신에 대한 투자에서 성공할 수 있다.

33 핵_심_포_인_트

자기계발에 시간을 투자하는 방법 7가지

1. 처음에는 자투리 시간을 이용하라.
2. 성과가 나면, 그 성과물을 기록하라.
3. 꼭 자신의 성과물이 필요한 곳을 찾아라.
4. 한가지 이익 보다는 여러가지 이익을 우선하라.
5. 나 혼자 하려 하지 말고 남과 함께 하려고 하라.
6. 요행수를 바라지 말고, 분산 투자하라.
7. 뉴스, 문화 등 트렌드를 유심히 관찰하라.

제4단계

경력목표 키포인트

Career Goal Keypoint

"지금 자기계발노트를 작성하라!"

사실 10년 뒤는 아무도 모른다. 확실한 '지금' 당신은 자신에 투자해야 할 때이다. 많은 사람들이 멀고도 험한 과정을 겪어왔다. 왜냐하면 사람들은 먼저 경력목표를 잡고 그것을 조급하게 실천하려 했기 때문이다. 하지만 경력목표를 잡는다고 쉽사리 잡히는 것이 아니다. 경력목표를 막연히 잡기 보다는 앞서 보았듯이 자신의 위치를 선점하고 전체적 윤곽을 잡아 목적지까지 로드맵을 그리는 것이 더 중요하다. 그 다음 보다 자세한 경로를 선택해서 실제로 걷다 보면 어느새 자신이 경력목표가 차츰차츰 선명하게 그려지는 것을 느끼는 것이다. 이런 자기인식은 바로 자기계발노트에 의해서 가능할 것이다.

자신을 발전시키는 것은 자신의 역사를 쓰는 것이다. '다음'으로 미루지 말고 '지금'부터 노트를 펴라. 하루하루를 노트에 기록하고 미래에 대해서 고민한 흔적을 남겨라. 예의 '성공한 사람들의 핵심포인트 33가지'를 꼭 기억하라. 자신에 대한 통찰력은 이 자기계발노트를 통해서 업그레이드될 것이다. 처음 쓰는 것은 어쩌면 초안조차 될 수 없는 허접한 것일지 모르지만 그것을 쓰기 위한 출발점은 적어도 된다. 그러다가 어느 순간 당신은 외마디의 탄식을 지를 것이다. 인생 변곡점에서 성장하고 있는 자신을 목도할 것이다. 방금 올라온 곳은 가파른 언덕에 오른 것에 지나지 않는다. 갈 길이 멀지만 여기까지 올라온 자신을 쓰다듬고 경력목표를 다시 세우면서 일어서보자. 당신의 곁에서 필자는 언제나 건투를 빌 것이다.

30대, 당신의 로드맵을 그려라

펴낸날 2004년 6월 18일 초판 1쇄
2004년 8월 20일 2쇄

지은이 윤영돈
펴낸이 김민홍
펴낸곳 매경출판주식회사
등록 2003년 4월 24일(No. 2-3759)
주소 우)100-728 서울 중구 필동1가 30번지 매경미디어센터 3F
전화 02)2000-2630(기획팀) 02)2000-2645(영업팀) **팩스** 02)2000-2609
이메일 sy9750@mk.co.kr
홈페이지 http://book.mk.co.kr

ISBN 89-7442-303-0

값 12,000원